Didática e formação de professores:

percursos e perspectivas no Brasil e em Portugal

Dados Internacionais de Catalogação na Publicação (CIP)
(Câmara Brasileira do Livro, SP, Brasil)

Didática e formação de professores : percursos e perspectivas no Brasil e em Portugal / Selma Garrido Pimenta (Org.). — 6. ed. — São Paulo : Cortez, 2011.

Vários autores.
ISBN 978-85-249-1762-2

1. Professores — Formação profissional I. Pimenta, Selma Garrido.

11-05925   CDD-370.71

Índices para catálogo sistemático:
1. Professores: Formação: Educação   370.71

Selma Garrido Pimenta (Org.)

António Cachapuz • Isabel Alarcão • Ivani Fazenda • José Carlos Libâneo •
Maria Rita Oliveira • Marli André • Selma Garrido Pimenta

Didática e formação de professores:

percursos e perspectivas no Brasil e em Portugal

6ª edição
3ª reimpressão

DIDÁTICA E FORMAÇÃO DE PROFESSORES: percursos e perspectivas no Brasil e em Portugal
Selma Garrido Pimenta (Org.)

Capa: DAC
Revisão: Maria de Lourdes de Almeida
Composição: Linea Editora Ltda.
Coordenação editorial: Danilo A. Q. Morales

Nenhuma parte desta obra pode ser reproduzida ou duplicada sem autorização expressa dos autores e do editor.

© 1997 by Autores

Direitos para esta edição
CORTEZ EDITORA
Rua Monte Alegre, 1074 – Perdizes
05014-001 – São Paulo – SP
Tel.: (11) 3864-0111   Fax: (11) 3864-4290
E-mail: cortez@cortezeditora.com.br
www.cortezeditora.com.br

Impresso no Brasil – fevereiro de 2025

SUMÁRIO

Sobre os autores 7

Apresentação à 6ª edição 11

Apresentação 15

PARA UMA RESSIGNIFICAÇÃO DA DIDÁTICA — ciências da educação, pedagogia e didática (uma revisão conceitual e uma síntese provisória)
Selma Garrido Pimenta 23

EDUCAÇÃO: PEDAGOGIA E DIDÁTICA — o campo investigativo da pedagogia e da didática no Brasil: esboço histórico e buscas de identidade epistemológica e profissional
José Carlos Libâneo 89

A PESQUISA EM DIDÁTICA NO BRASIL — da tecnologia do ensino à teoria pedagógica
Maria Rita Neto Sales Oliveira 149

CONTRIBUIÇÃO DA DIDÁCTICA PARA A FORMAÇÃO DE PROFESSORES — reflexões sobre o seu ensino
Isabel Alarcão 179

TENDÊNCIAS NO ENSINO DE DIDÁTICA NO BRASIL
Marli Eliza Dalmazo Afonso de André 215

INVESTIGAÇÃO EM DIDÁCTICA DAS CIÊNCIAS EM
PORTUGAL — um balanço crítico
António Francisco Cachapuz 231

O SENTIDO DA AMBIGUIDADE NUMA DIDÁTICA
INTERDISCIPLINAR
Ivani Catarina Arantes Fazenda 271

SOBRE OS AUTORES

SELMA GARRIDO PIMENTA — Professora Titular de Didática da Faculdade de Educação da Universidade de São Paulo (FE-USP). Possui graduação em Pedagogia e mestrado e doutorado em Educação pela PUC-SP. Realizou vários estágios no exterior (Canadá, França, Portugal e Espanha). Foi presidente do Programa de Pós-Graduação em Educação, e Diretora da Faculdade de Educação da USP (2002-2005) e Pró-Reitora de Graduação da USP (2006-2009). Foi presidente da ANDE — Associação nacional de Educação (1983-1986), coordenadora do GT de Didática da ANPEd, e coordenadora do Fórum Estadual Paulista sobre Formação de Professores para as séries iniciais do Ensino Fundamental — da Unesp. Foi membro do Comitê de Educação da Capes, representante da ANPEd. Coordena a Coleção Docência em Formação junto à Cortez Editora. Possui vários livros publicados, dentre os quais *O Estágio na Formação de Professores: unidade teoria e prática?*; *Saberes Pedagógicos e Atividade docente*; *Pedagogia: ciência da Educação?*; *Pedagogia e Pedagogos: caminhos e perspectivas*; *Professor Reflexivo no Brasil: gênese e crítica de um conceito* (em parceria); *Estágio e Docência* (em parceria); *Docência no Ensino Superior* (em parceria), todos pela Cortez Editora. *Pedagogia Universitária* (em parceria) pela Edusp. E pela Edições Loyola: *Orientação Vocacional e decisão: análise crítica da situação no Brasil*; *O Pedagogo na Escola Pública*; *Pesquisa em Educação: alternativas investigativas com objetos complexos* (em parceria); *Didática: embates contemporâneos* (em parceria). É Pesquisadora do Gepefe — Feusp — Grupo de Estudos e Pesquisas sobre Formação do Educador — CNPq. E pesquisadora 1A CNPq. *E-mail*: sgpiment@usp.br

JOSÉ CARLOS LIBÂNEO — Doutor em Filosofia e História da Educação (PUC-SP). Pós-Doutorado pela Universidad de Valladolid, Espanha. Foi professor titular da Faculdade de Educação da Universidade Federal de Goiás, em cujo curso de mestrado lecionou, entre outras, as disciplinas Teorias da Educação, Didática Crítico-Social e Tendências da Pesquisa sobre Formação de Professores. Lecionou, também, na Universidade Metodista de Piracicaba. Autor dos livros: *Democratização da escola pública — A pedagogia crítico-social dos conteúdos* (pela Editora Loyola) e *Didática*; *Adeus Professor, Adeus Professora?*; *Pedagogia e Pedagogos, para quê?* (pela Cortez Editora), além de capítulos de livros e diversos artigos em revistas especializadas. Participou da organização de vários congressos e encontros na área educacional, entre eles, a III e IV CBE e o VII Endipe. É membro da ANPEd, Anfope e Cedes e consultor *ad hoc* da Capes e CNPq. Desenvolve pesquisas e prepara cursos sobre didática e formação de professores, educação e contemporaneidade, campo do conhecimento e de exercício profissional da pedagogia e temas conexos. Atualmente é Professor titular do Programa de Pós-Graduação da Pontifícia Universidade Católica de Goiás. Coordenador do Grupo de Pesquisa/CNPq Teorias da Educação e Processos Pedagógicos. *E-mail*: libaneojc@uol.com.br

MARIA RITA NETO SALES DE OLIVEIRA — Bacharel em Comunicação Social. Bacharel licenciada em Pedagogia, mestra em Educação pela UFMG e Ph.D., pela Florida State University, na área de Planejamento de Ensino e na área de Educação e desenvolvimento Intercultural e Internacional. Titular de Didática da UFMG e Professora Associada do

Centro Federal de Educação Tecnológica de Minas Gerais, onde é professora e pesquisadora, desde 1992, do Curso de Mestrado na área de Educação Tecnológica do Cefet. Entre suas publicações destacam-se: *O conteúdo da didática*; um discurso da neutralidade científica, pela Editora da UFMG; e pela Papirus, *A reconstrução da didática: elementos teórico-metodológicos*; e *Didática: ruptura, compromisso e perspectivas*. Foi secretária adjunta da ANPEd no biênio 1993/1995. *E-mail*: mariarita2@dppg.cefetmg.br

ISABEL ALARCÃO — Professora catedrática, aposentada, da Universidade de Aveiro (Portugal), onde lecionou Didática de Inglês, Didática de Alemão e Supervisão. Orientou várias teses de mestrado e de doutorado. Foi presidente do Centro Integrado de formação de Professores e vice-reitora da mesma Universidade. Doutorada em Supervisão, na Inglaterra, tem publicado sobre essa temática, sendo coautora do livro *Supervisão da prática pedagógica. Uma perspectiva de desenvolvimento e aprendizagem* (1987) e organizadora da obra *Formação reflexiva de professores. Estratégias de supervisão* (1996). No Brasil, publicou o artigo "A admiração dos professores por Donald Schön — reflexão crítica sobre seu pensamento e a formação de professores", *Revista da Faculdade de Educação da USP* (1996, p. 22-2); e *Professores reflexivos em uma escola reflexiva* (Cortez Editora). Tem contribuído de modo relevante para a conceitualização do estatuto epistemológico das Didáticas Específicas e do seu papel na formação de professores. Foi coordenadora dos mestrados de Didática do Inglês e de Supervisão. É membro de Conselhos Editoriais de revistas nacionais e estrangeiras. *E-mail*: ialarcao@ua.pt

MARLI ELIZA DALMAZO AFONSO DE ANDRÉ — Licenciada em Letras e Pedagogia, mestre em Educação pela PUC-RJ e Ph.D. em Educação pela University of Illinois, EUA, na área de Psicologia Educacional. Professora Titular aposentada da Universidade de São Paulo e Professora do Programa de Pós-Graduação em Educação: Psicologia da Educação da PUC-SP. Foi presidente do programa de Pós-Gradduação em Educação na Feusp, e secretária-geral da ANPEd — Associação Nacional de Pós-Graduação e Pesquisas em Educação. É autora de vários livros e artigos sobre pesquisa em educação e formação de professores. E-mail: marliandre@pucsp.br

ANTÓNIO FRANCISCO CARRELHAS CACHAPUZ — Professor Catedrático (aposentado) da Universidade de Aveiro (Portugal). Com mestrado e doutoramento em Educação em Química, no Reino Unido. É especialista em Educação em Ciências e responsável pelas disciplinas de Didática em Química e Epistemologia e Ensino das Ciências. Orientou vários doutoramentos e mestrados. É autor de cerca de cem trabalhos, incluindo monografias. Responsável por vários projetos de investigação e formação, incluindo a rede ALFA, que envolve universidades brasileiras. Coordenou o mestrado em Ensino de Física e Química da Universidade de Aveiro, da Unidade de Investigação Didática e Tecnologia na Formação de Formadores e do programa de Avaliação Institucional da mesma Universidade. E-mail: cachapuz@ua.pt

IVANI CATARINA ARANTES FAZENDA — Professora titular do programa de Pós-Graduação em Educação da PUC-SP. É mestre em Filosofia da Educação pela PUC-SP e doutora em Antropologia Social pela USP. Defendeu livre-docência em Didática na Unesp. É autora de quinze livros na área da educação. O foco de suas investigações é sobre interdisciplinaridade e metodologia de pesquisa educacional. Coordena desde 1986 o Núcleo de Estudos e Pesquisas sobre Interdisciplinaridade na PUC-SP, onde já foram produzidos cerca de cem trabalhos, entre dissertações de mestrado e teses de doutoramento. E-mail: jfazenda@uol.com.br

APRESENTAÇÃO À 6ª EDIÇÃO

Para iniciar a apresentação da 6ª edição deste livro escolhi uma frase que consta na Apresentação de sua 1ª edição: *A convicção de que o livro poderá contribuir para novas e profícuas investigações de professores e pesquisadores na área de didática e formação de professores nos anima* (1997, p. 12). Esta nova edição revista conforme o Acordo Ortográfico da Língua Portuguesa (2008), atesta que essa esperança se tornou realidade. O campo de estudos da didática evoluiu de modo expressivo entre nós, especialmente com o fortalecimento dos ENDIPEs — Encontro Nacional de Didática e Prática de Ensino e do GT Didática no âmbito da ANPEd — Associação Nacional de Pós-Graduação em Pesquisa em Educação. Do IX ENDIPE realizado em 1998, após a 1ª edição deste livro, até o momento quando está em curso a organização de sua XVI. versão, é interessante registrar os temas escolhidos para nortear suas discussões: "Olhando a qualidade do ensino a partir da sala de aula" (IX SP); "Ensinar e aprender: sujeitos, saberes, espaços" (X RJ); "Igualdade e Diversidade na Educação" (XI GO); "Conhecimento local e conhecimento universal"(XIIo. PR); "Educação, questões pedagógicas e processos formativos: compromisso com a inclusão social" (XIII PE); "Trajetórias e processos de ensinar e aprender: lugares, memórias e cultura" (XIV RS); "Convergências e tensões no campo da formação e do trabalho docente: políticas e práticas educacionais" (XV MG); "Didática e Prática de Ensino na Sociedade Contemporânea: compromissos com a qualidade da escola (pública), do ensino e da aprendizagem" (em elaboração) (XVI SP). Um ligeiro olhar sobre esses temas mostra um movimento ora explícito, ora difuso, de se examinar o ensino e a aprendizagem, objeto da didática, em suas múltiplas determinações. Movimento que por vezes tende a perder de vista esse foco, configurando uma dispersão do campo. No âmbito no GT — Didática da ANPEd, que se encontra em sua 34ª. edição, as oscilações sobre o campo também se faz presente. Por isso, na reunião de 2010, o GT Didática aprovou os encaminhamentos expressos no texto "A construção da didática no GT de Didática — análise de seus referenciais"[1]. Dele extraio trechos que nos parece expressa a relevância das contribuições que o presente livro trouxe bem como da atualidade dos estudos que apresenta, em especial para estabelecer o diálogo com os estudos sobre formação de professores, que recebeu significativo impulso dos anos 1990 em diante. Além de mais uma vez explicitar o foco e a especificidade da Didática diante desse e outros campos próximos:

> A Didática é considerada como um campo de estudos e pesquisas que tem por finalidade fundamentar o processo ensino-aprendizagem como uma prática social de incorporação e de emancipação política, o que impõe a essa área de conhecimento o papel de refletir a partir das características dessa prática frente às novas demandas que o mundo atual coloca (...). Reafirmamos que as pesquisas em Didática não podem isolar o fenômeno educativo de suas circunstâncias, nem de

---

1. De autoria de PIMENTA, Selma Garrido; FUSARI, José C.; ALMEIDA, Maria Isabel de; FRANCO, Maria Amélia do Rosário Santoro, o texto foi apresentado na categoria *Trabalho Encomendado*, no GT Didática, 33ª. Reunião Anual da ANPEd, em Caxambu-MG (33ª Reunião Anual). <www.anped.org.br>.

sua temporalidade; é preciso realçar que a especificidade da Didática revela seu compromisso: partir do ensino como prática social e dar respostas socialmente significativas para transformar as condições de precariedade dos resultados de aprendizagem observados na atual escola brasileira. Esses pífios resultados afastam a escola de sua função social básica de democratização do conhecimento, e de partícipe nos processos de transformação das desigualdades sociais. (...). (Pimenta, Fusari, Almeida, Franco, 2010, p. 1)

(...) Situar as pesquisas em Didática no centro dessa contradição nos parece ser o desafio posto para o GT de Didática (...)

(...) É nesse quadro de intencionalidade que os pesquisadores buscam reafirmar os compromissos e a especificidade da área de Didática num diálogo necessário e fertilizador com os demais GTs que focam suas investigações sobre os processos de ensinar-aprender, a partir de aportes teóricos de suas áreas. Como, por exemplo, os GTs de Formação de Professores; de Psicologia; de Currículo; de Políticas Públicas; de História da Educação, e demais. As pesquisas em Didática se nutrem das contribuições desses campos na medida em que ofereçam perspectivas que ampliem e fertilizem as análises e interpretações dos problemas que emergem de seu campo específico que é o ensino e a aprendizagem. Portanto, não se trata de diluição ou dispersão de seu campo, como às vezes se afirma, mas, ao contrário, de se considerar seu objeto — o ensino e a aprendizagem — como um fenômeno complexo, que só pode ser compreendido a partir das categorias de totalidade e contradição (Pimenta, Fusari, Almeida, Franco, 2010, p. 16).

Esperamos que esta 6ª edição revista do livro *Didática e formação de professores: percursos e perspectivas no Brasil e em Portugal* continue colaborando com o desenvolvimento de estudos e pesquisas que revelem cada vez mais os compromissos e apontem caminhos para uma didática cada vez mais voltado à formação de professores e a fertilização de práticas pedagógicas especialmente no âmbito escolar.

Agradeço aos autores que com satisfação autorizaram esta nova edição e em seus nomes agradeço à Cortez Editora pela confiança e pelo trabalho de divulgação que nos permitiu chegar a esta 6ª edição.

São Paulo, 25 de abril de 2011.

Selma Garrido Pimenta

APRESENTAÇÃO

Reunir textos de professores brasileiros e portugueses na área de didática se configurou como um projeto significativo quando participamos do 1º Congresso Internacional sobre Formação de Professores nos Países de Língua e Expressão Portuguesas, realizado em Aveiro, em 1993. Nessa ocasião, não apenas conhecemos o Centro Integrado de Formação de Professores, da Universidade de Aveiro, e as importantes pesquisas que vinha desenvolvendo na área de formação de professores, como identificamos inúmeras similaridades quer nos avanços, quer nos problemas da pesquisa e do ensino de didática, entre os pesquisadores dos dois países. Guardadas as diferenças de suas gêneses históricas no que se refere à constituição do campo didático, da formação de professores e dos processos de democratização da escolaridade, foi possível identificar preocupações comuns. Lá, como cá, nos indagamos: após a crise da didática nos anos 1970/1980, configura-se um campo do saber didático com identidade própria? Qual tem sido sua contribuição à formação de professores? Qual deveria ser, considerando-se as transformações pelas quais passam o ensino, a docência, a aprendizagem e a profissão dos professores nas escolas no mundo contemporâneo? E, então, que contribuições os centros de pesquisa têm trazido para essas questões? Que pesquisas sobre teoria didática, ensino de didática e atividade didática desenvolvida pelos professores nas salas de aula e nas escolas têm sido empreendidas e até que ponto estão apontando para ressignificar a didática em seu compromisso de colaborar para a melhoria das condições de um ensino emancipatório, de colaborar com o processo de democratização social e cultural de nossas escolas.

Entendendo que uma publicação com textos de pesquisadores brasileiros e portugueses poderia contribuir para a fertilização do debate e das pesquisas em didática, partimos para a execução do projeto. Contamos com o estímulo e o apoio da Editora Cortez, que, de pronto, assumiu o projeto editorial. Contamos, também, em seu início, com a colaboração do professor doutor António Joaquim Esteves, da Universidade do Porto, que por razões próprias não permaneceu até a sua conclusão. A ele expressamos nossos agradecimentos pelos contatos que nos propiciou. Agradecemos, também, aos colegas brasileiros e portugueses que aqui apresentam seus textos, por sua confiança e persistência no projeto.

A convicção de que o livro poderá contribuir para novas e profícuas investigações de professores e pesquisadores na área de didática e formação de professores nos anima a publicá-lo.

Mantivemos a redação original dos autores. Assim, os textos dos autores portugueses não sofreram adaptações para o português do Brasil.

Os textos estão apresentados seguindo uma ordem que vai da problematização epistemológica da didática e da pedagogia, tomando a questão do ensino, objeto da didática, à consideração das questões da pesquisa teórica, do ensino de didática, do seu diálogo com as didáticas das áreas de conhecimento, retomando as considerações sobre o campo, numa perspectiva interdisciplinar. São eles:

PARA UMA RESSIGNIFICAÇÃO DA DIDÁTICA — ciências da educação, pedagogia e didática (uma revisão conceitual e uma síntese provisória)
Selma Garrido Pimenta

Tendo por preocupação a construção de teorias fertilizadoras da atividade docente no sentido da transformação das condições de ensino, seletivas e excludentes, o texto apresenta um balanço crítico das discussões sobre epistemologia da didática, da pedagogia e das ciências da educação que estão ocorrendo em diferentes países nos anos 1990, nos quais se observa forte tendência em ressignificá-las a partir da análise das novas necessidades postas pelas inovações contemporâneas, pelas inovações pedagógicas e de formação de professores. Observa-se que uma ressignificação da didática emerge da investigação sobre o ensino considerado como prática social viva, nos contextos sociais e institucionais nos quais ocorre. Perguntando-se qual a contribuição das pesquisas das ciências da educação, da pedagogia, da didática e das metodologias de ensino para a atividade docente enquanto prática social, sugere torná-las como o ponto de partida para a construção de novos saberes sobre o fenômeno ensino e, portanto, para uma ressignificação da investigação e do ensino de didática. Buscando identificar e refletir sobre a gênese de novas construções teóricas em países como França e Portugal, o texto apresenta um breve histórico da situação no Brasil, com o objetivo de estabelecer algumas condições para um diálogo fertilizador.

EDUCAÇÃO: PEDAGOGIA E DIDÁTICA — o campo investigativo da pedagogia e da didática no Brasil: esboço histórico e buscas de identidade epistemológica e profissional
José Carlos Libâneo

O texto argumenta em favor da unidade entre os campos do educativo, do pedagógico e do didático, para concluir pelo reconhecimento da didática como disciplina pedagógica. Depois de considerações de cunho histórico sobre o desenvolvimento dos estudos pedagógicos no Brasil, propõe uma fundamentação teórica da ciência pedagógica dentro da abordagem crítico-social da educação, situando a didática como ramo do conhecimento pedagógico. Discute a problemática epistemológica do campo do conhecimento pedagógico e analisa momentos da história da educação que demarcam o desenvolvimento da ciência pedagógica no Brasil. Tomando a prática educativa em contextos sociais determinados como objeto de estudo da ciência pedagógica, explicita os fundamentos da didática como disciplina genuinamente pedagógica. E conclui com uma avaliação da problemática dos estudos pedagógicos em face de novos marcos teóricos da contemporaneidade.

A PESQUISA EM DIDÁTICA NO BRASIL — da tecnologia do ensino à teoria pedagógica
Maria Rita Neto Sales Oliveira

Partindo de três pesquisas integrativas sobre a produção intelectual na área da didática no Brasil, no período de 1950 a 1990, o texto focaliza os aspectos epistemológicos que permeiam a investigação na área. Examina sua produção teórico-prática sobre o ensino, segundo diferentes perspectivas e a partir de diferentes concepções de conhecimento, que marcam tanto a investigação, quanto a sistematização teórica, como a prática do ensino de didática. Evidenciando que o conteúdo da área vem sendo construído pela prática da pesquisa ao mesmo tempo em que esta determina os rumos daquela, a autora acentua a importância que tem assumido o desenvolvimento de pesquisas sobre o ensino enquanto prática social, superando os enfoques deste na perspectiva processo-produto. Em suas conclusões, aponta para a presença, ainda embrionária, de pesquisas em busca de teoria(s) pedagógica(s) que, a seu ver, permitiriam a ultrapassagem "da tecnologia do ensino com base na teoria psicológica à didática como teoria pedagógica".

CONTRIBUIÇÃO DA DIDÁCTICA PARA A FORMAÇÃO DE PROFESSORES — reflexões sobre o seu ensino
Isabel Alarcão

No presente texto a autora centra suas preocupações no campo da didática curricular, ou seja, no ensino e aprendizagem da didática enquanto disciplina que se preocupa com a formação de professores. Buscando contribuir para clarificar esse campo, sobre o qual nem sempre há um consenso entre os pesquisadores, analisa sua evolução em Portugal, conforme o que denomina de *tríptico didático*: a didática como disciplina que se ensina nos cursos de formação de professores, a pesquisa em didática e a didática que os professores praticam em sua atividade docente, configurando, assim, três discursos: o da formação, o da pesquisa e o da ação docente. Situando o ensino de didática (didática curricular) entre a pesquisa em didática e a atividade docente, analisa a constituição e a evolução da didática no país, o debate sobre suas bases epistemológicas, suas relações (nem sempre tranquilas) com as ciências da educação e as didáticas das disciplinas, para colocar em evidência a importante colaboração que as inovações no campo didático vêm tendo e trazendo *no* e *ao* movimento de formação de professores reflexivos; movimento que valoriza os profissionais como construtores de saberes a partir de suas práticas docentes, confrontados com os conhecimentos teóricos sobre essas. O texto da professora Isabel Alarcão, docente e pesquisadora na área de didática das

Línguas, traz importante contribuição para a compreensão dos nexos entre a teoria didática e a formação de professores nas áreas específicas.

TENDÊNCIAS NO ENSINO DE DIDÁTICA NO BRASIL
Marli Eliza Dalmazo Afonso de André

Para indicar as tendências e os rumos atuais da disciplina "didática", com base em propostas que vêm sendo construídas por estudiosos da área a partir da prática de pesquisa no ensino de didática, o texto considera a história da área de Métodos e Técnicas de Ensino do Programa de Pós-Graduação em Educação da Pontifícia Universidade Católica do Rio de Janeiro (PUC-RJ) no período de 1969 a 1989, os resultados da análise de programas de didática utilizados nos cursos de pedagogia e licenciatura na década de 1980 apresentados no seminário "A didática em questão" e as novas propostas e alternativas para o ensino de didática surgidas no final dos anos 1980 e início dos 1990, procurando identificar as tendências no ensino de didática no Brasil.

INVESTIGAÇÃO EM DIDÁCTICA DAS CIÊNCIAS EM PORTUGAL — um balanço crítico
António Francisco Cachapuz

Apresenta uma reflexão sobre o "estado da arte" da investigação em Didática das Ciências em Portugal, país que vive um período de ampla reforma na educação, após a massificação do ensino, resultante da revolução democrática de 1974, e a consequente necessidade de formação de professores qualificados, o que vai acelerar a abertura de novos cursos de formação inicial de professores nas universidades e obrigar a formação de formadores, especialistas nas diferentes didáticas específicas. O autor entende que a investigação em

Didática das Ciências pode ter, nesse quadro, um papel importante na construção de uma adequada educação científica dos jovens, permitindo-lhes um melhor conhecimento e respeito pelo mundo natural; capacitá-los para estarem à vontade com a incerteza e a mudança; promover a sua compreensão dos processos de desenvolvimento científico/tecnológico das sociedades modernas, das suas vantagens e limitações, facilitando assim sua inserção responsável nas sociedades tecnologicamente evoluídas que se querem abertas e democráticas. Analisando a gênese da investigação em Didática das Ciências em Portugal, ressalta sua relevância educacional, destacando enfoques e modelos organizativos e suas articulações com a formação de professores. Como tese central defende a necessidade de se encontrar novas configurações da pesquisa que permitam evoluir de uma investigação "sobre" e "para" professores, características dos modelos de racionalidade técnica, para uma investigação "com" e "por" professores, explorando percursos e modalidades diversas de investigação/ação. Finaliza, sugerindo pistas de trabalho que visam enriquecer a contribuição da investigação em Didática das Ciências na melhoria do ensino e da aprendizagem.

O SENTIDO DA AMBIGUIDADE NUMA DIDÁTICA INTERDISCIPLINAR
Ivani Catarina Arantes Fazenda

Situando a didática numa perspectiva interdisciplinar, a autora procura afirmar sua autonomia como área de saber vinculada às necessidades e aos problemas que a prática da educação coloca. Critica a visão disciplinar das ciências humanas, afirmando que a educação, situando-se como "disciplina bastarda", organizou seus conhecimentos — no nível da linguagem, das técnicas e das proposições teóricas, a partir dos domínios das ciências que lhe serviram de aporte.

Com isso não dá conta de significar-se para a prática, sempre mais complexa do que qualquer ciência possa suspeitar. Assim a didática, quando interdisciplinarmente constituída, exigirá nova abordagem, capaz de reunir os conhecimentos disciplinares os mais diversos, capazes de darem conta de sua dinamicidade histórica. Consequentemente, exigirá um novo formato de formação: a formação de professores pesquisadores que se constituam "filósofos em atos", isto é, que passem a analisar os problemas classicamente pesquisados no passado como possibilidades a serem revisitadas no presente.

Com estes textos esperamos contribuir ao aprofundamento da compreensão do campo didático e suas possibilidades na formação de professores.

São Paulo, abril de 1997.

Selma Garrido Pimenta

PARA UMA RESSIGNIFICAÇÃO DA DIDÁTICA

ciências da educação, pedagogia e didática
(uma revisão conceitual e uma síntese provisória)

*Selma Garrido Pimenta**

Tendo por preocupação a construção de teorias fertilizadoras da atividade docente no sentido da transformação das persistentes condições de ensino, seletivas e excludentes, o texto realiza um balanço crítico das discussões sobre epistemologia da didática, da pedagogia e das ciências da educação que está ocorrendo em diferentes países nos anos 1990, nos quais se observa forte tendência em ressignificá-las a partir da análise das novas necessidades postas pelas inovações contemporâneas, pelas inovações pedagógicas e de formação de professores. Observa-se que uma ressignificação da didática emerge da investigação sobre o ensino como prática social viva, nos contextos sociais e institucionais nos

---

* Professora Titular da Faculdade de Educação da Universidade de São Paulo e Pesquisadora do Grupo de Estudos e Pesquisas sobre a Formação de Educadores (GEPEFE) – FEUSP/CNPq. E-mail: sgpiment@usp.br

quais ocorre. E pergunta-se qual a contribuição das pesquisas das ciências da educação, da pedagogia, da didática e das metodologias de ensino para a atividade docente como prática social. As análises apontam para a necessidade de tomar-se essa prática como o ponto de partida para a construção de novos saberes sobre o fenômeno ensino. Buscando identificar e refletir sobre a gênese de novas construções teóricas em países como França e Portugal, o texto apresenta um breve histórico da situação no Brasil, com o objetivo de estabelecer algumas condições para um diálogo fertilizador.

Na primeira parte, situa a problemática, na segunda, argumenta em favor da importância da discussão epistemológica, referindo-se brevemente à França, a Portugal e ao Brasil; na terceira, discute a pedagogia como ciência da educação, diferenciada das demais ciências da educação; na quarta e quinta, afirma o objeto da pedagogia como sendo a prática social da educação. Na sexta e sétima, discute o ensino como prática social indicando as possibilidades de ressignificação da didática e algumas perspectivas de investigação. Conclui com uma síntese provisória.

1. Alguns indicadores para ressignificar a didática

O presente texto faz parte de um projeto de investigação mais amplo, no qual estamos empenhados em ressignificar a pesquisa em didática sobre o ensino no contexto da contemporaneidade, onde se indaga qual o papel do conhecimento (cf. Morin, 1993). E, consequentemente, qual o significado do trabalho do professor e dos alunos (da escola) com o conhecimento.

Nas duas últimas décadas tem ocorrido em diferentes países uma "explosão didática" (cf. Cornu & Vergnioux, 1992, p. 69), em decorrência do maciço investimento na qualificação dos docentes, tanto na formação inicial quanto na formação em serviço, no contexto de reformas do ensino que generalizaram a escolarização (Portugal, Espanha, Itália) e/ou transformaram o sistema de formação (a França, criando os Instituts Universitaires de Formation des Maitres — IUFM; e Portugal, criando as Escolas Superiores de Educação — ESE). A partir de então, o *o que, o como,* e o *para que ensinar,* velhos temas, ressurgem diante de novos desafios: ensinar em situações concretas e em contextos inter/multiculturais (Bernstein, 1990; Balibar & Wallerstein, 1991; Apple, 1993; Stoer, 1994; Petracchi, 1994, e outros).

As novas concepções de didática estão emergindo da investigação sobre o *ensino enquanto prática social viva; nos contextos sociais e institucionais nos quais ocorrem.* Ou seja, a partir das sistematizações e explicações da prática pedagógica. Esse movimento tem sido possibilitado, também, pelo desenvolvimento das investigações qualitativas em educação (Contreras Domingo, 1990; André, 1995; Freitas, 1995). O desafio posto a essas abordagens é o de construir categorias explicativas (teorizar) das realidades de ensino, que permitam estabelecer seus nexos teóricos mais amplos (cf. Valente, 1991; Cornu & Vergnioux, 1992; Laneve, 1993; Pimenta, 1994a; Oliveira, 1995).

A ressignificação da didática a partir da investigação da prática modifica significativamente o tradicional triângulo didático: professor (ensinar); aluno (aprender); conhecimento (formar). Enquanto campo aplicado de outras ciências, dentre as quais a epistemologia, a psicologia e a filosofia, a didática, tradicionalmente, privilegiou uma dessas dimensões em prejuízo das demais (Houssaye, 1995). Nesse sentido, o ensino é "explicado" pela somatória dessas ciências. Assim compreendida, à didática compete, apenas, aplicar normativamente as explicações. Estas, por serem exógenas, não conseguem fertilizar e/ou engendrar novas práticas diante das novas problemáticas, postas pelas transformações do fenômeno. Não se trata, em absoluto, de negar o contributo de boas teorias à explicação do fenômeno. Mas boa teoria é aquela que, por sua vez, foi construída em sólidas bases empíricas. A construção da teoria didática, a partir da prática, demanda a consideração do triângulo didático *em situação*, ou seja, os contextos socioteóricos/históricos nos quais a prática ocorre. Trata-se, pois, de tomar a prática enquanto práxis (cf. Cornu & Vergnioux, 1992; Pimenta, 1994a; Charlot, 1995; Houssaye, 1995).

Nesse sentido, o fenômeno *ensino* não se esgota na investigação didática, senão que necessita que as demais ciências da educação[1] (as denominadas de "fundamentos" e as metodologias do ensino — ou didáticas específicas) o tomem como objeto de investigação. Caberia à didática integrar, organicamente, os diferentes aportes, configurando-se como uma teoria prática do ensino (cf. Libâneo, 1990; Contreras Domingo, 1990; Laneve, 1993; Beillerot, 1995). A didática, por sua vez, é área de estudo da pedagogia (Houssaye, 1995).

Mas como construir a teoria no movimento *prática-teoria-prática*, sem ficar na tradicional cisão entre o pesquisador e o professor? Como superar o caráter prescritivo na relação de produzir conhecimento e difundir conhecimento? O avanço significativo das pesquisas qualitativas em educação tem propiciado a formulação do papel da pesquisa no ensino (cf. Demo, 1990; Cornu & Vergnioux, 1992; Laneve, 1993; Lübke, 1994; Cunha, 1994; André, 1995). A partir desses autores é possível considerar a pesquisa na formação de pro-

---

1. Nota-se, entre os autores, uma utilização diferenciada de maiúsculas e minúsculas ao nomearem ciências da educação, pedagogia, didática, psicologia, didáticas específicas etc. No presente texto, utilizamos minúsculas. Mantivemos maiúsculas, quando o autor referenciado assim o fez.

fessores enquanto um *princípio cognitivo*. Isto é, quando o professor, pesquisando e refletindo sobre sua ação docente, constrói saberes que lhe permitam aprimorar o seu fazer docente. Também é possível lançar mão de pesquisas sobre o ensino, com o intuito de ampliar a consciência do professor sobre a realidade. Em ambos os casos, os autores consideram a pesquisa como instrumento da *prática profissional do professor*, distinguindo-a da *prática profissional do pesquisador*.

A pesquisa sobre a própria prática tem sido desenvolvida na abordagem denominada "professor reflexivo" (cf. Schön, 1983 e Zeichner 1988, nos EUA; Elliot, 1993, na Inglaterra). Essas abordagens entendem que as transformações das práticas docentes só se efetivam na medida em que o professor amplia sua consciência sobre a própria prática. O alargamento da consciência, por sua vez, se dá pela *reflexão que o professor realiza na ação*. Em suas atividades cotidianas, o professor toma decisões diante das situações concretas com as quais se depara. A partir das quais constrói saberes na ação. Mas sua reflexão na ação precisa ultrapassar a situação imediata. Para isso é necessário mobilizar a *reflexão sobre a reflexão na ação*. Ou seja, uma reflexão que se eleve da situação imediata, possibilitando uma elaboração teórica de seus saberes. Esse movimento *prático-teórico-prático* (Pimenta, 1994a) configura a possibilidade de o professor criar novos *hábitos* (cf. Perrenoud, 1993) ou nova *cultura profissional* (cf. Fazenda, 1996). Ou ainda, desenvolver-se como *profissional autônomo* (relativamente autônomo) (cf. Nóvoa, 1992). A importância que a qualificação profissional dos professores adquiriu nos últimos anos, no sentido da melhoria da qualidade do ensino, tem provocado a ressignificação da didática.

Esta, por sua vez, aponta para a necessidade de ressignificação epistemológica da pedagogia, remetendo à discussão sobre seus vínculos com as ciências da educação. Esse tema apresenta um vigor bastante interessante, especialmente na

França, país que introduziu inúmeras inovações educacionais e institucionais, na formação de professores, na pesquisa e nos currículos das universidades. Nestes, por exemplo, introduziu o curso de ciências da educação, em substituição ao de pedagogia. E, passados 25 anos, vários autores interrogam: qual o interesse das ciências da educação para o docente? A produção na área tem subsidiado a construção de novas práticas? Qual o estatuto epistemológico da(s) ciência(s) da educação? No Brasil a questão também está colocada. Seja no movimento da Associação Nacional pela Formação dos Profissionais da Educação (ANFOPE), que nos últimos vinte anos vem discutindo os problemas e propondo alternativas à formação do pedagogo e do professor, seja na Associação Nacional de Pós-Graduação e Pesquisa em Educação (ANPEd), onde se faz mais presente o debate em torno das ciências da educação. Nesses âmbitos a pesquisa e a produção do conhecimento em didática também tem sido objeto de discussão, nas quais se procura ressignificar a didática em face das novas demandas sociais.

Se entendemos que a didática tem como objeto de estudo do *o ensino*, tomado em sua realidade prático-social, nos parece útil à ressignificação da didática que se efetue um balanço sobre as pesquisas que têm sido realizadas nessa perspectiva pela didática e pelas demais ciências da educação. Que pesquisas sobre o ensino a sociologia, a psicologia e a filosofia da educação têm realizado? E as metodologias de ensino/didáticas específicas? Até que ponto essas pesquisas têm contribuído para construir teorizações sobre o ensino a partir da prática, e que a ela se voltam no sentido de orientá-la? Até que ponto não se restringem a interpretações/explicações sobre o fenômeno ensino de um ponto de vista meramente disciplinar (no caso da ciência da educação), ou a construir saberes sobre o *fazer tecnológico* (cf. Oliveira, 1994) do processo de ensino (no caso das metodologias/didáticas específicas)?

A questão fundamental, para nós, é a necessidade de se construir teorias fertilizadoras da práxis dos professores no sentido da transformação das persistentes condições de ensino e aprendizagem seletivas e excludentes; da gestação de práticas pedagógicas capazes de criar, nos âmbitos escolares, as condições de emancipação e desenvolvimento social, cultural e humano dos alunos pertencentes aos segmentos desfavorecidos da sociedade e que, por isso, sofrem o processo de marginalização nas nossas escolas.

A partir dessas considerações, podemos indicar uma trama de três frentes que se abrem à investigação com vistas a uma ressignificação da didática, com o objetivo de *fazer do ensino um processo de incorporação e de emancipação social*:

- balanço das discussões sobre a epistemologia da didática, da pedagogia e das ciências da educação que está se realizando em diferentes países nos anos 1990, nos quais se observa uma forte tendência para ressignificá-las a partir das novas necessidades postas pelas inovações contemporâneas, pelas inovações pedagógicas e de formação de professores;
- balanço que articule os resultados das investigações realizadas pelas diferentes ciências da educação e metodologias de ensino/didáticas específicas, num contexto internacional sobre o ensino como prática social. Essa necessidade tem sido identificada em diferentes países (cf. Oliveira, 1994; Charlot, 1995);
- balanço que articule os resultados das investigações sobre a prática docente reflexiva na formação inicial e na formação contínua, identificando os nexos que têm possibilitado "articular as práticas cotidianas e os contextos mais amplos" (Oliveira, 1995), e que, portanto, estão configurando novas teorias.

Essas frentes configuram um amplo projeto que já vem se realizando em outros países e no Brasil. (Neste último, ver Carvalho, 1994; Oliveira, 1992, 1994, 1995; Pimenta, 1994b; Libâneo, 1994; Freitas, 1995; Becker, 1995.) Entendo que um balanço conceitual se faz necessário para situar nossas problemáticas num contexto internacional, com o objetivo de subsidiá-las. Um caminho possível é identificar e refletir sobre a *gênese* dessas novas construções teóricas. Lembrando que essa construção está assentada nas necessidades práticas e sociais dos diferentes países. Estabelecer esse nexo é importante, para que se evite a simples cópia de modelos. Esse empreendimento reflexivo me parece indispensável para nossa formação (contínua), enquanto professores e pesquisadores que têm o compromisso de engendrar a criação de novas respostas às demandas cotidianas da escolaridade brasileira.

O texto a seguir insere-se na primeira frente, acima referida. Apresenta um balanço preliminar das discussões que estão em curso sobre o estatuto epistemológico da didática, da pedagogia e das ciências da educação, em Portugal e França. Traz também algumas contribuições de autores espanhóis e italianos.[2] Esse recorte foi devido a dois fatores. De um lado, ao acesso direto que pude ter, por meio de estágios, às recentes pesquisas e experiências nesses países. E de outro, pela fertilidade das discussões que, a meu ver, se aproximam das que temos realizado e que estão em curso em nosso país (cf. Candau, 1984; Anfope, 1992 e 1993; Brzezinski, 1994; Oliveira, 1994).

---

2. As traduções dos textos referenciados na bibliografia, nos originais francês e castelhano, são de responsabilidade da autora. Para as traduções do inglês contei com a colaboração de Maria de Fátima Abdalla e do italiano, com a colaboração de José Cerchi Fusari e Valdo José Cavalet.

Trata-se de uma síntese provisória, tanto do ponto de vista quantitativo, na medida em que há outras contribuições a serem analisadas, quanto do ponto de vista conceitual, na medida em que não apresenta um confronto com a produção/ problemática brasileira. O que, certamente, possibilitará a produção de novos saberes sobre a didática, a pedagogia e as ciências da educação em nosso meio. Esse confronto será objeto de estudos subsequentes ao que ora apresento.

2. Da importância da discussão epistemológica

A discussão sobre a questão epistemológica das ciências da educação e da pedagogia nos parece um ponto de partida fértil à ressignificação dessas ciências é da didática, diante das novas demandas sociais postas à educação, no contexto da contemporaneidade.

A preocupação com esse tema, como se sabe, não é recente. Há muito se debate sobre a natureza e a especificidade da pedagogia em face das ciências da educação, bem como a contribuição destas ao fenômeno educativo, particularmente ao ensino, área de estudo da didática. E, nesse caso, seria a didática um conjunto mais ou menos articulado dos saberes produzidos nas ciências da educação, competindo-lhe aplicá-los ao ensino?

Diante das dificuldades de que a questão epistemológica se reveste, especialmente no campo da educação, cuja natureza, objeto e método nem sempre são suficientemente claros aos que se dedicam a esse campo da atividade humana, não raro se advoga ser essa uma discussão diletante. Perda de tempo mesmo, dirão alguns. Na base dessa posição, estão os argumentos da anterioridade dos fatos à ciência, da urgência de soluções para os problemas que a realidade coloca e da crença de que a especificidade de uma área emerge da acumulação de conhecimentos que se consiga sobre ela. Que os fatos antecedem os conhecimentos que o homem elabora sobre eles, todos sabemos. Como também que, à medida que constrói esses conhecimentos, o homem cria as possibilidades (os instrumentos, as técnicas) para neles interferir, transformando os seus princípios, suas replaridades, criando novas formas de se relacionar e de existir. A urgência aos problemas, por sua vez, melhor se responde à medida que melhor se conhecer suas raízes para, a partir delas, se construir saberes, que por sua vez poderão responder a novas necessidades. Ou seja, a prática está na raiz da ressignificação epistemológica. Por fim, diferente é se articularem de maneira orgânica conhecimentos de várias áreas aos problemas educacionais, que apontam necessidades de novas investigações, e se apropriar de modo desconexo e somativo dos resultados de outras áreas, sem clareza do problema educacional que se tem.

O não enfrentamento da questão epistemológica em educação dificulta aos educadores a articulação das pesquisas que eventualmente se realizam na área e a formulação de pesquisas necessárias que estão sendo indicadas pelas urgências da prática social da educação. O que, consequentemente, dificulta a superação dos problemas contemporaneamente postos. Portanto, em nosso entendimento, a questão epistemológica se coloca como importante do ponto de vista de sua *necessidade histórica*, e não por uma questão de natureza disciplinar e/ou lógica. Os avanços na pesquisa educacional passam, necessariamente, pela questão epistemológica da educação, pois, conforme Vieira Pinto (1969, p. 3),

(...) qualquer que seja o campo de atividade a que o trabalhador científico se aplique, a reflexão sobre o trabalho que executa, os fundamentos existenciais, suportes sociais e as finalidades culturais que o explicam, o *exame dos problemas epistemológicos que a penetração no desconhecido do mundo objetivo suscita*, a determinação da origem, poder e limites da capacidade perscrutadora da consciência, (...) não podem ficar à parte do campo de interesse intelectual do pesquisador, que precisa conhecer a *natureza do seu trabalho, porque este é constitutivo da sua própria realidade individual* [grifos meus].

O exame dos problemas epistemológicos, que a penetração no desconhecido da educação objetivamente tomada suscita, impõe-se como uma necessidade à pesquisa educacional. A educação não tem sido suficientemente tematizada como área de investigação pelas ciências da educação. Estas, em geral, pesquisam *sobre*, e não *a partir* da educação. Ou seja, não colocam os problemas da prática educativa no princípio de suas preocupações. Assim, tomam a educação como *campo de aplicação* de outras ciências. Não se pode "negar os contributos teóricos decisivos, que especialistas de diversas áreas trouxeram para as Ciências da Educação. Os exemplos do psicólogo Jean Piaget, do sociólogo Pierre Bourdieu ou do historiador Philippe Ariès, entre tantos outros, demonstram-no de forma inequívoca. Mas o pensamento destes homens foi produzido no interior de seus campos disciplinares de origem, não buscando uma nova referência identitária no âmbito das Ciências da Educação" (Nóvoa, 1991, p. 31). Restringindo-se, assim, a elaborar um discurso a ser aplicado *sobre* a educação como prática social.

Uma dificuldade se coloca à construção da ciência da educação, como, aliás, às ciências humanas em geral. É que nelas sujeito e objeto se imbricam e se constituem mutuamente. A educação (objeto de conhecimento) constitui e é constituída pelo homem (sujeito do conhecimento). É um objeto que se modifica parcialmente, quando se tenta conhecer, assim como, à medida que é conhecido, induz a alterações naquele que o conhece. Ao investigar, o homem transforma a educação e é por ela transformado. A educação é dinâmica, é prática social histórica, que se transforma pela ação dos homens em relação.

Na França e em Portugal, o tema está em pauta. Por quê? Que fatores o tornam atual?

A partir dos anos 1960, a França empreendeu uma série de modificações em seu sistema educativo (cf. Mialaret, 1992; Lelièvre, 1992). Em 1967, as universidades de Bordeaux, Paris e Caen criaram um ciclo de estudos em ciências da educação, em substituição à pedagogia. Esta mostrava um esgotamento, após os grandes sistemas pedagógicos dos séculos anteriores, da pedagogia científica dos inícios do século XX e da subsunção das questões pedagógicas à psicopedagogia, nos anos mais recentes. Além da tradicional não resolvida indefinição profissional do pedagogo (egresso da Universidade) e do professor (egresso da Escola Normal). Por outro lado, emergiram contribuições importantes de diversas áreas do saber "aplicadas" à educação. Especialmente a sociologia, a história, a economia, a linguística e a antropologia.

Ainda nos anos 1960, registre-se a importância que assumiu na sociedade francesa a educação de adultos, embasada em toda a produção sobre educação permanente.

A área de formação de professores e, consequentemente, as metodologias de ensino e a didática tiveram novas demandas com a criação, no início dos anos 1970, dos *Instituts Universitaires de Formation des Maîtres (IUFM)*, que propuseram um conjunto de inovações institucionais e pedagógicas, numa perspectiva de superar o tradicional esquema das Escolas Normais e das Universidades (Licenciaturas). Essas iniciativas visaram à qualificação em termos de formação inicial e continuada dos professores, em face das novas demandas da escolaridade.

Esse conjunto de fatores, além da criação de vários institutos de pesquisas, impulsionou a realização de inúmeras investigações na área educacional, especialmente nas áreas do ensino de conteúdos específicos e nas áreas da política, administração e gestão dos sistemas de ensino. Como exemplo, Lelièvre (1992, p. 34-6) cita cinco grupos temáticos de pesquisas financiadas pelo Ministério de Educação Nacional, com o objetivo de apreender a eficácia (os efeitos individuais, sociais, empresariais, culturais) dos investimentos realizados. São eles: territorialização das políticas de educação e de formação; investigação e profissionalização no ensino superior; aprendizagens e didáticas; didática das disciplinas tecnológicas; e investigações sobre os IUFMs. Destes, o primeiro, ao qual pertence Bernard Charlot, contempla os temas novos e candentes como qualidade em oposição a quantidade; democratização pela gestão da heterogeneidade oposta à democratização pela unificação das estruturas e práticas educativas; projetos de escola, parceria, necessidade de avaliação nacional e local; necessidade de racionalização de meios em tempos de austeridade. Segundo Lelièvre (id., p. 35), "esses temas permitem que se experimentem novas formas de articulação entre os escalões nacionais e locais e a redefinição dos fundamentos políticos e ideológicos da escola na França". Apontando para a importância de um trabalho articulado entre esses grupos, finaliza indicando as novas demandas ao sistema de ensino: o crescimento da população escolar e de seu caráter multicultural; o desenvolvimento da formação contínua sob várias modalidades e a importância da educação não escolarizada.

Essa configuração dos avanços e de novas demandas justifica o interesse dos franceses por debaterem as questões epistemológicas das ciências da educação, realizando um balanço da experiência iniciada há 25 anos, com a introdução do curso de Ciências da Educação. Nesse balanço vários autores indagam: "Les sciences de l'éducation: quel intérêt pour le praticien?".[3] Também em Portugal as ciências da educação tiveram significativa expansão nas duas últimas décadas, devido a um conjunto de inovações nos aspectos institucionais. São eles: a criação dos Departamentos de Educação e de Faculdades de Psicologia e de Ciências da Educação e o lançamento dos Centros Integrados de Formação de Professores e das Escolas Superiores de Educação (cf. Nóvoa, 1991, p. 32). Acrescentem-se os grandes investimentos e esforços na formação (inicial e contínua) e na profissionalização docentes, a abertura de Mestrados e de Licenciaturas em Ciências da Educação e no acompanhamento das mudanças estruturais do sistema educativo português.

De acordo com Nóvoa (id., ibid.), essa "consolidação institucional das Ciências da Educação precedeu a sua afirmação científica, o que lhes concedeu uma grande influência social e política, mas teve como reverso da medalha uma fragilização da produção científica". Essa constatação foi apresentada pelo autor, quando de sua conferência no momento da constituição da Sociedade Portuguesa das Ciências da Educação, em 1991. A criação dessa Sociedade revela a possibilidade de as ciências da educação tomarem impulso, à medida que reforçarem seu rigor científico e tornarem mais qualificadas suas intervenções na mudança educacional. Para isso, Nóvoa considera oportuno um debate sobre a cientificidade da ciência da educação (pedagogia) e das ciências da educação, que as encaminhe numa direção ao mesmo tempo de pluralidade e de identidade.

Como demandas postas pelas reformas, não apenas em Portugal, Nóvoa aponta as seguintes (referindo-se a Cibulka,

---

3. Título do número temático da revista *Cahiers Pédagogiques*, n. 334. Paris, INRP, 1995.

1990 e Guthrie, 1990): procura de maior qualidade de educação, especialmente mediante uma maior profissionalização dos professores; manutenção de uma tendência curricular privilegiando as dimensões científicas e tecnológicas; desenvolvimento de capacidades e atitudes reflexivas, com a introdução de novas estratégias pedagógicas e novas metodologias de avaliação; descentralização do ensino, com a consequente autonomia às escolas; preocupação com a avaliação institucional, pautada em indicadores que permitam uma regulagem mais eficaz dos sistemas de ensino.

E no Brasil? Um pouco da história.

Instituído no Brasil em 1939, o curso de pedagogia formava bacharéis denominados "técnicos em educação". À mesma época, na então Faculdade de Filosofia, Ciências e Letras da Universidade de São Paulo, foram instituídos, entre outros, os cursos de sociologia e psicologia, que mais tarde passariam a realizar estudos e pesquisas voltados à educação, mais especificamente, à aprendizagem, no caso da psicologia, e à escola como instituição social, no caso da sociologia. Esses estudos dariam origem aos ramos dessas áreas aplicados à educação, que em outros países já vinham recebendo a denominação de "ciências da educação".

O curso de pedagogia, por sua vez, nos anos 1960, passará a formar bacharéis e licenciados (1962). O *pedagogo* passa a ser um *professor* para diferentes disciplinas dos então cursos Ginasial e Normal. O currículo de pedagogia compunha-se de disciplinas das ciências da educação, das didáticas e da administração escolar. Em 1969, foi abolida a distinção entre bacharelado e licenciatura em pedagogia e instituída a ideia de formar especialistas em administração escolar, inspeção escolar, supervisão pedagógica e orientação educacional. Neste último teve o mérito de acentuar a dimensão pedagógico-escolar, pois o então curso de orientação educacional, que era oferecido após a graduação, apresentava forte tendência psicológica, confundindo-se com a psicopedagogia (cf. Pimenta, 1988).

Não temos estudos que melhor explicitem a quais necessidades sociais a institucionalização dos cursos de pedagogia e a profissionalização do pedagogo vieram responder. No entanto, não parece descabido afirmar que a ampliação lenta e progressiva do sistema público de escolaridade básica se tornou uma dessas necessidades. Esse fator veio a provocar a expansão paulatina dos cursos de pedagogia e das licenciaturas, como respostas às questões então postas pela ampliação da escolaridade básica e média. A partir dos anos 1960 o país passou a contar com expressiva rede pública de ensino, provocando um desenvolvimento da ciência pedagógica e da psicologia educacional, além das pesquisas em sociologia escolar.

Estaria aí um embrião da "ciência pedagógica" e mesmo das "ciências da educação" em nosso país?

A instituição dos cursos de pós-graduação (mestrado e doutorado), nos anos 1970, impulsionará a realização de pesquisas em educação. Simultaneamente, a constituição da Associação Nacional de Pós-Graduação e Pesquisas em Educação (ANPEd), realizando as Conferências Brasileiras de Educação (CBE) em parceria com a Associação Nacional de Educação (ANDE) e o Centro de Estudos Educação e Sociedade (CEDES), será decisiva na produção e difusão das pesquisas na área educacional, também por intermédio de suas Revistas. Acrescente-se o papel importante desempenhado por editoras, dentre as quais destacam-se a Cortez & Autores Associados, Loyola e Vozes na publicação de pesquisas, bem como da Fundação Carlos Chagas, por meio da Revista *Cadernos de Pesquisa*. Acrescente-se, ainda, a importância da *Revista Brasileira de Estudos Peda*gógicos, que vinha sendo publicada desde os anos 1940 e o emergir de novas revistas produzidas no âmbito de várias universidades.

Essa rica e relativamente vasta produção configura a consolidação da atividade científica na área educacional em nosso país. Tomada como fenômeno social no interior do desenvolvimento do capitalismo brasileiro, a escola e os sistemas de ensino passam a ser objeto de investigação. Ora sob o prisma metodológico teórico-interpretativo, ora sob o prisma prático-interpretativo. Ambos utilizando as metodologias qualitativas, coerentes com a apreensão dos fenômenos educativos numa perspectiva crítica, contrapostas aos enfoques positivista e funcionalista. Estaria, ainda, a configurar o movimento dos educadores/cientistas da educação na (re) construção da democracia política e social brasileira, então sonegada por longos vinte anos.[4]

Em finais dos anos 1970, emerge o movimento de redefinição dos cursos de pedagogia. Questionava-se a identidade do curso e do profissional pedagogo. Três teses sobre os especialistas de educação, produzidas na Pontifícia Universidade Católica de São Paulo, entre outras, expressam esse questionamento: *Uma proposta de atuação do orientador educacional na escola pública* (Pimenta, Selma G., 1985), posteriormente publicada com o título de *O pedagogo na escola pública* (São Paulo, Loyola, 1988); Silva Jr., Celestino A. *Supervisão da educação: do autoritarismo ingênuo à vontade coletiva* (São Paulo, Loyola, 1985); e Paro, Vitor. *Administração escolar* (São Paulo, Cortez, 1988). O movimento contrapôs-se à concepção tecnoburocrática oficial, que não incluía a participação dos educadores na definição da política educacional.[5]

No decorrer dos anos 1980, esse movimento recebeu diferentes denominações até se firmar como Associação Nacional

---

4. A propósito, António NÓVOA, em conferência na PUC-SP, em abril de 1996, lembrou que as ciências da educação encontraram maior desenvolvimento, em diferentes países, nos períodos de democracia política e social.

5. Cf. GADOTTI, Moacir (1984).

pela Formação dos Profissionais da Educação (ANFOPE). Tendo realizado inúmeros encontros nacionais, produziu ampla reflexão e diferentes propostas com a participação de educadores de vários estados e universidades. A essa altura, já havia se ampliado da pedagogia para as demais licenciaturas.[6] Nas idas e vindas o movimento passou a colocar em pauta a especificidade da educação.[7] E, em decorrência, o caráter científico desta e da pedagogia e suas vinculações com as ciências da educação.[8] A tendência predominante no movimento é valorizar a formação do *professor* no curso de pedagogia e colocar as especializações *após* a graduação. Em termos curriculares, aponta para o que se denomina uma "base comum nacional", que articularia as disciplinas de fundamentos da educação, voltadas para as questões que a prática escolar-social coloca. Nesse sentido, valoriza a pesquisa como *princípio cognitivo*, articulador da teoria-prática.

O movimento de reformulação da pedagogia não resultou em reformas legais para todo o país. Seja por recusa dos próprios educadores, cansados de verem seus projetos se burocratizarem, seja por falta de interesse das políticas educacionais sobre a qualificação/profissionalização de professores. Ensejou, no entanto, várias experiências de reformulação curricular, que começam a ser avaliadas.

Para onde vai a pedagogia? Qual sua importância para a formação e a prática dos professores? Como a prática tem

---

6. Uma análise sobre as idas e vindas desse movimento encontra-se em BRZEZINSKI, Íria (1994).

7. Ver a propósito, Em Aberto, Brasília, MEC/INEP, ano III, n. 22, 1984. Trata-se de número temático sobre a Natureza e Especificidade da Educação, com artigos de SAVIANI, Dermeval; SILVA, Jefferson I. da; HAIDAR, Maria de L. e GADOTTI, Moacir.

8. Questão esta que já havia sido posta por ORLANDI, Luiz B. L. (1969), em cujo artigo aponta as dificuldades de as ciências da educação abordarem os fenômenos educacionais, num enfoque educacional.

sido considerada nas investigações das ciências da educação? Pesquisa-se *sobre* a educação ou a *educação enquanto prática*? E a pedagogia, qual sua especificidade? Em que difere das demais ciências da educação? Não estaria a pedagogia, entre nós, subsumindo-se a elas e/ou reduzindo-se à formação de professores? O quadro traçado aponta para a importância da questão epistemológica. As possíveis respostas, certamente, terão que passar por um balanço da produção/experiências na área e, sobretudo, por um debate sobre quais necessidades prático-institucionais e sociais estão colocadas aos cientistas da educação, dentre os quais o pedagogo.

O debate está reaberto.[9]

3. Ciência da educação (pedagogia) e ciências da educação — de uma preocupação disciplinar a um diálogo transdisciplinar

A preocupação epistemológica tem sido colocada por alguns autores numa perspectiva disciplinar. Considerando a não clareza sobre o campo de conhecimentos que caracterizam a pedagogia enquanto ciência da educação, apontam para a perda de significado da pedagogia enquanto esta se conforma em permanecer como campo aplicado de outras

---

9. Além dos textos citados às notas 5, 7 e 8, ver também: FREITAS, Luiz C. Teoria pedagógica? Limites e possibilidades. *Ideias*, n. 11. São Paulo, FDE, 1992, p. 37-45, e, na mesma revista, WARDE, M. O estatuto epistemológico da didática, p. 46-53. PIMENTA, Selma G. Educação. Pedagogia e Didática. *VII ENDIPE*. Goiânia, 1994b, p. 44-64. MAZZOTTI, Tarso. *Estatuto de cientificidade da pedagogia*. 1993 (mimeo.) e A pedagogia como ciência da prática educativa. *VII ENDIPE*. Goiânia, 1994, p. 124-31. LIBÂNEO, José C. Contribuição das ciências da educação na constituição do objeto de estudo da didática. *VII ENDIPE*. Goiânia, 1994, p. 65-78. Ver, também, PIMENTA, Selma G. (org.). *Pedagogia, ciência da educação?* São Paulo, Cortez, 1996. Com textos de PIMENTA e MAZZOTTI, republicados do *VII ENDIPE* e de NÓVOA, António. As ciências da educação e os processos de mudança; LIBÂNEO, José C. Que destino os pedagogos darão à pedagogia?

ciências que também estudam a educação. Assim, a especificidade da ciência pedagógica constituir-se-á com a explicitação de seu objeto próprio a partir da prática educacional, buscando nesta identificar um "irredutível pedagógico", pela análise dos fenômenos educativos em situação, a partir do qual se estabelece o diálogo com as demais ciências da educação (Estrela, 1980). Para outros autores, admitindo a complexidade do fenômeno educativo, a especificidade se construirá aprioristicamente no confronto entre os vários discursos sobre o fenômeno e na análise de suas coerências internas (Coelho e Silva, 1991). Numa perspectiva mais rica, Dias de Carvalho (1988), também admitindo a complexidade, aponta para uma abordagem inter, multi e transdisciplinar do fenômeno educativo, resguardada a especificidade da ciência da educação como ciência da prática educativa. E considerando a pluralidade dos fenômenos educativos, o método será, necessariamente, plural e integrativo (ou multirreferencial, cf. Ardoíno, 1992).

Estrela (1980) e Estrela & Falcão (1990), discutindo a especificidade da pedagogia e das ciências da educação, consideram as últimas como outras "ciências que também estudam a educação". Estrela (1980) propõe que se denomine *pedagogia à* ciência da educação, sugerindo a necessidade de questionar dois aspectos fundamentais das ciências da educação: qual o seu corpo teórico e qual o seu poder operacional em estudos científicos que tenham a educação como campo.

Admitindo que nenhuma ciência se constitui sem que se saiba qual é o seu campo, indaga-se qual é o campo da pedagogia, o *real* pedagógico. Estrela ainda afirma que o conhecimento do real constitui uma primeira etapa do método científico e que uma forma de conhecê-lo é *observá-lo*, para, a seguir, *descrevê-lo*. Por isso, propõe a necessidade da descrição dos fenômenos pedagógicos, com instrumentos e métodos próprios e não simplesmente de outras, como tem ocorrido:

> (...) A principal dificuldade reside precisamente na caracterização das situações em que temos de exercer nossa ação, ou seja, a partir das quais haverá que construir o projeto de intervenção. O Professor "olha" a classe, mas não a "vê". Não dispõe de instrumentos nem de metodologias de observação que lhe permitam detetar fenômenos de ordem pedagógica (Estrela, 1980, p. 126).

Então, fica ao nível de opiniões que não diferem do senso comum, eivadas de subjetividade ou, para ultrapassá-las, lança mão de conceitos e métodos de ciências já constituídas, que poderão ter aplicação no seu campo específico (a educação), como, por exemplo, da psicologia, da sociologia, da psicanálise e da economia. A fecundidade dessas ciências, no entanto, é de pouco valor para a investigação pedagógica, pois o psicólogo, quando trabalha no campo educacional, não faz pedagogia. Ele tão somente aplica conceitos e métodos de sua ciência a um dos campos da atividade humana, no caso, a educação, como poderia também aplicá-los a outros campos, como a clínica, o trabalho etc.

Ainda, conforme Estrela (1980), os resultados das ciências que se dedicam ao estudo dos fenômenos da educação (impropriamente designadas "ciências da educação"), embora válidos em si próprios, apresentam interesse limitado à pedagogia, uma vez que esta, ao não ter clareza de seu campo específico, apenas poderá integrar parcialmente os conhecimentos de outras áreas do saber. Quando se analisa o fenômeno educativo sob os ângulos dessas ciências já constituídas, são seus objetos da teoria e da prática que são detectados, e não os da educação. Portanto, a especificidade do fenômeno educativo fica totalmente diluída, quer ao nível da prática, quer ao da formulação teórica, uma vez que *o corpus* formado por essas ciências não constitui resposta válida para que a pedagogia adquira o estatuto de ciência. "Para se constituir como tal precisa encontrar o seu objeto, o seu concreto, passível de uma determinada inteligibilidade através de um conjunto coerente de teorias explicativas, construídas a partir de uma prática metodológica específica" (id., p. 128). Propõe, como caminho, a explicitação do "irredutível pedagógico". Por exemplo, na situação escolar, o "irredutível pedagógico" é o *aluno*, isto é, o indivíduo numa mesma situação específica de ensino e aprendizagem. Diferente, portanto, das "ciências da educação" que estudam a criança, o jovem, o adulto em si etc. Consequentemente, o campo da pedagogia (ciência da educação), no caso da educação escolar, é o ato pedagógico que envolve o aluno, o saber, o professor, a situação institucional etc., no qual a *análise do comportamento em situação* sobrepõe-se à *análise do comportamento em si*, o que significa uma modificação radical da fundamentação epistemológica e da prática da investigação na pedagogia.

Embora não aprofundando a discussão metodológica, a proposta de Estrela (1980) sobre o "irredutível pedagógico", mediante a "análise do comportamento em situação", abre possibilidades para o desenvolvimento dos métodos qualitativos e etnográficos na investigação educacional.

Coelho e Silva (1991) denomina a biologia, a psicologia, a antropologia, a etnografia, a sociologia, a economia, a ecologia e outras, como *ciências com implicações na educação* e defende a necessidade de se construir o estatuto epistemológico de uma *ciência específica da educação*, para o que propõe dupla necessidade: a análise da validade científica das diversas teorias estruturadas no interior dessas disciplinas, ou seja, sua validação epistemológica como ciências da educação; e a análise da unidade e da coerência epistemológica de um eventual corpo disciplinar que reúna não só as diversas contribuições educacionais dessas ciências, mas que, sobretudo, "se revele capaz de produzir um discurso inédito sobre a educação" (id., p. 29). E pergunta-se até que ponto o discurso de uma ciência específica da educação é ou não diferente do somatório dos discursos das ciências que, direta ou indiretamente, abordam a realidade educacional.

Propõe que, para a construção epistemológica de uma ciência específica da educação, se tome como pressuposto que a educação é, de todas as manifestações humanas, não só uma das mais importantes, como também uma das mais complexas. Importante, porque "é através da educação que o homem se realiza como homem. Complexa, porque comporta uma multiplicidade de variáveis, organizadas numa intrincada rede de relações (...). Não é pois de se estranhar que a quase totalidade das disciplinas científicas se tenha interessado pelo estudo de algumas de suas dimensões" (id., p. 36).

Consequentemente, o desafio para a ciência da educação é "construir um conhecimento que ultrapasse a 'tapeçaria' dos conhecimentos dispersos pelas ciências" (id., ibid.). Para isso, há a necessidade de especificar o objeto educativo de forma a não atomizar o fenômeno educativo, e desenvolver uma metodologia específica que permita reter "os aspectos dinâmicos e moventes da educação, porque são estes precisamente que lhe conferem a especificidade humana" (id., ibid.).

Dias de Carvalho (1988), admitindo que a história das ciências da educação remete para a das ciências humanas, busca apurar em que medida e com qual estatuto as ciências da educação permanecem nas ciências humanas. Para isso, desenvolve importante reflexão que pode auxiliar na construção do estatuto próprio da pedagogia.

Denominando as ciências da educação de *prolongamentos* ou *aplicações* das diferentes ciências sociais e humanas à educação, considera-as insuficientes, uma vez que não partem do fenômeno educativo como problema de investigação, senão que lhe emprestam interpretações elaboradas a partir de suas problemáticas específicas. Assim, por exemplo, o historiador (da educação) é primeiro historiador, depois da educação. Isso faz com que ele coloque o fato educativo como *subordinado* à ciência histórica. Dessa forma, opera uma inversão epistemológica, uma vez que a ciência (história) passa a anteceder o fato (a educação). O fato (o real, o mundo, o problema), no entanto, é anterior ao conhecimento, à interpretação (ciência) sobre ele.

Uma coisa é reconhecer e impulsionar a prática interdisciplinar, contra a rigidez artificial de fronteiras epistemológicas que conduzem à superespecialização, ao empobrecimento (...) ou ainda, partir-se de uma íntima colaboração interdisciplinar para a constituição de uma *nova* ciência (...). Outra será conservar-se *comodamente* uma confusão constitutiva, que faz com que não haja, de fato, *ciências da educação*, mas, quando muito, ciências sociais e humanas como Sociologia, Psicologia etc., com prolongamentos para a educação (Dias de Carvalho, 1988, p. 71, grifos meus).

Ainda sobre a insuficiência das ciências sociais e humanas para os problemas educativos, ressalta o caráter *descritivo-explicativo* que lhes é próprio. O real educativo não é suficientemente aprendido pela descrição-explicação, mesmo que se adicione o caráter *interpretativo* (possibilitado pela filosofia, pela ideologia e pela política) que, para além do âmbito escolar restrito, coloca a questão dos *fins* da educação. Ainda assim, não se está dando conta de um campo/método específico que capte a dimensão *prática* da educação.

Reconhece-se, sem dúvida, que a discussão sobre os fins e os ideais embutidos nos projetos pedagógicos possibilita situá-los historicamente, identificando a serviço de que e de quem se colocam, o embate entre a formação do cidadão *versus* a libertação do homem, temas que provocaram a destecnização tradicional da Pedagogia.

A descrição, explicação e interpretação que as ciências com prolongamentos para a educação oferecem aos problemas/fenômenos educativos não são suficientes para captar o real educativo. Um real cuja especificidade é o *movimento*, a *ação refletida*, a *prática* de educar (a práxis), no qual o caráter utópico é essencial. Utopia essa entendida não como um sonho desconectado do real, mas, pelo contrário, no sentido de enraizado no real, que dele emerge e para ele se volta, iluminando-o na direção de novas possibilidades. Utopia que é necessária na investigação, "pois só assim ela pode agir em profundidade sobre o tecido sócio-humano" (cf. Charadeau, 1978, citado por Dias de Carvalho, 1988, p. 81).

A natureza do objeto da pedagogia (ciência da educação), a educação como prática social, determina o caráter de utopia, entendida como intencionalidade na investigação, configurando a ciência da educação como uma *ciência da prática*, diferente, portanto, das demais ciências humanas, que não colocam *a priori*, na investigação, a aplicação imediata do conhecimento.

Quintana Cabanas (1983), enfrentando a importante questão do lugar e do estatuto da pedagogia no seio das ciências da educação, considera que a pedagogia *não se dilui* nas ciências da educação, e afirma-a como ciência prática e normativa da educação. Ou seja, preocupada com a *ação* de educar, com o *ato educativo* e com a *intervenção* nesse ato, para o qual se dirige a um só tempo com a intenção de conhecê-lo e de transformá-lo. Munida, portanto, de uma intencionalidade, de um projeto. Isso não ocorre com as demais ciências da educação, que se deparam com dificuldades concretas quanto à problemática de sua competência e eficácia para a resolução de questões próprias das situações, dos fatos e dos problemas educativos no âmbito da necessária articulação entre *investigação* e *prática*. Essas dificuldades podem assim ser resumidas (cf. Dias de Carvalho, 1988, p. 90):

Algumas ciências não visam, de início, a uma aplicação imediata (por exemplo, a filosofia da educação, a história da educação, a sociologia da educação).

Outras encontram grandes dificuldades e mesmo bloqueios para traduzir suas conceituações, formuladas nos seus âmbitos, às situações educacionais. Dificuldades essas decorrentes de limitações próprias, bem como de limitações por parte dos educadores em traduzirem para suas práticas a riqueza de formulações de outras ciências. (O que ocorre, por exemplo, com as teorias de aprendizagem formuladas pela psicologia, das quais o construtivismo ilustra bem o problema, no caso brasileiro.)

A tendência experimentalista e/ou clínica de outras ciências as leva à redução do objeto, devido à necessidade de controle de variáveis.

Outra dificuldade situa-se no âmbito dos objetivos da prática investigativa e dos objetivos da prática educativa. Enquanto a primeira tem por prioridade a *produção de saberes*, a segunda tem por prioridade *a produção de diretrizes pragmáticas e eficazes* aos impasses colocados pela realidade escolar.

Considere-se, ainda, o tradicional distanciamento, entre formação e prática dos agentes educativos e entre investigação e exercício profissional. Não se tem mediações adequadas entre as diferentes linguagens produzidas nesses diferentes âmbitos da prática educativa (o que vai colocar importantes problemas para a formação de professores e investigadores).

Para Dias de Carvalho (1988), a ciência da educação, que tem como objeto a educação enquanto prática, considera a educação em seus diferentes níveis: o nível institucional, o nível dos movimentos pedagógicos e o nível dos programas de investigação científica. E terá como método o que denomina de "um método integrativo" (p. 92), que permitirá o tratamento autônomo (relativamente autônomo) da problemática educacional. Método integrativo que se vale, mas supera as abordagens multi, trans e interdisciplinares.

A ciência prática da educação "não pode ser apenas uma ciência descritiva, explicativa e interpretativa, será também uma ciência normativa em que a componente utópica (a realidade que se deseja) tem um papel central. É que esta ciência lida com um objeto inconcluído, não podendo, por isso, bastar-lhe o conhecimento de um objeto já construído" (id., p. 93). É um normativo construído, portanto, a partir da realidade do fenômeno.

Para Avanzini (1992), alguns traços definem a originalidade epistemológica das ciências da educação. O primeiro refere-se à *especificidade das problemáticas*. Apesar de se debruçar sobre o mesmo objeto, a pesquisa em ciências da educação e a pesquisa nas "ciências-mãe" se colocam questionamentos diversos. "O que distingue uma tese de história sobre a educação de uma de Ciências da Educação sobre a história (...) é que a primeira busca compreender um período através do estudo de práticas educativas. Por outro lado, as Ciências da Educação pesquisam um problema da educação com a ajuda da história" (Avanzini, 1992, p. 73). Assim, por exemplo, o estudo das condições de fundação de um colégio tanto pode ser útil para se compreender o período (história), como para se compreender as causas de seu fracasso ou de sucesso enquanto instituição de ensino (ciências da educação).

O segundo refere-se à *aceitação de sua pluralidade*. A complexidade do objeto da educação exclui que sua análise se dê apenas por uma disciplina. Às ciências da educação compete reconhecer a diversidade de abordagens, numa perspectiva interativa, e não como lugar de conflitos com pretensões hegemônicas de delimitação de fronteiras. O que não significa passividade receptiva por parte das ciências da educação, senão que desafio para realizar o necessário confronto entre as teorias e metodologias das demais ciências, no que concerne a seu objeto e a seus problemas investigativos. Aceitar a pluralidade é concordar com a noção de multirreferencialidade, conforme desenvolvida por J. Ardoíno, que assim a justifica:

> Assumindo plenamente a complexidade da realidade sobre a qual se interroga, a multi-referencialidade se propõe uma *leitura plural* dos objetos (práticos ou teóricos), sob diferentes ângulos, implicando diversos olhares e linguagens específicos, apropriados às descrições requeridas, em função dos diferentes sistemas de referência, supostos, reconhecidos explicitamente como não redutíveis uns aos outros, ou seja, heterogêneos (1992, p. 103).

A noção de multirreferencialidade surge no momento mesmo em que os práticos (professores) se voltam para suas práticas, interrogando-as quanto aos seus resultados. Comporta assim uma intenção claramente praxiológica, mas também teórica, na medida em que possibilita melhor compreendê-las, numa perspectiva que se aproxima da curiosidade científica, mas também ética. Em outras palavras, a noção de multirreferencialidade é *prático-teórico-prática*, apontando para o trabalho conjunto entre práticos e pesquisadores e para uma abordagem interdisciplinar do fenômeno.

Admitindo a importância dessa abordagem multirreferencial, ou das abordagens plurais sobre o fenômeno educação, Nóvoa (1991, p. 30) entende que "a defesa da pluralidade não significa renunciar à identidade e não pode, em caso algum, justificar a dispersão, a falta de rigor ou a superficialidade científica". Nesse sentido, indagar a especificidade da pedagogia significa explicitar seu compromisso na elaboração de suporte teórico-científico para a transformação da prática social da educação. A questão epistemológica é, pois, mais do que uma questão disciplinar formal. Dada a complexidade do fenômeno, justifica-se a multirreferencialidade.

Ardoíno (1992), afirmando a originalidade epistemológica das ciências da educação, reconhece ainda que os saberes assim adquiridos, sem se reduzirem a uma utilização pragmática desprovida de cientificidade, podem ser eficazes quando voltam-se para uma ação atual ou que se projeta. Ou seja, as ciências da educação podem contribuir à orientação e à gestão das práticas educativas de hoje, não para determiná-las aprioristicamente, mas para nutrir a criação de novas práticas.

Parece ser esse o sentido da afirmação de Suchodolski (1979, p. 477), quando diz que "o conhecimento da ciência pedagógica é imprescindível, não porque contenha diretrizes concretas válidas para 'hoje e amanhã', mas porque permite realizar uma autêntica análise crítica da cultura pedagógica, o que facilita ao professor debruçar-se sobre as dificuldades concretas que encontra em seu trabalho, bem como superá-las de maneira criadora".

4. Da prática social da educação como objeto da pedagogia

Concordando que o estudo da educação como fenômeno social não se esgota por uma ciência e que, tampouco, a pedagogia seja a única ciência que estuda a educação, aceitando, pois, a multiplicidade do fenômeno e a pluralidade de enfoques sobre o mesmo, outros autores estão preocupados em ressignificar a pedagogia e as ciências da educação entendendo que estas tem como campo a *prática social*, com todas as suas contradições, cabendo-lhes ao mesmo tempo contribuírem para analisar e transformar essa prática. Nesse sentido, o ponto de partida para a epistemologia é a prática social da educação. Qual a contribuição da pedagogia e demais ciências da educação frente aos desafios e problemas colocados pelas transformações do mundo contemporâneo — mercados mundiais, reorganização do trabalho, desemprego, pluri-etnias, aumento de miserabilidade e de desigualdade social? Essa realidade está demandando a produção de conhecimentos em educação no que diz respeito a políticas educacionais, financiamento, gestão e organização escolares, práticas pedagógicas, formação e desenvolvimento de professores, capazes de engendrar novas práticas educacionais que superem as desigualdades educacionais-sociais.

Charlot (1995), discutindo as práticas, os discursos e as pesquisas como fontes para uma reidentificação das ciências da educação, situa-se dentre aqueles que a definem pela "circulação entre diferentes tipos de pesquisas e de práticas" (p. 14), contrapondo-se aos que a entendem como justaposição de subdisciplinas, e aproximando-se daqueles que falam em multirreferencialidade (J. Ardoíno). Nesse sentido, parece profícuo definir as ciências da educação não mais pelos discursos que elas têm sobre si mesmas, mas pela produção real.

Citando estudo realizado por Beillerot (1995), sobre as teses produzidas em ciências da educação na França entre 1969 e 1989, Charlot põe em evidência sua especificidade nos seguintes termos: produziram trabalhos centrados nas situações de aprendizagem tomadas *in natura* (e não em laboratórios), privilegiando pluridisciplinarmente certos temas — formação de professores, relação educativa, inovações institucionais e curriculares e avaliação. Além disso, atribuíram importância particular à questão da singularidade, abordada por métodos clínicos, bem como desenvolveram campos novos (educação familiar) e tramas conceituais (por exemplo, produção de saberes). Entretanto, se o inventário das pesquisas realizadas constitui importante referencial para a identidade das ciências da educação, necessário se faz analisar as demandas educacionais sociais que não têm sido objeto de investigação. No caso da França, ampliar as pesquisas sobre as situações e as práticas educacionais, desenvolver a formação profissional, melhor analisar as demandas sociais e se integrar na pesquisa internacional (cf. Charlot, 1995, p. 14).

Beillerot (1995) coloca a indagação: "Mas, para que servem as ciências da educação?" (p. 16). Para debatê-la, aponta, inicialmente, as transformações sociais contemporâneas (mercados mundiais, reorganização do trabalho, as desigualdades norte-sul, as migrações e a plurietnidade, as transformações da realidade familiar). Essa realidade demandou importantes transformações na educação, no que diz respeito a políticas educacionais e de formação, à ampliação de financiamentos, a diversas e novas práticas. A contribuição das ciências da educação tem sido insuficiente até mesmo aos debates e às interrogações que estão colocadas, evidenciando a urgência de se produzir conhecimentos em educação e sobre formação.

Por outro lado, reconhece que enquanto uma disciplina, cujo campo é a prática social, carrega em si todas as contradições dessa prática, ao mesmo tempo em que contribui para analisar e transformar essa prática. Assim, afirma:

> Parece-me que a resposta à indagação é simples: hoje, todas as práticas sociais requerem competências, que apresentem *novos modos de compreensão do real* e de sua complexidade. As ciências sociais e humanas estão justamente encarregadas de produzir esses novos modos (...). Não se pode mais dirigir, comandar, ajudar, educar, formar, ensinar apenas com o saber e o saber fazer (...). [Faz-se necessária] a contextualização de

todos os atos, seus múltiplos determinantes, a compreensão de que a singularidade das situações necessitam de perspectivas filosóficas, históricas, sociológicas, psicológicas, etc., perspectivas que constituem o que se pode chamar de *cultura profissional da ação*, ou seja, que permite aclarar e dar sentido à ação (id., p. 16).

A colaboração dos autores examinados aponta claramente a diferenciação entre as ciências da educação e a pedagogia (ciência da educação), bem como a importância de se tomar a prática social da educação como referência à significação epistemológica da pedagogia, questão que trataremos a seguir.

5. Pedagogia — ciência da prática e para a prática da educação

Diferentemente das demais ciências da educação, a pedagogia é ciência *da prática*. Aí está a sua especificidade. Ela não se constrói como discurso *sobre a educação*. Mas a partir da prática dos educadores tomada como a referência para a construção de saberes — no confronto com os saberes teóricos. Pelo processo de reflexão dessa prática como prática social histórica tomada como totalidade. E volta-se à prática a partir da qual e para a qual estabelece proposições. Entendemos que nessa compreensão da pedagogia encontra-se a raiz fértil para a ressignificação epistemológica da didática, que, enquanto área da pedagogia, tem hoje, para nós, o desafio de constituir-se a partir do ensino, seu objeto, tomado como prática social, tema esse que abordaremos no item seguinte. Antes vejamos a contribuição de alguns autores para esse entendimento da pedagogia.

Schmied-Kowarzik (1983) define a pedagogia como uma ciência prática *da* e *para* a práxis educacional. Fundamenta suas colocações admitindo a dialeticidade do real educativo. A educação, como prática social humana, é um fenômeno móvel, histórico, inconclusivo, que não pode ser captado na sua integralidade, senão na sua dialeticidade. Ela é transformada pelos sujeitos da investigação, que se transformam por ela, na sua prática social. Cabe aí, na práxis do educador, realizar o estudo sistemático, específico, rigoroso, da prática social da educação, como forma de nela interferir, consistentemente. A esse estudo sistemático denomina pedagogia, ciência que tem na prática da educação, cuja finalidade é a humanização dos homens, a sua razão de ser. Ela parte dos fenômenos educativos para a eles retornar.

Valorizando o caráter prático da pedagogia, relembra que no âmbito da ciência da educação tornou-se comum assumir questões e posicionamentos teóricos e científicos das discussões das ciências próximas, aplicando-os, de modo mais ou menos modificado, a problemas pedagógicos. Desse modo a pedagogia estaria renunciando a sua especificidade de confrontar sua tradição teórica e científica com questões e exigências novas.

Hoje constata-se uma paradoxal situação. As ciências sociais estão preocupadas, em suas questões teóricas, com métodos para uma pesquisa da ação e do comportamento, numa perspectiva de "prática crítica". Especialmente depois que a psicologia e a sociologia descobriram sua relação com a prática. "Enquanto que a pedagogia, justamente uma das ciências práticas mais ricas em tradição, se baliza pela discussão das ciências sociais de ontem, não tendo por isso como contribuir para a questão da orientação e da análise teórica de uma prática em transformação" (Schmied-Kowarzik, 1983, p. 7).

Por isso, o autor afirma a pedagogia como uma ciência prática *da* e *para* a práxis educativa. Pedagogia (ciência) e educação (prática) estão em uma relação de interdependência recíproca, pois a educação depende de uma diretriz pedagógica prévia (o que deve ser) e a pedagogia depende de uma práxis educacional anterior (o que é).

Por isso a pedagogia nem pode tematizar de uma maneira puramente teórica a práxis educacional, como um evento passível de representação, nem pode se voltar a uma intervenção prática direta, já que é uma ciência para a educação só quando é simultaneamente uma ciência da educação, e vice-versa. Nesta medida, a instância mediadora entre teoria pedagógica e práxis educacional repousa no educador (na sua ação), graças ao qual ela pode, enquanto ciência, tornar-se prática na pesquisa e no ensino (id., p. 24).

(...)

Desta maneira, fica claro que a pedagogia só pode ser ciência prática da e para a educação enquanto se compreende como esclarecimento racional da ação educativa dirigida à humanização da geração em desenvolvimento, consciente do fato de que seu saber da e para a educação é mediatizado pelo educador. *Ela não é teoria da educação por vontade própria, mas está a serviço dos educadores. Ela não possui capacidade de interferir na práxis por si mesma, mas apenas mediante o educador colocado sob o primado prático de suas tarefas educativas. Por isso ela é ciência prática da e para a educação unicamente quando se submete ao primado da prática em que o educador exerce a sua práxis* (id., p. 29, grifos meus).

Mazzotti, cujos recentes estudos (1993 e 1994) versam sobre a epistemologia das ciências da educação e a especificidade da pedagogia, denomina a ciência da educação de *Pedagogia* e justifica o uso da expressão "para distinguir do conjunto dos estudos sobre a/da educação, mantendo a diferença entre a reflexão sistemática e a atividade compreendida pelo termo educação" (1993, p. 5). E sustenta a pedagogia "como uma *ciência da prática*, porque o processo de desenvolvimento das ciências pode, então, ser avaliado como uma *permanente descentração do sujeito face ao objeto*. Ou seja, como um percurso pelo qual o sujeito deixa sua centralidade, para reconhecer que suas explicitações são combinações das relações que mantém com o objeto. Dessa maneira, o *objeto* é compreendido como um 'constructo', um 'protótipo', um 'modelo', um 'simulacro' do 'real' e este, o 'real', jamais seria atingido em sua integridade. A teoria seria, então, a exposição do objeto e das relações que o sujeito do conhecimento estabelece com o objeto. (...) Nesse sentido seria possível compreender a Pedagogia como uma ciência do fazer educativo mas, como tal, não se confundiria com o próprio fazer, que permanece como atividade do educador" (Mazzotti, 1994, p. 6).

Portanto, o autor admite a pedagogia como uma ciência de um objeto inconcluso, histórico, que se modifica pela ação (relação) que o sujeito estabelece com ele e que, por sua vez, o modifica, não podendo ser, pois, apreendido integralmente. O que exige o recurso de um método de investigação, que não aquele da lógica dedutiva clássica. Como a razão não é autossuficiente, e sim dependente da experiência, as lógicas utilizadas serão as que garantam as interconexões entre a razão e a experiência. A pedagogia, então, é uma ciência da prática, que não se efetiva como uma tecnologia, e sim como uma reflexão sistemática sobre a educação.

Houssaye (1995), assim como Schmied-Kowarzik e Mazzotti, estabelece distinção entre pedagogia e ciências da educação. Define a pedagogia como *"teoria prática da ação educativa"* (Houssaye, 1995, p. 28). O saber pedagógico se elabora, na prática de cada professor, na "química" que faz entre teoria e prática. É essa prática (práxis) que confere autoridade, generaliza e nutre a pedagogia, em sua especificidade. É nesse fazer prático-teórico que se "fabrica" a pedagogia. *"Toda pedagogia se apresenta como uma configuração limitada e estruturada de saber-fazer refletido, a partir da ação educativa. Nesse sentido, pode-se dizer que há a formação pedagógica quando o formado, na sua ação, confronta, junta e disjunta os resultados da ação-reflexão, da teoria e da prática"* (id., ibid.). Houssaye nega que a pedagogia tenha sua origem nas ciências da educação, porque estas não podem fornecer a prática, indispensável à elaboração pedagógica. As consequências para a formação dos pedagogos são que a formação inicial só pode se dar a partir da aquisição da experiência dos formados (ou seja, tomar a prática existente como referência para a formação) e refletir-se nela. O futuro profissional não pode constituir seu *saber-fazer* senão a partir de seu próprio *fazer*. Não é senão sobre esta base que o saber, enquanto elaboração teórica, se constitui. Frequentando o curso de ciências da educação, os futuros práticos poderão adquirir *saberes sobre a educação e sobre a pedagogia*, mas não estarão aptos a falar em *saberes pedagógicos*. "A especificidade da formação pedagógica, tanto a inicial como a contínua, não é refletir sobre o que se *vai fazer*, nem sobre o que se *deve fazer*, mas sobre o que *se faz*" (Houssaye, 1995, p. 28). Os profissionais da educação, em contato com os saberes sobre a educação e sobre a pedagogia, podem encontrar instrumentos para se interrogarem e alimentarem suas práticas, confrontando-os. É aí que produz saberes pedagógicos, na ação. Nos cursos de formação tem-se praticado o que o autor chama de "ilusões" (cf. id., p. 29):

- a ilusão do fundamento do saber pedagógico no *saber disciplinar* eu sei o assunto, consequentemente, eu sei o fazer da matéria;
- a ilusão do *saber didático*: eu sou especialista da compreensão do como-fazer-saber tal ou tal saber disciplinar, portanto eu posso deduzir o saber-fazer do saber;

- a ilusão do *saber das ciências do homem*: eu sou capaz de compreender como funciona a situação educativa; posso, então, esclarecer o saber-fazer e suas causas;
- a ilusão do *saber pesquisar*: eu sei como fazer compreender, através de tal ou tal instrumento qualitativo e quantitativo, por isso eu considero que o fazer-saber é um bom meio de descobrir o saber-fazer, mais ou menos como se a experiência se reduzisse à experimentação;
- a ilusão do *saber-fazer*: na minha classe, eu sei *como se faz*, por isso eu sou qualificado para o *fazer-saber*.

Reconhecendo que a última ilusão (a dos práticos) não é a dominante entre os cientistas da educação, a estes fica colocada a questão do para que serve seu saber, se não instrumentaliza a prática. Qual o interesse das ciências da educação para as práticas? Os saberes *sobre a educação* e *sobre a pedagogia* não geram os saberes pedagógicos. Estes só se constituem a partir da prática, que os confronta e os reelabora. Mas os práticos não os geram só com o saber da prática. Então, parece que estamos diante de um problema de diálogo, cuja raiz é epistemológica. As práticas pedagógicas se apresentam nas ciências da educação com estatuto frágil: reduzem-se a objeto de análise das diversas perspectivas (história, psicologia etc.). A dimensão da ação não tem sido determinante, nos cursos de ciências da educação. Ao contrário, exigem-se compreensão e distância. As práticas, por sua vez, quando se fazem presentes, o são na sua imediaticidade, especialmente nas didáticas e na formação contínua. Mais ainda, a prática dos formados não é determinante no seu processo de construção do saber, permanecendo, apenas, como horizonte a modificar pela aquisição do saber-fazer, que lhe é transmitido e que é imanente das disciplinas teóricas sobre a educação.

Diante do exposto Houssaye (1995) considera que a pedagogia se ressignificará à medida que tomar a ação como a referência da qual parte e para a qual se volta[10] e aponta algumas tentativas já existentes nessa direção: as abordagens clínicas[11] que permitem operar a conjunção/disjunção entre teoria e prática, permitindo a análise em situação; e certas abordagens reflexivas[12] das práticas dos formados, que favorecem uma aproximação propriamente pedagógica. No entanto, os lugares da teoria e da prática permanecem dissociados nessas abordagens: a teoria, nos formadores, e a prática, nos formados.

Assim será enquanto formadores e formados se contentarem com saberes *sobre* a educação e *sobre* a pedagogia e não se empenharem em construir os saberes pedagógicos *a partir das necessidades pedagógicas* postas pelo real, para além dos esquemas apriorísticos das ciências da educação. "E se remeterem à... pedagogia!" (id., p. 30). O retorno autêntico à pedagogia ocorrerá se as ciências da educação deixarem de partir

---

10. A propósito da consideração da ação como referência para a formação inicial, ver Pimenta (1994a, p. 172).

11. Expressão utilizada por Perrenoud, Philippe (1991), significando não a dimensão de diagnóstico que o termo evoca, mas um modelo de desenvolvimento intelectual no qual "o clínico é aquele que diante de uma situação problemática e complexa utiliza-se de regras que possui e dispõe dos meios teóricos e práticos para avaliar a situação, pensar numa intervenção eficaz, colocá-la em prática, avaliar sua eficácia aparente e corrigir o enfoque" (p. 105-6). Transposta para o fazer do professor, ensinar, na estratégia clínica, significa não a aplicação cega de uma teoria, nem o conformar-se com um modelo... (mas) resolver problemas, tomar decisões, agir em situação de incerteza e, muitas vezes de emergência, ...sem cair num pragmatismo (p. 130) (lançando mão de constante reflexão teórica).

12. Expressão utilizada por Schön (1983) para desenvolver o modelo de formação do professor "reflexivo" como sendo um processo de *reflexão na ação* e *reflexão sobre a reflexão na ação*. Processo mediante o qual o professor aprende (constrói seus saberes-fazeres docentes), a partir da análise e interpretação da própria atividade. Trata-se, portanto, de uma estratégia de formação que é individual e coletiva, valorizando o professor como sujeito, e não simples aplicador de saberes.

de diferentes saberes constituídos e começarem a tomar a prática dos formados como o ponto de partida (e de chegada).

Propondo um novo paradigma à formação do professor na valorização da prática, Elliot (1993) formula a *perspectiva hermenêutica*, cujo princípio básico é a *compreensão situacional*. Entende que a prática se baseia e se aperfeiçoa a partir de interpretações de situações particulares, tomadas em sua totalidade. A teoria tem um papel importante no aperfeiçoamento da compreensão situacional. A relevância e o uso das ideias teóricas são, sob a perspectiva hermenêutica, condicionados pela experiência de um problema, na acomodação de certos aspectos da situação. A prática é, assim, entendida como relação entre compreensão e ação.

6. O ensino como prática social. Possibilidades da didática

Enquanto área da pedagogia a didática tem no ensino seu objeto de investigação. Considerá-lo como uma prática educacional em situações historicamente situadas, significa examiná-lo nos contextos sociais nos quais se efetiva — nas aulas e demais situações de ensino das diferentes áreas do conhecimento, nas escolas, nos sistemas de ensino, nas culturas, nas sociedades — estabelecendo-se os nexos entre eles. As novas possibilidades da didática estão emergindo das investigações sobre *o ensino enquanto prática social viva*.

Develay (1993), aprofundando a questão a partir da prática, examina as relações entre a pedagogia, a didática e as didáticas específicas (das disciplinas). Examina as possibilidades da didática em seus aspectos especulativos e institucionais. No primeiro, tenta aclarar as distinções entre a pedagogia e a didática e entre esta e as didáticas específicas. No aspecto institucional, aponta as inúmeras possibilidades postas à didática, a partir do momento em que a França redefiniu os lugares e a qualidade da formação dos professores, tanto nas universidades como nos centros de formação.

Esse fato colocou como centrais, de um lado, os problemas do ensino das disciplinas específicas, e de outro, as questões relativas à sequência de disciplinas (currículo). Além de ter suscitado questionamentos e novos enfoques para as relações entre as didáticas específicas e a utilização da didática (geral), em face dos novos problemas do ensino nas suas vinculações institucionais.

É a partir das problemáticas novas, postas por esse novo quadro de realidade, que o autor considera importante retomar e aprofundar as possibilidades especulativas (epistemológicas).

Reformulando a concepção de Durkheim da pedagogia como uma "teoria-prática", ou seja, um sistema apriorístico que permite refletir sobre os sistemas e processos da educação valorando-os (caráter normativo), Develay conceitua a pedagogia como *praxiologia*. Isto é, o estudo das condições de execução de uma ação eficaz. Tal definição da pedagogia permite compreendê-la como uma reflexão sobre os sistemas e os processos da educação, para constituir, a partir deles, os valores presentes e os que se espera. Não para esclarecer e dirigir os educadores (como na pedagogia definida por Durkheim), mas para torná-los capazes de *criarem* normas para as práticas (cf. Develay, 1993, p. 173).

Citando Vergnaud, define a didática como sendo o "estudo dos processos de aprender e ensinar relativos a um conteúdo específico". Nesse sentido, a didática considera a natureza do saber a ensinar como determinante da aprendizagem e, por consequência, do ensino. (A natureza de uma determinada área de saber, por sua vez, determina o método de ensinar.) A pedagogia, no entanto, não visa estudar as situações de ensino somente sob o ângulo da especificidade do conteúdo (como as didáticas específicas). Ela se interessa não apenas pela dimensão cognitiva da aprendizagem, mas por todas as dimensões que envolvem as situações do ensino (pessoais, institucionais, estruturais). Vale dizer, pelas condições pedagógicas das situações de ensino, ou seja, as ações enquanto práticas educativas e seus vínculos com as suas finalidades.

A didática (geral), por sua vez, atém-se às situações de ensino-aprendizagem. Enquanto ciência, estuda a ação, mas visa conhecer mais do que a ação. À semelhança da medicina, a didática cria os elementos de diagnósticos, mas não propõe terapêuticas. Procedendo à articulação entre as situações de ensino (a ação de ensinar e aprender as diferentes áreas do saber, objetos das didáticas específicas) e a pedagogia (as situações pedagógicas que determinam as ações de ensinar), "a didática se constitui como uma ciência do conhecer, uma teoria" (Develay, 1993, p. 174). Sua limitação fica clara: ela não dá conta de oferecer terapêuticas, porque não é de sua especialidade o estudo da relação entre conteúdos do saber e ensino. Nesse sentido, o autor não confere à didática qualquer dimensão de prescrição/normatividade.

Às didáticas das disciplinas compete o estudo do que se refere às origens dos conteúdos a ensinar, sua história e sua epistemologia. À didática compete uma abordagem articulativa/comparativa das didáticas das disciplinas. Por meio dos novos conceitos didáticos (tramas conceituais, contrato didático, transposição didática, situações didáticas), possibilita-se a troca entre os didáticos de diferentes disciplinas, conduzindo, no campo escolar, à noção de interdisciplinaridade, ou melhor, de transdisciplinaridade (cf. id., p. 174).

A didática, assim compreendida, nos coloca, hoje, duas questões essenciais:

1) A necessária transformação de suas finalidades, a fim de que não se situe unicamente como uma teoria, mas que acei-

te de propor práticas educativas, a partir da teoria. Nesse sentido, o didático deve mostrar-se sensível à epistemologia das disciplinas, aos aspectos psicológicos (cognitivos, sociais e relacionais), e aos conhecimentos das ciências e tecnologias da comunicação.

2) Integrar a reflexão axiológica nas reflexões dos didáticos. Contrariamente ao positivismo científico, considerar uma prática educativa como eficaz, não porque permite aprender, mas porque permite aprender sob o olhar de uma axiologia de referência.

As respostas a essa dupla sugestão é que permitirão *aos didatas fundar uma nova didática*. De qualquer maneira, essa didática corresponderá a uma ética da comunicação (cf. id., p. 174).

Cornu & Vergnioux (1992) consideram que, a partir do momento em que a formação de professores tomou lugar relevante (no sistema educativo francês), impôs-se um lugar significativo, também, à didática. Um conjunto de conceitos didáticos novos emergiram, então, das práticas: contrato didático, objetivo-obstáculo, situação problema, trama conceitual, conflito sociocognitivo, transposição didática, e outros. Até que ponto esses conceitos esclarecem o trabalho de ensinar? Até que ponto emergiram de uma investigação científica? Ou, apenas, visam racionalizar as práticas, tornando-as mais eficazes? Situando a didática na história dos saberes e na história do ensino, os autores realizam uma reflexão crítica e fecunda da didática, na direção de ressignificá-la, apontando suas possibilidades e seus limites na contemporaneidade.

Sem entrarem em maiores considerações sobre o desenvolvimento da pedagogia na didática moderna, agrupam três circunstâncias que fizeram emergir a didática contemporânea: a evolução dos saberes; o desenvolvimento das psicologias da criança, estudando o desenvolvimento de conceitos no ensino escolar e as renovações pedagógicas; e as iniciativas institucionais (cf. Cornu & Vergnioux, 1992, p. 33).

Na primeira, que denominam "foco epistemológico", incluem a renovação de saberes, as novas especializações, novas teorias (em Matemática e em Física), novos campos de pesquisas (a Linguística). Esse foco epistemológico provoca, por consequência, questionamentos sobre as disciplinas, sobre a reatualização dos programas e sobre a relação entre saberes ensinados e saberes pesquisados. Consequentemente, aproximando pesquisa e ensino e pesquisa e aprendizagem, fazendo surgir expressões como "professor-pesquisador" e "aluno-pesquisador". Confundindo, mesclando e amalgamando essas atividades (ensinar, pesquisar, aprender) que são muito diferentes. De todo modo, tem obrigado à revisão periódica dos programas de ensino e seus resultados. O foco epistemológico possibilita à didática novos voos, se interrogando sobre a ordem e as maneiras de ensinar.

Na segunda circunstância, que denominam "foco pedagógico", incluem todas as iniciativas de se fazer frente ao fracasso escolar, apoiadas nas renovações dos métodos pedagógicos e nas psicologias da criança e de outras ciências da educação.

Na base desses dois focos, os autores situam o nascedouro da didática contemporânea (cf. Cornu & Vergnioux, 1992, p. 33-4). A suas colaborações podemos acrescentar as discussões sobre o papel do conhecimento e da informação na sociedade contemporânea (cf. Morin, 1993) e suas consequências para o trabalho da escola (do professor e do aluno) com o conhecimento; as inovações curriculares (ciclos de aprendizagem, trabalho interdisciplinar, currículo e programas articulados às escolas-campo de estágio, cf. Pimenta, 1994a); o lugar institucional da formação do professor (universidade, centros, institutos); a formação inicial articulada à realidade escolar e a formação contínua (redes de formação em serviço); a pesquisa-ação e intervenção; a multiculturalidade. Essas circunstâncias todas têm provocado uma "explosão didática podendo revivificar seus eixos reflexivos" (expressões usadas por Cornu & Vergnioux, 1992, p. 69). Quais são estes eixos? Ou: possibilidades da didática.

"O termo 'didática' pode exprimir a ideia de uma didática geral (tomada como disciplina). Mas pode ser utilizado de modo mais flexível, mesmo quando se trata das didáticas específicas, significando uma *atitude teórica e prática* de abordagem das questões do ensinar e/ou aprender. Nesse sentido, a referência à didática remete a um programa que busca a eficácia prática e a legitimação teórica. Assim, à medida que o programa didático penetra os fatos, transformando as práticas e suas representações, começa a desenhar, no mundo dos professores, novos contornos e nova cultura profissional. É nesse contexto que a didática revela numerosas possibilidades" (id., p. 130-1). E quais são essas possibilidades:

1) A *racionalização* e a *eficiência*. Os autores, relembrando que essa possibilidade não é nova, chamam a atenção para a importância de a didática operar um balanço crítico das circunstâncias recentes que se refletem no ensino, na aprendizagem, no trabalho dos professores e dos alunos com o conhecimento. Que resultados têm sido obtidos? Qual a eficiência do ensino? A reflexão didática, como possibilidade de melhorar o fazer da prática dos professores, vê-se na encruzilhada de apresentar indicações, referências teóricas, instrumentos metodológicos que lhes permitam trabalhar melhor, para melhor colaborarem na formação dos escolares.

2) O *sentido*. Que novos sentidos (valores) a didática pode propor ao trabalho dos professores, que não o controle tecnicista dos programas e objetivos? Como re-significar a didática no trabalho escolar? Dizem os autores: "na medida em que

a didática penetrar, progressivamente, nas práticas de ensinar, pode constituir um fundo comum de teorização e de racionalização que reúne os atores, unifica as práticas, num projeto de profissionalização e formação contínuos, contribuindo para o desenvolvimento da identidade profissional dos professores, em base de uma cultura profissional, de uma identidade reconhecida socialmente e em termos de qualificação e de competências" (id., p. 133-4).

3) A *abertura*. Relembrando que a autonomia e a responsabilidade são não apenas *objetivos*, mas *condições* para o trabalho dos professores e dos alunos, o programa didático se coloca como uma condição de possibilidade da constituição dos sujeitos no seu trabalho com os saberes, se permanecer aberto.

E aí o limite do pensar didático: ele não é a ação educativa. A ação educativa implica conhecimento, reflexão e engajamento (práxis), ou seja, a pedagogia.

Para o professor italiano Cosimo Laneve (1993), a construção do saber didático se dá não só a partir da pesquisa, mas também da experiência dos professores. Daquilo que fazem e do que podem vir a fazer na escola. A prática dos professores é rica em possibilidades para a constituição da teoria. Contém saberes que advêm da ação direta, da intuição, do bom senso, da capacidade pessoal de julgamento, do poder de decisão. Muitos fatos e pesquisas conduzem a validar a didática, que nem sempre é reconhecida no seu aporte teórico, além da prática. Prática esta não menos significativa e essencial para a constituição do saber didático e para a competência profissional do docente.

Mas, como construir a teoria a partir da prática? Entre outros fatores, Laneve aponta, como essencial, o *registro sistemático* das experiências, a fim de que se constitua a *memória da escola*. Memória que, analisada e refletida, contribuirá tanto para a elaboração teórica, quanto para o revigoramento e o engendrar de novas práticas. Como já observava Bertim (1951), o estudo da tradição, o desenvolvimento da experiência e a discussão didática possibilitaram que os professores neles se ancorassem para a criação de novos saberes didáticos. Tomar a memória como base de novas experiências significa percebê-las como não generalizáveis, uma vez que totalmente diferentes. Por isso, é extremamente positivo retomá-las, porque evidenciam seus vínculos com os sujeitos e suas épocas; expressam que foram construídas em face de determinadas necessidades históricas. Por isso não substituem o ensino e a pesquisa, ao contrário, exercitam o docente a refletir sobre a situação didática na qual está imerso.

Nas práticas docentes estão contidos elementos extremamente importantes, tais como a problematização, a intencionalidade para encontrar soluções, a experimentação metodológica, o enfrentamento de situações de ensino complexas, as tentativas mais radicais, mais ricas e mais sugestivas de uma didática inovadora, que ainda não está configurada teoricamente. Essa vasta e complexa produção tende a ficar perdida, diluída e no nível do senso comum. As instituições têm mostrado mais competência para reproduzir a sua história negativamente, por meio dos procedimentos burocráticos e estado constantemente à mercê das mudanças externas, advindas dos órgãos centrais.

Isso revela um medo da reconstrução sistemática de seu passado de escola militante, ficando submetida à burocracia, às leis, à administração (cf. Laneve, 1993, p. 51).

A prática de documentação, no entanto, requer que se estabeleçam critérios. Documentar o quê? Não tudo. Documentar as escolhas feitas pelos docentes (o saber que os professores vão produzindo nas suas práticas), o processo e os resultados. Não se trata de registrar apenas para a escola, individualmente tomada, mas de forma a possibilitar os nexos mais amplos com o sistema. Documentar não apenas as práticas tomadas na sua concreticidade imediata, mas buscar a explicitação das teorias que se praticam, a reflexão sobre os encaminhamentos realizados em termos de resultados conseguidos. Ou seja, a avaliação das práticas que se pratica. Os materiais básicos para esses processos são a memória das reuniões docentes, as descrições das escolhas dos livros e das metodologias, os diários dos professores, seus balanços mensais, e outros.

A importância da memória/estudo da experiência, segundo Laneve, constitui potencial para elevar a qualidade da prática escolar, assim como para elevar a qualidade da teoria. Esse entendimento implica uma reorientação da pesquisa em didática: tomar o ensino escolar — objeto de estudo da didática — enquanto uma prática social. A partir dessa consideração, se estabelecem os vínculos entre didática, pedagogia e ciências da educação (cf. Laneve, 1993, p. 55).

Laneve entende que a criação de domínios autônomos e especializados do saber educativo (o ensino, no caso da didática) não significa excluir uma reflexão mais geral sobre a educação, reflexão essa que tradicionalmente tem sido feita pela pedagogia. Não apenas é legítimo falar da pedagogia, mas sobretudo é a pedagogia que confere os significados, valora e baliza o sentido educativo da contribuição das outras ciências.

Para ele, pedagogia é ciência articuladora: no seu discurso reflui uma multiplicidade de dados fornecidos pelas outras ciências, que são por ela confrontados, em face das realidades da educação, no que se refere ao alcance e sentido. Assim, pode-se dizer que a pedagogia possui uma dimensão estruturante sobre a educação.

Em face da didática, a pedagogia, sem pretender exaurir os saberes com os quais essa se defronta, identifica e colhe de cada ciência indicações, problematizações e contribuições sobre o saber didático.

A partir da análise das pesquisas realizadas em didática, na Itália, nos anos 1990, e referenciando-as a pesquisas internacionais, Laneve constrói o paradigma que denomina de "descolonização epistemológica da didática" (1993, p. 125). Negando a didática como mero campo aplicativo e técnico de uma ciência do conhecimento, o que a restringe ao como se aprende (dimensão técnica), e como transposição de indicações teóricas externas à compreensão das situações concretas de aprendizagem, configurando-se como consumo de conhecimento, o autor propõe a didática como aquisição original do conhecimento sobre o ensino.

Tendo valorizado as novas tendências da pesquisa em didática que tomam o ensino *em situação* e a importância do método de memória das práticas, o autor explicita o seu entendimento do ensino como objeto da didática. "(...) É o *ensino*, e não a *aprendizagem*, o conceito forte, o foco teórico da didática, sobre o qual deve estar colocada a atenção do pesquisador. A aprendizagem é objeto de estudo de outros setores científicos, aberta a outras perspectivas; o ensino, ao contrário, se enquadra somente na *situação da didática*" (o que não significa que seja estudado somente pela didática). Ou seja, "*hoje a hipótese (teórica) sobre a aprendizagem como função do ensino, parece prevalecer sobre a hipótese (teórica) do ensino em função da aprendizagem*" (Laneve, 1993, p. 128), contrariamente às perspectivas tradicionais de englobar o ensino na aprendizagem, como seu apêndice. A perspectiva que o autor valoriza aponta para o caráter de compromisso — ético — do ensino, da atividade de ensinar, com a finalidade, intencionalmente posta, de gerar a aprendizagem.

A ação ensinativa compreendida *em sua totalidade*, dentro e fora da escola, ou seja, em suas diversas e mútuas determinações, começa a ser tomada como objeto de estudo da didática, colocando interessantes possibilidades de indagações à pesquisa, no sentido de ler, compreender e interpretar o ensino,[13] superando as tendências explicativas e prescritivas, formuladas em teorizações externas, aplicadas por uma didática colonizada. Uma preocupação fundamental que Laneve revela é a de que o ensino como prática seja valorizado em teoria. Isto é, que se ultrapassem as formulações localizadas. Os professores, agindo racionalmente e resolvendo os muitos problemas nos seus contextos, não têm, automaticamente, consciência do modo como enfrentam e resolvem esses problemas. Adquirem essa consciência à medida que refletem sobre e a partir de sua prática, condição para construírem novos saberes e para modificarem suas práticas. Ou seja, para teorizarem. Esse processo não é apenas individual. Há que se elevar desse nível, pela partilha de saberes. O que implica em modificar a cultura das instituições formadoras (e das escolas, locais de trabalho), para possibilitar o desenvolvimento das habilidades de pensar, formar hábitos de pesquisa, de experimentação, de verificação, análise e problematização da própria prática. As novas pesquisas em didática têm que recolher, articular e interpretar o conhecimento prático dos professores, não para criar uma literatura de exemplo, mas para estabelecer princípios, pressupostos, regras em campos de atuação. É possível teorizar essas experiências, e aplicá-las em outros contextos concretos? Não. Mas, assim, não se estaria reproduzindo a incomunicabilidade entre o pesquisador e o professor? Sem aprofundar esse problema, Laneve reconhece que, apesar dessa dificuldade, a tendência da pesquisa da didática nova pode ser sintetizada como se segue: "promover a passagem da mera idealização do discurso pedagógico à análise aprofundada das experiências de ensino, com vistas a descobrir a inteligência difusa, aquela sabedoria didática que os docentes expressam" (Laneve, 1993, p. 132).

---

13. Ver também: Maragliano et al., 1986 e Damiano, 1990.

Contreras Domingo (1990), acentuando o ensino como objeto (não exclusivo da didática), define-o como uma prática humana e uma prática social. Ou seja, que compromete os envolvidos que se influenciam mutuamente. E responde a necessidades, funções e determinações que ultrapassam as intenções e previsões de quem a realiza. Nesse sentido, estudá-lo põe a necessidade de que se compreendam as estruturas sociais e o seu funcionamento e os nexos que com estes a prática de ensinar estabelece. O ato de ensinar escapa, pois, à prescrição dos especialistas. Na medida em que não se desenvolve como prática social autônoma, mas é parte integrante de dinâmicas que o extrapolam, escapa às decisões dos especialistas, exclusivamente. Diferentemente da prática médica tradicional, que em grande parte executa as prescrições científicas da medicina, o ensino *não é prática orientada pela didática*. Participa na trama das ações políticas, administrativas, econômicas e culturais contextualizadas (cf. p. 17).

Consequentemente, a tarefa da didática é, em primeiro lugar, tomar o ensino como prática social e compreender seu funcionamento enquanto tal, sua função social, suas implicações estruturais. Em segundo lugar, realizar uma ação autorreflexiva de olhar a si mesma como componente do fenômeno que estuda, porque *"a didática é parte da trama do ensinar, e não uma perspectiva externa que analisa e propõe práticas de ensinar"* (Contreras Domingo, 1990, p. 18). Ou, conforme Popkewitz (1986, p. 215), "o discurso da ciência não é apenas um instrumento para descobrir eventos, mas é parte do evento, ajudando a criar crenças sobre a natureza, causas, consequências e remédios das políticas educativas". Nesse sentido, evidencia a dimensão ética da didática, enquanto ciência humana, que tem um caráter explicativo e projetivo, ao mesmo tempo. Por *isso, provoca a geração* de respostas novas. Não gera, por si, respostas. É na ação intencional, refletida, indagada, problematizada, ou seja, na práxis, na relação entre sujeitos, que se geram/transformam as práticas/seus resultados.

Afirmando que o ensino e a aprendizagem, tomados na prática social, constituem o objeto da didática, Contreras Domingo estabelece entre ambos uma relação de dependência ontológica. À didática cabe "desnaturalizar" o ensino. O que significa, em primeiro lugar, considerar o ensino e a aprendizagem que ocorrem não só na sala de aula, mas nos contextos sociais mais amplos. A compreensão do fenômeno ensino-aprendizagem não se esgota aí, nesse acontecimento, aula. Em segundo lugar, é necessário que se estabeleçam seus vínculos com as decisões curriculares, com os modos como a escola se organiza, sua estrutura administrativa, a legislação, a organização espaço-temporal, as condições físicas e materiais que condicionam as práticas escolares. Analisar quais processos intervêm na formação do conhecimento dos alunos nas classes e suas relações com o currículo explícito e/ou oculto, de onde procede o conhecimento que se ensina na escola etc.

Esse entendimento da didática leva a considerar o professor como figura fundamental. É ele que tem de compreender o funcionamento do real e articular sua visão crítica dessa realidade com suas pretensões educativas, as quais define e reformula em função de contextos específicos. Isso significa definir o trabalho do professor como *intelectual* e não como técnico executor. Ou ainda, significa valorizar os processos de "reflexão na ação e de reflexão sobre a reflexão na ação" (cf. Schön, 1983).

Diferentemente dos paradigmas positivistas que operam uma tripla dicotomia — entre meios e fins, reduzindo a solução de problemas a uma dimensão técnica; entre a investigação e a prática, reduzindo esta última a uma aplicação de teorias; e entre saber e fazer, reduzindo a ação ao uso de procedimentos técnicos adequados —, a investigação que toma a prática como critério de verdade entende que teoria e prática são indissociáveis (cf. Pimenta, 1994a).

Assim, Contreras Domingo, referindo-se a Carr & Kemmis (1983), deduz que as diferenças entre uma e outra não são um problema de como aplicar a teoria à prática. Mas são estas diferenças que constituem os autênticos problemas educativos, objeto da prática científica da didática.[14] Todos os problemas não revelam senão uma brecha, uma distância entre teoria e prática; uma brecha que significa um vazio entre a teoria e a realidade que se pretende compreender. No caso da didática, a diferença que se abre entre a prática de ensino e a teoria a partir da qual se pratica, se experiencia, se compreende, se projeta. Ou seja, o problema consiste na discrepância entre a prática e a teoria que orienta a prática. E os desajustes se resolvem modificando a teoria, não a realidade. No caso dos problemas didáticos, os desajustes se resolvem, reorganizando-se tanto as teorias que orientam a prática, quanto a própria ação de ensinar.

> Uma didática que se pretenda científica tem que se colocar esse entendimento do que é ciência: desenvolver teorias que expliquem e resolvam os problemas postos pela prática educativa. E que é *educativa*. Ou seja, investiga uma atividade prática que só pode identificar-se e entender-se por referência ao significado educativo que tem, para todos os que nela estão envolvidos. Esta concepção de didática coloca claramente a diferença entre investigação *educativa* e investigação *sobre a educação*. Esta última, característica das demais ciências sociais, não coloca no princípio de suas investigações nenhuma opção educativa, ao contrário da primeira (Contreras Domingo, 1990, p. 142).

---

14. Ver também Becker, 1995.

Analisando o avanço das investigações na didática, que procuram superar a abordagem processo-produto, Contreras Domingo reconhece as contribuições das investigações sobre o ensino que analisam as mediações: os processos cognitivos do aluno, os processos cognitivos do professor e as mediações sociais possibilitadas pelas investigações etnográficas e ecológicas da aula. No entanto, aponta para o fato de que essas abordagens, apesar de denotarem uma riqueza crescente de sua capacidade interpretativa, não têm se revelado como superadoras dos enfoques anteriores. Isto porque o paradigma processo-produto ainda é o dominante nos meios escolares e acadêmicos, não por seu vigor intelectual, mas porque se apresenta como "autoridade científica", capaz de resolver de modo simples e eficaz os problemas. Ou seja, pauta-se em um conceito de eficácia, ideologicamente construído. As novas abordagens, à exceção da ecológica, não têm sido suficientes à formulação de novos conceitos de eficácia, a partir das práticas que analisam, ao se circunscreverem em exaustivas descrições da sala de aula. As abordagens ecológicas, ao contrário, mostram-se mais férteis ao tomarem como foco de análise a sala de aula nos seus nexos com os múltiplos contextos curriculares, o que pode possibilitar a compreensão da estrutura e da dinâmica do real e, a partir daí, transformar-se (cf. id., p. 172).

7. O ensino como prática social. Perspectivas de investigação

A fertilidade desse novo paradigma de buscar uma ressignificação da didática tomando o ensino como prática social pode ser ilustrada, a título de exemplificar uma possibilidade, com as pesquisas Bautier, Charlot e Rochex, da área da sociologia da educação. Interessante identificar nesse estudo a intencionalidade educativa inicialmente colocada, o que configura novas perspectivas a essa ciência, referenciada à educação.

Bautier et al. (1993) desenvolvem suas pesquisas sobre o ensino e a aprendizagem considerando que, embora verdadeiras, as explicações que correlacionam o êxito escolar e a origem social não são suficientes. O desafio é compreender como são produzidas as diferenças na escola (e não *por que* ocorrem) e suas relações com a origem social.

Para isso, realizaram uma pesquisa comparativa entre escolas de zonas prioritárias, em Paris, com diferenças quanto aos resultados escolares dos alunos. A hipótese é que o fracasso escolar se constrói numa singularidade histórica, especialmente entre as crianças de famílias populares. Colocam-se três tipos de questões. A primeira refere-se ao *sentido* que tem para a criança ir à escola: o que a mobiliza no ambiente escolar? A segunda diz respeito ao entendimento de que o indivíduo não é explicado por categorias socioprofissionais, de uma classe social ou de um grupo, mas como sendo uma *construção no social*, ou seja, o indivíduo se constrói como singularidade, atravessada por uma história. Nesse sentido, o indivíduo não é um puro "ator"; suas condutas não se constroem unicamente pelas interações que estabelece com os demais atores no cenário escolar. Mas nos contextos mais amplos do mundo no qual vive. A terceira, refere-se à recusa dos autores em pensar negativamente a realidade social e escolar. Ou seja, compreender não o que falta, ou as carências de uma realidade escolar e social, mas a *gênese* das carências, por quais mediações se constroem. Assim, por exemplo, diante do não rendimento do aluno numa determinada área do conhecimento, compreender a gênese, o que produziu o não rendimento. Nesse sentido, colocam ênfase na dimensão epistemológica, e não na axiológica da aprendizagem. Não negando a existência de lacunas nos saberes e competências dos alunos fracassados, buscam compreender como se engendraram as situações que resultaram em fracasso.

A partir de resultados de pesquisas empreendidas em ambientes escolares, elaboram as categorias, conforme emergiram da realidade. No primeiro grupo, os processos identitários identificam: a) o tipo de relação dos alunos com o trabalho escolar: para alguns alunos o trabalho escolar é uma evidência, para outros, é uma conquista, para outros ainda, é uma estratégia, ou algo muito esperado; b) o tipo de relação dos alunos com os colegas e o ambiente escolar; c) o tipo de relação entre professores e alunos. Essas categorias nos dão uma inteligibilidade apenas parcial dos sucessos e fracassos. As correlações estatísticas entre elas e as origens sociais são fortes. Mas o importante é conhecer por quais mediações produzem seus efeitos. Nesse processo identitário também são examinadas as relações entre o fazer escolar, o saber e as demandas familiares.

No segundo grupo, situam os processos epistêmicos. Nessa categoria, o importante é menos o como e *o para quê* aprender e mais *o quê* se aprende e *qual o sentido que a atividade de aprender tem para o jovem*. Na pesquisa realizada, os autores identificaram os processos epistêmicos dos jovens mediante a análise da quantidade de aprendizagens evocadas (aprendizagens ligadas à vida cotidiana, aprendizagens intelectuais, afetivas...) e por meio da análise da linguagem que os jovens utilizam para expressar suas aprendizagens. As conclusões permitem identificar três processos epistêmicos: a imbricação do jovem na situação de aprendizagem; a objetivação-dominação de um objeto de saber; a regulação-distanciamento intelectual e afetivo. Assim, certos jovens evocam apenas as aprendizagens que se referem a um estar em situação; aprender o que o faz operar em situação. Outros, exprimem suas aprendizagens em termos de conteúdos do pensar, de objetos pensáveis neles mesmos ou em situação. O eu não está mais imbricado na situação, mas é espectador e possuidor do objeto de saber; essa desimbricação torna possível a objetivação do saber e do sujeito frente ao saber.

Relacionando as duas categorias — identitárias (sociais) e epistêmicas — os autores concluem que a relação que os jovens estabelecem com o saber é uma relação social. Primeiro, "porque a relação dos indivíduos com os saberes e com a escola exprime suas condições sociais de existência". Segundo, "porque suas expectativas em relação ao futuro e à escola exprimem as relações sociais que estruturam nossa sociedade" (Bautier et al., 1993, p. 65).

Apesar dessa forte relação entre os saberes e as relações sociais, afirmam que estas últimas apenas *estruturam*, mas *não determinam*, a singularidade que os sujeitos desenvolvem nas suas relações com o saber e a escola.

No que se refere às metodologias específicas, autores como Cornu & Vergnioux (1992), analisando a fertilidade das pesquisas que têm considerado o ensino como prática social, apontam para a elaboração teórica da didática como uma reflexão educacional sobre os conteúdos disciplinares. Parece ser este o sentido que Libâneo (1994, p. 76-7) confere à didática quando afirma que está "impregnada de multidisciplinaridade e de interdisciplinaridade [e que] se enriquecerá quanto mais der conta de postular o que lhe é específico e, a partir daí, explorar as fronteiras e zonas intermediárias do conhecimento científico".

Conclusões preliminares

A síntese que construímos, a partir da colaboração dos diferentes autores, permite, por enquanto, algumas conclusões. Percebe-se, nos últimos dez anos e em diferentes países, um movimento avaliativo sobre as ciências da educação, a pedagogia e a didática, em decorrência de transformações e inovações nos sistemas de ensino, e em face de novas demandas colocadas aos educadores, na contemporaneidade. Esse movimento aponta para uma ressignificação epistemológica dessas ciências.

A pedagogia tem se restringido a campo de aplicação das demais ciências da educação. Isso porque tanto estas como a pedagogia tenderam, no decurso deste século, a uma autonomização e positivação de seus discursos sobre a prática, levando-as a explicações dogmáticas e/ou proposições normativas.

Alguns autores examinados postulam a importância de definir-se o estatuto epistemológico das ciências da educação e da pedagogia, como campos de saberes que voltam-se para objetos específicos sobre o fenômeno educativo, admitindo-o como plural e multirreferencial.

Os autores examinados afirmam a importância das ciências da educação para a prática social da educação. O que leva à necessidade de se efetuar um balanço crítico, histórico-prático, da *gênese* das ciências da educação, explicitando suas vinculações com os contextos em que se desenvolvem suas investigações e o seu vigor teórico-metodológico, bem como a fertilidade que têm possibilitado à prática social da educação, enquanto ciências que pesquisam *sobre* a educação.

A discussão epistemológica dos anos recentes está gestando um novo entendimento da pedagogia e das ciências da educação, frente às necessidades da prática. Assim, tem afirmado que a pedagogia, ciência da educação, diferentemente das ciências da educação, toma a prática social da educação como ponto de partida e de chegada de suas investigações. Nesse sentido é ciência *da prática*.

A pedagogia, como ciência da prática da educação, é, ao mesmo tempo, constituída pelo fenômeno que estuda e o constitui. Isso aponta para uma inversão epistemológica, pois até então a pedagogia tem sido considerada um campo aplicado de discursos alheios à educação enquanto prática social. A ressignificação epistemológica da pedagogia se dá à medida que toma a prática dos educadores como *referência* e para a qual significa.

O objeto/problema da pedagogia é a educação como prática social. Daí seu caráter específico que a diferencia das demais: o de uma *ciência da prática* — parte da prática e a ela se dirige. A problemática educativa e sua superação constitui o ponto de referência para a investigação.

A educação, objeto de investigação da pedagogia, é um objeto *inconcluso*, histórico, que constitui o sujeito que o investiga e é por ele constituído. Por isso, não será captado na sua integralidade, mas o será na sua dialeticidade: no seu movimento, nas suas diferentes manifestações como prática social, nas suas contradições, nos seus diferentes significados, nas suas diferentes direções, usos e finalidades. Portanto, pelas diferentes ciências da educação. Será captado por diferentes mediações que revelam diferentes representações construídas sobre si. Compete à pedagogia articular os diferentes aportes/discursos das ciências da educação, de significá-los no confronto com a prática da educação e frente aos problemas colocados pela prática social da educação.

As ciências da educação e a pedagogia, por si, não modificam a educação, uma vez que as modificações ocorrem na ação. Compete-lhes alargar os conhecimentos que os educadores têm de sua ação sobre a própria ação de educar, nos contextos em que se situa (escola, sistemas de ensino e sociedade). Por isso, serão significativas se tomarem intencionalmente a ação como objeto de estudo.

A didática, como área da pedagogia, estuda o fenômeno *ensino*. As recentes modificações nos sistemas escolares, e especialmente na área de formação de professores, configuram uma "explosão didática". Sua ressignificação aponta para um balanço do ensino como prática social, das pesquisas e das transformações que têm provocado na prática social de ensinar. Em que medida os resultados das pesquisas têm propiciado a construção de novos saberes e engendrado novas práticas, superadoras das situações das desigualdades sociais, culturais e humanas produzidas pelo ensino e pela escola?

Aponta-se, a partir das conclusões que apresentamos, para a importância de um esforço coletivo dos pesquisadores e professores, em seus diferentes contextos institucionais locais, nacionais, regionais e internacionais, no sentido de efetivarem investigações e análises integradas, em equipes multidisciplinares, interdisciplinares e transdisciplinares do fenômeno educativo. Não para delimitação de territórios, mas para significar a atividade científica que se volta para a educação como partícipe da construção de uma sociedade humana mais justa e igualitária.

Referências bibliográficas

ANDRÉ, Marli. O papel da pesquisa na articulação entre saber e prática docente. *VII Encontro Nacional de Didática e Prática de Ensino*. Goiânia, 1994, p. 291-6.

_____. *Pesquisa etnográfica na escola*. Campinas: Papirus, 1995.

ANFOPE — Associação Nacional pela Formação dos Profissionais de Educação. *Documento Final*. Belo Horizonte, 1992 e 1993.

APPLE, Michael. *Official knowledge-democratic education in a conservative age*. Londres: Routledge, 1993.

ARDOÍNO, Jacques. L'approche multireferentielle (plurielle) des situations educatives et formatives. *25 ans de Sciences de l'Éducation*. Paris: INRP, 1992. p. 103-30.

AVANZINI, Guy. Contribution à une epistemologie des Sciences de l'Éducation. 25 ans de Sciences de l'Éducation. Paris: INRP, 1992. p. 67-76.

BALIBAR, Etienne; WALLERSTEIN, Immanuel. Race, Nation, class, ambiguous identities. Londres: Verso, 1991.

BAUTIER, E.; CHARLOT, B.; Y. ROCHEX, J. Rapport au savoir et rapport à l'école dans les zones d'éducation prioritaires. Continuités et ruptures-recherches et innovations dans l'éducation et la formation. Biennale de l'éducation et de la formation. Paris: Unesco, Aprief, INRP, 1993. p. 62-5.

BECKER, Fernando. Epistemologia do professor. São Paulo: Cortez, 1995.

BEILLEROT, Jacky. Projet et legitimité. Cahiers Pédagogiques — Les sciences de l'education: quel intérêt pour le praticien?, Paris, n. 334, p. 16-7, 1995.

BERNSTEIN. Basil. The structuring of pedagogic discourse. Londres: Routledge, 1990.

BERTIM, G. N. Introduzionne al problematicismo pedagógico. Milão: Marzorati, 1951.

BRZEZINSKI, Íria. Pedagogia, pedagogos e formação de professores: busca e movimento. Tese (Doutoramento). FE-USP, São Paulo, 1994.

CANDAU, Vera M. (org.). A didática em questão. Petrópolis: Vozes, 1984.

CARR, W.; KEMMIS, S. Becoming critical: knowing through action research. Victoria: Deakin University, 1983.

CARVALHO, Arma M. P. Paradigmas e métodos de investigação nas práticas de ensino — aspectos metodológicos. In: ENCONTRO NACIONAL DE DIDÁTICA E PRÁTICA DE ENSINO, 7. Anais..., Goiânia, p. 79-90, 1994.

CHARADEAU, P. La recherche pédagogique: une activité possible et nécessaire. Revue Française de Pédagogie, Paris, n. 42, p. 16-25, 1978.

CHARLOT, Bernard. Une discipline universitaire dans un champ de pratiques sociales. Cahiers Pédagogiques — Les Sciences de *l'Éducation*: quel intérêt pur le praticien?, Paris, n. 334, p. 14-5, 1995.

CIBULKA, James. American educational reform and government power. *Educational Review*, v. 42, n. 2, p. 97-108, 1990.

COELHO E SILVA, José Pedro C. Das ciências com implicações na educação à ciência específica da educação. *Revista Portuguesa de Pedagogia*, Coimbra, Universidade de Coimbra, Faculdade de Psicologia e Ciências da Educação, ano XXV-1, 1991, p. 25-45.

CONTRERAS DOMINGO, José. *Enseñanza, curriculum y profesorado-introducción crítica a la didáctica*. Madri: Akal, 1990.

CORNU, Laurence; VERGNIOUX, Alain. *La didactique en questions*. Paris: Hachette, 1992.

CUNHA, Maria I. *Ensino com pesquisa*: a prática reconstruída do professor universitário. 1994. (Mimeo.)

DAMIANO, Elio. L'insegnamento come azione. In: SCURATI, C. (a cura di). *Realtà e forme dell'insegnamento*. Brescia, La Scuola, 1990. p. 9-35.

DEMO, Pedro. *Pesquisa*: princípio científico e educativo. São Paulo: Cortez, 1990.

DEVELAY, Michel. Enjeux et limites de la didactique. *Continuités et ruptures-recherches et innovations dans l'éducation et la formation*. Biennale de l'Éducation et de la Formation. Paris: Unesco, Aprief, INRP, 1993. p. 172-5.

DIAS DE CARVALHO, Adalberto. *Epistemologia das ciências da educação*. Porto: Afrontamento, *1988*.

ELLIOT, John. *Reconstructing teacher education — teacher development*. Londres: The Falmer Press, 1993.

ESTRELA, Albano C. Pedagogia ou Ciência da Educação? *Revista Portuguesa de Pedagogia*, Coimbra, Universidade de Coimbra, Faculdade de Psicologia e Ciências da Educação, ano XVI, p. 125-131, 1980.

_____; FALCÃO, Maria E. Para uma definição do estatuto epistemológico das ciências da educação. *Revista Portuguesa de Pedagogia*,

Coimbra, Universidade de Coimbra, Faculdade de Psicologia e Ciências da Educação, ano XXVI, p. 367-72, 1990.

FAZENDA, Ivani. *Interdisciplinaridade e formação de professores*. 1996. (Inédito.)

FREITAS, Luiz C. de. *Crítica da organização do trabalho na escola e da didática*. Campinas: Papirus, 1995.

GADOTTI, Moacir. Natureza e especificidade da educação. *Em Aberto*, Brasília, MEC/Inep, n. 22, p. 15-30, 1984.

GOMEZ, A. P. Ciencias humanas y ciencias de la educación. In: ESCOLANO, A. et al. *Epistemologia y educación*. Salamanca: Siguéme, 1978.

GUTHRIE, James W. The envolving political economy of education and the implications for educational evaluation. *Educational Review*, v. 42, n. 2, p. 109-31, 1990.

HOUSSAYE, Jean. Une illusion pédagogique? *Cahiers Pédagogiques* — *Les Sciences de l'Éducation*: quel intérêt pour le praticien, Paris, INRP, n. 334, 1995, p. 28-31.

LANEVE, Cosimo. *Per una teoria della didattica*. Brescia: Ed. La Scuola, 1993.

LELIÈVRE, C. Les changements du système éducatif ces 25 dernières années et les modifications des recherches en education. *25 Ans de Sciences de l'Éducation*. Paris, INRP, 1992, p. 27-38.

LIBÂNEO, José C. *Fundamentos teóricos e práticos do trabalho docente?*: um estudo introdutório sobre pedagogia e didática. Tese (Doutorado). Pontifícia Universidade Católica, São Paulo, 1990.

_____. Contribuição das ciências da educação na constituição do objeto de estudo da didática. In: ENCONTRO NACIONAL DE DIDÁTICA E PRÁTICA DE ENSINO, 7., *Anais*..., Goiânia, p. 65-78, 1994.

_____. Que destino os pedagogos darão à Pedagogia? In: PIMENTA, S. G. (org.). *Pedagogia, ciência da educação?* São Paulo: Cortez, 1996.

LÜDKE, Menga. A pesquisa na formação do professor. In: ENCONTRO NACIONAL DIDÁTICA E PRÁTICA DE ENSINO, 7. *Anais*..., Goiânia, 1994, p. 297-303.

MARAGLIANO, Roberto et al. *Teoria da didática*. São Paulo: Cortez, 1986.

MAZZOTTI, Tarso B. Estatuto de cientificidade da Pedagogia. In: REUNIÃO ANUAL DA ASSOCIAÇÃO NACIONAL DE PESQUISA E PÓS-GRADUAÇÃO EM EDUCAÇÃO, 16. Caxambu, 1993. (Mimeo.)

_____. A pedagogia como ciência da prática educativa. In: ENCONTRO NACIONAL DE DIDÁTICA E PRÁTICA DE ENSINO, 7. *Anais...*, Goiânia, 1994, p. 124-131; e In: PIMENTA, S. G. (org.). *Pedagogia, ciência da educação?* São Paulo: Cortez, 1996.

MIALARET, G. Souvenirs de quelques batailles pour la mise en place d'un cursus en Sciences de l'Éducation. *25 Ans de Sciences de l'Éducation*. Paris: INRP, 1992. p. 17-26.

MORIN, Edgar. Toffler e Morin debatem sociedade pós-industrial. *Folha de S.Paulo*, São Paulo, 1993.

NOT, Louis. *Une science spécifique pour l'éducation?* Toulouse: Publ. l'Université de Toulouse le-Mirail, 1984.

NÓVOA, António. As ciências da educação e os processos de mudança. *Revista da Sociedade Portuguesa de Ciências da Educação*. Lisboa, 1991; e In: PIMENTA, S. G. (org.). *Pedagogia, ciência da educação?* São Paulo: Cortez, 1996.

_____ (coord.). *Os professores e sua formação*. Lisboa: Dom Quixote, 1992.

OLIVEIRA, Maria Rita N. S. *A reconstrução da didática — elementos teórico-metodológicos*. Campinas: Papirus, 1992.

_____. Paradigmas e métodos de investigação — os fundamentos epistemológicos da didática. In: ENCONTRO NACIONAL DE DIDÁTICA E PRÁTICA DE ENSINO, 7., *Anais...*, Goiânia, 1994. p. 33-43.

OLIVEIRA, Maria Rita N. S. *A pesquisa em didática no Brasil — da tecnologia à teoria pedagógica*, 1995. (Inédito.)

ORLANDI, Luiz B. L. O problema da pesquisa em educação e suas implicações. *Educação Hoje*. São Paulo, mar./abr. 1969.

PARO, Vitor. *Administração escolar*: introdução crítica. São Paulo: Cortez, 1988.

PERRENOUD, Philippe. Le rôle d'une initiation à la recherche dans la formation de base des enseignants. *Recherche et Formation*. Colloque "La place de la recherche dans la formation des enseignants". Paris: INRP, 1991, p. 91-121.

_____. Routines du changement... Lecture critique des innovations présentées à la Biennalle de l'éducation et de la formation. *Continuités et ruptures-recherches et innovations dans l'éducation et la formation*. Biennale de l'éducation et de la formation. Paris: Unesco, Aprief, 1992. p. 35-42.

PETRACCHI, Giovacchino. *Multiculturalità e didattica*. Brescia: La Scuola, 1994.

PIMENTA, Selma G. *Uma proposta de atuação do orientador educacional na escola pública*. Tese (Doutorado). Pontifícia Universidade Católica, São Paulo, 1985.

_____. *O pedagogo na escola pública*. São Paulo: Loyola, 1988.

_____. *O estágio na formação de professores — unidade teoria e prática?* São Paulo: Cortez, 1994a.

_____. Educação, pedagogia e didática. In: ENCONTRO NACIONAL DE DIDÁTICA E PRÁTICA DE ENSINO, 7., *Anais*..., Goiânia, 1994b. p. 44-64. In: PIMENTA, S. G. (org.). *Pedagogia, ciência da educação?* São Paulo: Cortez, 1996.

POPKEWITZ, Thomas S. The social contexts of schooling. In: TAYLOR, N. Y. *Change and Educacional Research*, 1986.

QUINTANA CABANAS. Pedagogía, ciencias de la educación y ciencia de la educación. In: VÁRIOS AUTORES. *Estudios sobre epistemología y pedagogia*. Madri: Amaya, 1983. p. 75-105.

SAVIANI, Dermeval. Sobre a natureza e especificidade da educação. *Em Aberto*, Brasília, MEC/Inep, n. 22, p. 1-6, 1984.

SCHMIED-KOWARZIK, W. *Pedagogia dialética — de Aristóteles a Paulo Freire*. São Paulo: Brasiliense, 1983.

SCHÖN, Donald. *The reflective practitioner*. Nova York: Basic Books, 1983.

_____. *Educating the reflective practitioner*. San Francisco: Jossey-Bass, 1990.

_____. Formar professores como profissionais reflexivos. In: NÓVOA, A. Os *professores e sua formação*. Lisboa: Dom Quixote, 1992.

SILVA JR., Celestino A. *A supervisão da educação*: do autoritarismo ingênuo à vontade coletiva. São Paulo: Loyola, 1985.

SILVA, Jefferson I. da. A natureza e a especificidade da educação — subsídios à formação do educador. *Em Aberto*, Brasília, MEC/Inep, n. 22, p. 7-13, 1984.

STOER, Stephen R. Construindo a escola democrática através do "campo da recontextualização pedagógica". *Educação, Sociedade & Culturas*, Porto, n. 1, p. 7-27, 1994.

SUCHODOLSKI, Bogdan. *Tratado de pedagogia*. 4. ed. Barcelona: Península, 1979.

VALENTE, Maria O. A investigação em didáctica. In: ENCONTRO NACIONAL DE DIDÁCTICAS E METODOLOGIAS DO ENSINO, 2. Aveiro, 1991, p. 9-21.

VIEIRA PINTO, A. *Ciência e existência*. Rio de Janeiro: Paz e Terra, 1969.

ZEICHNER, Kenneth. Estratégias alternativas para mejorar la calidad de enseñanza por medio de la reforma de la formación del profesorado: tendencias actuales en Estados Unidos. In: VILLA, A. (coord.). *Perspectivas y problemas de la función docente*. Madri: Narcéa, 1988.

EDUCAÇÃO: PEDAGOGIA E DIDÁTICA

o campo investigativo da pedagogia e da didática no Brasil: esboço histórico e buscas de identidade epistemológica e profissional

José Carlos Libâneo [*]

O objetivo deste texto é o de argumentar em favor da unidade entre os campos do educativo, do pedagógico e do didático, para concluir pelo reconhecimento da didática como disciplina pedagógica. Depois de considerações de cunho histórico sobre o desenvolvimento dos estudos pedagógicos no Brasil, propõe-se uma fundamentação teórica da ciência pedagógica dentro da abordagem crítico-social da educação, situando a didática como ramo do conhecimento pedagógico. O texto está organizado em quatro tópicos. O primeiro discute a problemática epistemológica do campo do conhecimento pedagógico. O segundo analisa momentos da história da educação que demarcam o desenvolvimento da

---

[*] Professor Titular do Programa de Pós-Graduação da Pontifícia Universidade Católica de Goiás. Coordenador do Grupo de Pesquisa/CNPq Teorias da Educação e Processos Pedagógicos. E-*mail*: libaneojc@uol.com.br.

ciência pedagógica no Brasil. O terceiro trata da ciência pedagógica e seu objeto de estudo — a prática educativa em contextos sociais determinados —, explicitando os fundamentos pelos quais a didática constitui-se como disciplina genuinamente pedagógica. O artigo é concluído com uma avaliação da problemática dos estudos pedagógicos em face de novos marcos teóricos da contemporaneidade.

1. A problemática da identidade do campo do conhecimento pedagógico

A discussão sobre a identidade científica dos estudos relacionados com a educação poderia ser simplificada se bastasse definir os termos. Com efeito, educação seria concebida como uma prática social caracterizada como ação de influências entre os indivíduos e grupos, destinada à configuração da existência humana; pedagogia, a ciência que estudaria esse fenômeno em suas peculiaridades e a didática um ramo da ciência pedagógica. A argumentação seria, também, mais simples se tomássemos a educação apenas como educação escolar e a pedagogia apenas como pedagogia escolar, entendimento, aliás, bastante comum no Brasil.

O caminho, todavia, deve ser outro. Não tem havido consenso em torno dessas definições entre os estudiosos ligados às várias disciplinas que têm a educação como um de seus objetos de estudo (sociologia, psicologia, história, filosofia, por exemplo). A teorização dos problemas educativos, devido à natureza interdisciplinar da educação, tem sido fértil em reducionismos, dificultando uma unidade conceitual e metodológica. Intelectuais ligados a algumas das disciplinas especializadas insistem em negar identidade científica à pedagogia, mesmo desconhecendo o seu campo teórico e sua problemática; outros julgam que somente sua área pode postular um discurso científico sobre educação. É comum, em nosso país, a pergunta: para que serve a pedagogia? Essas dificuldades não impedem, todavia, de se reconhecer a falta de tradição teórica dos estudos propriamente pedagógicos, a falta de "massa crítica" no segmento de pedagogos de profissão, a assimilação passiva das críticas provenientes de setores intelectuais mais distanciados da prática cotidiana da pedagogia escolar, a desvalorização social e econômica da profissão docente levando à deterioração do exercício profissional, ingredientes esses que podem estar explicando a desqualificação acadêmica da área.

Tantas vicissitudes e dificuldades em torno da identidade do campo de estudos da pedagogia estão a requerer maior esforço de investigação. Por um lado, a trajetória histórica da ciência pedagógica no Brasil é oscilante por conta de distintas influências externas e das características que nortearam a configuração do nosso pensamento educacional. Por outro, questões relevantes não podem ser desconsideradas — entre elas, o descaso com que a educação é tratada pelos governos, cujas consequências se refletem nos salários, na carreira, na formação do magistério; o enfraquecimento do campo profissional do educador escolar, gerando baixo poder de reivindicação de direitos e fragilidade dos movimentos reivindicatórios; o corporativismo no âmbito das ciências da educação, pelo qual os profissionais postulam cientificidade à sua área mas não às outras, para ganharem prestígio e espaço de exercício profissional.

Mas, a quem interessa a discussão sobre o campo teórico da pedagogia e da didática? No meio educacional brasileiro, hoje, registram-se as reações mais variadas em relação à pedagogia e a didática. Enquanto os que "praticam" a educação escolar estão distantes da discussão teórica e mais interessados no "como fazer", há um segmento de pedagogos que querem dar um fundamento teórico à prática e lutam por um espaço acadêmico e profissional. Entre os que criticam a pedagogia aludindo à sua falta de serventia, há uns efetivamente interessados numa discussão do campo científico e epistemológico da educação, ainda que se recuse denominar esse campo de pedagogia. Como em todo lugar e em todas as áreas de conhecimento há, também, intelectuais que emitem pontos de vista com base em informações ou observações empíricas da vivência cotidiana sem conhecimento mais aprofundado dos fundamentos da pedagogia, cujas opiniões acabam sendo legitimadas por conta do *status* que detêm na opinião pública. O presente texto pretende focalizar essas questões com o objetivo de tomar posição sobre a especificidade do conhecimento pedagógico e as peculiaridades do exercício profissional do pedagogo.

A educação como objeto de estudo

Não há, certamente, objeções sérias quanto à afirmação de que a educação é um fato da vida individual e social constituindo-se, como tal, em objeto de estudo e formando um campo de investigação. Tratando-se de fenômeno da realidade histórico-social, o processo educativo é abordado sob diferentes perspectivas de análise, fato esse decorrente do caráter pluridimensional da educação. A questão é saber a que área ou áreas de conhecimento estão afetos o estudo e a investigação desse campo, razão pela qual se fala ora em pedagogia, ciência pedagógica, ciência da educação, ciência educativa, ora em ciências da educação.

Há razões para se perguntar se a pedagogia cobre os requisitos para qualificar de "científico" os conhecimentos de que trata, mesmo porque não há unanimidade a respeito do conceito de ciência. As discussões sobre seu estatuto científico giram em torno das seguintes dificuldades:

— a educação é uma tarefa prática, situando-se mais no campo da arte e da intuição do que no da especulação científica;

— os fenômenos educativos são singulares, o que impede extrair deles leis científicas generalizáveis; consequentemente, as explicações "pedagógicas" seriam frágeis e incompletas;

— a pedagogia ocupa-se de finalidades e valores, não passíveis de análise científica;

— a educação é objeto de várias ciências, não cabendo à pedagogia exclusividade no trato das questões educativas.

Tais questionamentos são, em boa parte, semelhantes aos que se fazem a outras ciências sociais. Seria demorado tentar contestar detalhadamente as objeções levantadas; consideremos apenas alguns aspectos. Não é incomum no Brasil, como em outros países, designar a pedagogia apenas como campo de aplicação de conhecimentos científicos de outras áreas, isto é, como tecnologia (no sentido de ser um saber técnico, aplicação sistemática de conhecimentos científicos para resolver problemas práticos). Que a educação seja uma atividade prática não restam dúvidas; como tal, todavia, pode realizar-se de maneira artesanal, improvisada, ou seguir leis e princípios explicativos decorrentes da investigação científica. Além do mais, não é mais tempo de se opor conhecimento teórico e conhecimento prático. Quanto à singularidade dos fenômenos humanos, ela existe; mas isso não impossibilita a ocorrência de regularidades que possam gerar leis explicativas, por mais que tais leis, no caso da educação, não impliquem uma predição exata de prescrições ou aplicações absolutamente objetivas. É sempre pertinente discutir se uma ciência pode livrar-se de valores — há os que dizem que os cientistas se ocupam de fatos, não de valores —, já que a pedagogia não tem como eximir-se de sua conotação ético-normativa. Quanto à última objeção, a discussão parece estar já exaurida. Com efeito, a pluridimensionalidade do fato educativo levou à recorrência de um conjunto de saberes que é o que se denomina hoje de "ciências da educação". Permanece, todavia, a polêmica questão: a pedagogia seria uma das ciências da educação ou ela seria substituída pelas ciências da educação?

Pedagogia, ciência da educação ou ciências da educação?

Consideremos, a seguir, alguns posicionamentos surgidos ao longo da história a respeito do estudo científico da educação e das possibilidades de organização do conhecimento pedagógico. Parece haver, efetivamente, quatro concepções: 1) pedagogia, única ciência da educação, isto é, pedagogia geral; 2) ciência da educação (em que desaparece o termo "pedagogia"); 3) ciências da educação (excluindo a pedagogia); 4) ciências da educação (incluindo a pedagogia).

1) Na primeira posição, defende-se a unicidade da ciência pedagógica. A pedagogia seria a única ciência da educação, as demais ciências chamadas "auxiliares" seriam ramos da pedagogia, ou seja, ciências pedagógicas. Daí falar-se de uma pedagogia geral, denominação bem ao gosto dos pedagogos clássicos alemães, já que Herbart foi o primeiro defensor da autonomia da pedagogia, tendo também exercido considerável influência na pedagogia católica.[1] Essa posição é criticada por pretender exclusividade no tratamento científico da educação. Na verdade, o avanço das ciências humanas e sociais tem levado a considerar a realidade educativa como pluridimensional, resultando ser impróprio destacar uma disciplina que postule tal exclusividade.

---

1. Um dos mais importantes pedagogos católicos, Otto Wilimann foi seguidor da pedagogia de Herbart.

2) A segunda concepção refere-se à "ciência da educação" no singular, num enfoque positivista de ciência bastante impregnado da ideia de experimentação educacional, por um lado, e da tecnologia educacional, por outro. No primeiro caso, o uso dessa denominação indica a aplicação ao campo educativo de princípios científicos incorporados de outras ciências, como pode ser caracterizada a tradição da psicologia experimental francesa e a concepção de Dewey (1968). No segundo caso, a ciência da educação é o suporte científico da tecnologia educacional, isto é, aplicação das teorias de aprendizagem comportamentalistas e sistêmicas à prática de ensino, concepção de larga aceitação em países sob influência norte-americana (por exemplo, Von Cube, 1981). Em ambas as correntes, a visão cientificista do fenômeno educativo dilui o caráter ético-normativo sempre associado ao termo *pedagogia*, precisamente porque valores e fins da educação não podem ser inferidos cientificamente. Daí falar-se em *ciência da educação* e não em pedagogia. Entendemos não ser casual que nos países anglo-saxões se empregue o termo *educação* para designar o que, em outros lugares, se conhece como *pedagogia*.

3) A denominação "ciências da educação" está bastante difundida em vários países como França, Itália, Alemanha, Espanha, Portugal. A educação é objeto de estudo de um conjunto de ciências e, em alguns lugares, desaparece o campo de conhecimento conhecido por pedagogia, embora não seja essa uma posição unânime. Gaston Mialaret (1976) autor francês de renome e um dos principais articuladores dessa tendência, informa que as "ciências da educação", em substituição aos estudos sistemáticos de pedagogia, foram introduzidas nas universidades francesas em 1967. A despeito do fato de que tal denominação venha se impondo nos últimos anos, é criticada por provocar dispersão no estudo da problemática educativa, levando a uma postura pluridisciplinar

em vez de interdisciplinar. Ou seja, a autonomia dada a cada uma das ciências da educação leva a enfoques parciais da realidade educativa, comprometendo a unidade temática e abrindo espaço para os vários reducionismos (sociológico, psicológico, econômico...), como aliás a experiência brasileira tem confirmado.²

4) A quarta concepção adere à denominação "ciências da educação", em que cada uma toma o fenômeno educativo sob um ponto de vista específico, mantendo-se, todavia, a pedagogia como uma dessas ciências. Conforme esse ponto de vista, a pluridimensionalidade do fenômeno educativo não elimina sua unicidade, que permite "estabelecer um corpo científico que tem o fenômeno educativo em seu conjunto como objeto de estudo, com a finalidade expressa de dar coerência à multiplicidade de ações parcializadas" (Sarramona & Marques, 1985, p. 56). Nessa concepção, a pedagogia promove uma síntese integradora dos diferentes processos analíticos que correspondem a cada uma das ciências da educação em seu objeto específico de estudo. Ou ainda, a pedagogia apoia-se nas ciências da educação sem perder sua autonomia epistemológica e sem reduzir-se a uma ou outra, ou ao conjunto dessas ciências.

Essa última posição é a que adotamos por assegurar o caráter multidimensional e interdisciplinar do fenômeno educativo sem descartar o caráter peculiar da pedagogia e da tradição de seus estudos. Autores de vários países tendem a aderir a essa posição. O italiano Visalberghi adota a expres-

---

2. O próprio Mialaret reconhece esse risco ao comentar o desenvolvimento desigual e separado entre os domínios das ciências da educação: "(...) basta que uma obra importante ou original marque um dos domínios para que, no espírito de muitos dos nossos contemporâneos, as ciências da educação sejam identificadas com esse domínio" (1976, p. 91). No Brasil, para citar um exemplo entre muitos, foi o que ocorreu com a obra de Bourdieu desde meados dos anos 1970 e, no geral, com a Sociologia da Educação.

são *ciências da educação*, mas denomina seu livro de *Pedagogia e ciências da educação* (1983) para indicar que "o eixo do livro é o exame da relação entre os dois termos, não somente numa dimensão histórica mas, também, de um ponto de vista funcional atual pelo qual é bem legítimo falar ainda de pedagogia para indicar a aproximação mais geral e intencionalmente voltada aos problemas educativos". Sarramona & Marques (1985, p. 56) advogam o papel da pedagogia na pluralidade das ciências da educação:

> Advirta-se que a polifacética dimensão do fenômeno educativo não pode eliminar sua unicidade enquanto tal, sob o risco de perder sua justificação como processo objeto de estudo científico. Tal unicidade permite estabelecer um corpo científico que tome o fenômeno educativo em seu conjunto como objeto de estudo, com a finalidade expressa de dar coerência à multiplicidade de ações parcializadas; trata-se, em suma, de elaborar uma síntese integradora dos diferentes processos analíticos que correspondem a cada uma das ciências da educação, em seu objeto — dimensão da educação — específico de estudo.

O educador português Estrela é bastante explícito quanto aos equívocos trazidos pela utilização da expressão *ciências da educação*, seja pela falta de elucidação da problemática que a expressão envolve, seja pela sua vulgarização como substituto do termo *pedagogia*. Após reconhecer as dificuldades da pedagogia em alcançar um autêntico estatuto científico, afirma:

> A necessidade de cientificação tem levado o interventor pedagógico a recorrer a conceitos e a métodos das ciências já constituídas, que poderão ter aplicação no seu campo específico, o da Educação. A Psicologia, a Psicanálise, a Sociologia, a Psicossociologia, a Economia têm representado as principais

ciências de recurso. Normalmente seus diagnósticos são seguros, as hipóteses emitidas são fecundas. No entanto, seu valor para o professor ou para o investigador pedagógico é, quase sempre, diminuto ou mesmo nulo. Constituem análises paralelas à problemática que lhes é específica. Na verdade, quando o psicólogo trabalha no campo educacional, não faz (nem pode fazer) Pedagogia: aplica conceitos e métodos de sua ciência a um dos diversos campos da actividade humana, o da Educação. Os resultados são, pois, de ordem psicológica, como o seriam se o psicólogo exercesse sua acção no campo do trabalho, da clínica ou outro. O mesmo, evidentemente, se poderá dizer de outras ciências (1992, p. 12).

Em síntese, esses posicionamentos mostram que é apressada a atitude de alguns intelectuais em postular a eliminação da pedagogia como campo de conhecimento teórico com relativa autonomia epistemológica. Mesmo autores que aderem à denominação "ciências da educação" são unânimes em reconhecer no seio delas um âmbito propriamente pedagógico como núcleo científico medular no tratamento do fenômeno educativo (Benedito, 1987; Sarramona & Marques, 1985; Mialaret, 1991; Visalberghi, 1983).

Com essas considerações, passamos a uma tentativa de verificar a ocorrência de cada um desses posicionamentos ao longo da história dos estudos pedagógicos no Brasil.

2. O desenvolvimento da ciência pedagógica no Brasil e o quadro atual

Têm sido numerosos os estudos sobre o curso de pedagogia e os cursos de formação de professores no Brasil, principalmente a partir do final da década de 1970, quando o regime militar se vê forçado a propor a abertura política em face de dificuldades econômicas e políticas de se sustentar. Junto com o revigoramento das análises críticas da educação nacional, surgem estudos visando a propostas de reformulação do sistema de formação de educadores, principalmente por conta de se considerar o sistema político, até então vigente, produto de políticas antipopulares.

Tais estudos, no entanto, caracterizam-se ora como informação histórica sobre a criação dos cursos, diagnósticos sobre a situação do ensino e a preparação de docentes, ora como codificação da legislação ou análises sociológicas envolvendo o sistema de formação de educadores. São, assim, menos comuns os referentes a concepções norteadoras da pedagogia como campo teórico específico, envolvendo a estrutura do conhecimento pedagógico e seus conteúdos, bem como a atividade propriamente pedagógica.[3] O propósito deste tópico é tecer algumas considerações introdutórias, ainda que de caráter exploratório, sobre as concepções referentes ao campo científico da educação vigentes nos vários momentos da história da educação brasileira, a partir de pesquisas já realizadas por outros autores.[4] Ou, por outra forma, como se desenvolveram os estudos de pedagogia como

---

3. Reis Filho (1981) escreve que os estudos pedagógicos e, como parte deles, o da história da educação são recentes no Brasil, datando-os a partir do período 1930-40. O autor certamente refere-se a estudos sistematizados de história da educação, já que se tem conhecimento de manuais de pedagogia e do seu uso nas escolas na segunda metade do século XIX. Mas é verdade que é bastante modesto o volume de pesquisas sobre o desenvolvimento da pedagogia no Brasil enfocando a natureza desse campo de conhecimento, seu objeto de estudo, seu estatuto científico, sua introdução nas escolas.

4. Utilizo-me, no geral, da periodização proposta por D. Saviani (1983, p. 33): até 1930: predomínio da tendência "humanista" tradicional (também conhecida por pedagogia tradicional); de 1930 a 1945: equilíbrio entre as tendências "humanistas" tradicional e moderna; de 1945 a 1960: crise da tendência "humanista" moderna e articulação da tendência tecnicista; a partir de 1968: predomínio da tendência tecnicista e a concomitante emergência de críticas à pedagogia oficial e à política educacional proposta para sua implementação.

campo autônomo de conhecimento científico, entendendo por "estudos de pedagogia" a investigação científica sistemática da problemática educativa. Farei em seguida uma sucinta retrospectiva histórica da evolução dos estudos teóricos de pedagogia, verificando a cada momento como supostamente estaria sendo encarada, de um ponto de vista epistemológico, a ciência pedagógica.

A questão tratada aqui pode ser sintetizada na seguinte formulação: os dilemas e impasses em torno da identidade da ciência pedagógica no Brasil, inclusive o exercício profissional do pedagogo, decorrem: a) da forma como tem ocorrido, ao longo da história da educação, a transferência e assimilação de paradigmas e modelos teóricos de outros contextos; b) da ausência de tradição de estudos especificamente pedagógicos, ou seja, relacionados com o campo científico da pedagogia.[5]

O período áureo da pedagogia tradicional

No período de predominância da pedagogia tradicional — que vai dos jesuítas até os anos que precedem o lançamento do Movimento dos Pioneiros da Educação Nova —, o estudo da educação se faz a partir da ideia da unicidade da pedagogia nos moldes, inicialmente, da influência católica e,

---

5. Não se fará um estudo exaustivo da questão mas uma revisão sucinta da evolução dos estudos de pedagogia no Brasil, com base em fontes secundárias. Um estudo mais aprofundado envolveria, ao menos, um levantamento de obras de teoria educacional publicadas no Brasil e de manuais de pedagogia empregados nas escolas normais e faculdades de educação, bem como estudos sobre a natureza e o conteúdo da ciência da educação e sua metodologia de investigação conforme autores que se dedicaram a essa questão. O que está sendo apresentado aqui é um estudo exploratório para pesquisa de maior envergadura, em continuidade à temática desenvolvida em minha tese de doutorado.

depois, herbartiana e positivista. De fato, tanto para os pedagogos católicos como para os herbartianos, somente uma pedagogia unitária pode formular um sistema orgânico de conceitos em torno dos fins e métodos da educação. Seu caráter de ciência unitária advém do seu objeto formal, a educação do homem em formação, mesmo considerando que seu objeto material seja comum a outras ciências. São chamadas ciências auxiliares aquelas que, remota e indiretamente, se relacionam com a pedagogia. Há, todavia, um lugar privilegiado à filosofia. Segundo um pedagogo católico, é a filosofia que possibilita o perfeito conhecimento das leis que regem a vida mental e moral do homem: "Este conhecimento se há de buscar nas fontes racionais; são as três grandes ciências, a Ética, a Psicologia e a Lógica, partes constitutivas da Filosofia, que figuram em primeiro plano para nos levar à meta da maneira mais segura possível" (Anísio, 1955, p. 53).

Os estudos pedagógicos no tempo do Império realizam-se nos cursos de formação do magistério — as Escolas Normais. Entre 1835 e 1846, no período regencial (entre a abdicação de dom Pedro I e a declaração de maioridade de dom Pedro II), são criadas essas escolas no Rio de Janeiro, Bahia, Pará, Ceará e São Paulo. Mas era comum a introdução da disciplina pedagogia nos liceus (escolas de nível médio). Todavia, foram instituições muito instáveis, improvisadas, pouco eficazes para atender sua função de formar professores primários (Brzezinski, 1994).

Nos anos finais do Império, desponta uma tomada de consciência da intelectualidade da classe média sobre as relações entre a educação e o desenvolvimento nacional (Penteado, 1984), mas pouco se faz de concreto. São propostos vários projetos de reforma do ensino mas, no geral, falta-lhes base doutrinária sólida e uma política educacional satisfatória para a organização do ensino em âmbito nacional. Destaca-se a posição de Rui Barbosa que, relator de uma comissão nomeada pela Câmara dos Deputados, elabora dois famosos pareceres sobre a situação do ensino no Brasil (1882-83) que exercerão influência marcante na reformulação de práticas pedagógicas. Há autores, por exemplo Reis Filho (1981), que consideram esses pareceres impregnados de ideias ecléticas trazidas de países europeus e dos Estados Unidos, inspiradas em autores como Herbart, Pestalozzi, Comte.

Ao iniciar-se o período republicano por volta de 1889, desenvolvem-se condições propícias ao aparecimento de movimentos de renovação pedagógica e cultural. São encetadas reformas de ensino, muitas de caráter mais administrativo que pedagógico, cujos efeitos, porém, são modestos. Nem a reforma de Benjamim Constant de 1890, inspirada em ideias filosóficas e pedagógicas de Augusto Comte, consegue chegar a medidas concretas, especialmente na modificação das práticas de sala de aula. Nesse período destaca-se, todavia, a implantação da reforma republicana do ensino público paulista no período 1890-96. Sobre isso, escreve Reis Filho: "A organização escolar então implantada irá marcar duradouramente a evolução do ensino brasileiro, e não só do ensino paulista, pela influência que passou a exercer em outras unidades da federação" (1981, p. 5).

Esse período, com efeito, registra o aparecimento de uma literatura nacional sobre o ensino à base do que acontecia em países mais adiantados, já que "até por volta de 1870, a legislação do ensino brasileiro era fortemente modelada pela França" (id., p. 37). Importa mencionar que, de acordo com o estudo desse autor, as teorias pedagógicas que dão suporte à reforma do ensino paulista baseiam-se no modelo da educação norte-americana, por sua vez inspirada na pedagogia europeia de cunho naturalista-cientificista. Os reformadores do período consideravam inovação o método intuitivo inspirado em Pestalozzi (tal como difundido nos Estados Unidos) associado à psicologia das "faculdades mentais" em voga. Este é tipicamente o método "tradicional" que será criticado posteriormente pelos pioneiros da educação nova. As considerações do autor sobre a reorganização do ensino normal permitem encontrar claramente a influência de Herbart nas práticas de ensino (id., p. 73) e há razões históricas para localizar aí, também, a influência positivista.⁶ A formação profissional do professor incluía, no 4° ano do curso normal, uma única disciplina com caráter de fundamentação pedagógica: pedagogia e direção de escolas. Todavia, não passava "de um conhecimento genérico de alguns conceitos da pedagogia europeia do último quartel do século XIX" (id., p. 181). Essa orientação terá se estendido até a década de 1930, quando já se consolida a influência dos pioneiros da educação nova.

Em paralelo, desenvolve-se a pedagogia católica.⁷ No início do período republicano, a Igreja Católica já dispunha de escolas superiores e secundárias disseminadas pelo país, como também de editoras e gráficas, havendo uma difusão de manuais de pedagogia para uso nas escolas normais. O interesse da Igreja Católica na educação é óbvio e assim não poderia deixar de desenvolver uma atenção especial à pedagogia e sustentar seu caráter de ciência unitária. Na concepção católica, filosofia e pedagogia andam juntas, de modo

---

6. O positivismo a que nos referimos aqui é o formulado por A. Comte, no qual ciência significa sistematização de conceitos a partir da experimentação. No caso da pedagogia, significa conduzir o ensino a partir de fatos da ciência e com métodos objetivos. Não se trata do conceito de ciência proposto por Herbart e mesmo pelos católicos, em que os conceitos decorrem de pressupostos metafísicos. Verifica-se que, efetivamente, a pedagogia desse período tem marcas acentuadas de ecletismo.

7. Como se sabe, a sistematização da pedagogia católica se deve aos jesuítas no século XVI, para sustentar a organização de seus colégios, destinados a cristianizar e civilizar o Brasil e implantados em todo o país ao longo dos séculos XVI e XVII. Em 1759, entretanto, foram expulsos, seus colégios fechados, com grande prejuízo para a organização do ensino na Colônia, instaurando-se o período das chamadas "aulas régias" que durou até o reinado de d. João VI, quando são criadas várias instituições culturais e escolas superiores.

que a pedagogia católica formulou uma filosofia de educação de caráter acentuadamente especulativo e normativo. No final do Império, cerca de 75% dos estudantes de ensino secundário estavam matriculados em escolas privadas, inclusive escolas normais, boa parte delas provavelmente pertencentes a instituições católicas.

Conclui-se, assim, que ao longo da Primeira República até por volta do início da década de 1920, em que predomina a pedagogia tradicional (um misto de visões católica, herbartiana, pestalozziana e positivista), os estudos sobre educação sustentam-se na ideia da unicidade da pedagogia, ou seja, ciência unitária da educação. A pedagogia divide-se entre geral e especial, a primeira de cunho teórico-especulativo geralmente firmada na filosofia, a segunda de cunho prático, aplicado, ocupando-se dos meios e métodos educativos. Há pedagogos que se referem a essas duas partes como sendo uma a pedagogia propriamente dita, que estuda os princípios da educação, e outra, a didática, que estuda os elementos do ato educativo implicados na instrução. Não é por acaso, portanto, que nos currículos antigos aparece um curso em separado denominado de didática.

A educação nova e a "ciência da educação"

A noção de pedagogia como ciência unitária da educação começa a perder terreno com a introdução no Brasil do movimento da educação nova, iniciado na Europa no final do século XIX e logo expandido aos Estados Unidos de onde vem, após a guerra de 1914, a influência mais forte na educação brasileira.

O ideário da educação nova começa a difundir-se mais acentuadamente nos anos 1920 postulando novos objetivos, novos programas e métodos de ensino a partir de influências de movimentos sociais e políticos do século XIX e do desenvolvimento da biologia, psicologia e sociologia. As bases teóricas do escolanovismo europeu e norte-americano têm como suporte uma concepção científica da educação, no sentido de que os princípios e leis do processo educativo devem subordinar-se às exigências da verificação experimental dos fatos. Pode-se dizer que o movimento das escolas novas herdam o "cientificismo" cultivado desde o surgimento do Positivismo em contraposição ao caráter especulativo e metafísico da pedagogia tradicional. Com efeito, a pedagogia experimental, bastante desenvolvida na França na segunda metade do século XIX, ocupa-se com o estudo científico da criança, a metodologia científica de ensino, os fatores ambientais da educação, a elaboração de testes e medidas de desempenho intelectual e de aprendizagem. Desenvolve-se, pois, uma ciência da educação, ou melhor, uma ciência experimental da educação, distinta da pedagogia de tipo abstrata e filosófica que vigorava até então.[8]

Dewey, um dos mais destacados teóricos da educação nova norte-americana, insurge contra as pedagogias que pretendem formar o espírito de fora para dentro. O que propõe, ao contrário, é uma concepção de processo educativo como atividade interna do sujeito em interação com o meio. Nesse sentido, tratar a educação com objetividade científica significa apreender as leis próprias do desenvolvimento humano, excluindo qualquer determinação eterna de fins educativos. Os fins são imanentes à ação do indivíduo. "O pro-

---

8. Em 1898, Binet, psicólogo criador da primeira escala métrica sobre a inteligência, dizia: "A antiga pedagogia tem que ser abolida completamente porque está afetada de um vício radical: foi criada por invenção, procede mediante afirmações gratuitas, sustenta os fatos com exortações e prédicas; o termo que melhor a caracteriza é o verbalismo. A pedagogia nova tem que fundamentar-se na observação e na experiência: em primeiro lugar, tem que ser experimental no significado científico da palavra" (Sarramona & Marques, 1985, p. 110).

cesso educativo não tem outro fim além de si mesmo: ele é seu próprio fim" (1979, p. 53). Ora, nesses termos, não há lugar para uma concepção unitária da pedagogia que justamente acentua o caráter ético-normativo, portanto, finalidades e valores da formação. Para o progressivismo de Dewey, não existe esse campo de conhecimento chamado *pedagogia*, mas uma ciência da educação a ser tratada com objetividade científica. Dispensa-se o caráter teleológico da educação em favor da descrição da realidade educativa em suas dimensões biológica, sociológica e psicológica. Em texto escrito em 1929, de acordo com sua concepção pragmatista, Dewey postula a existência da ciência da educação tendo como fonte primária as práticas educativas e, secundariamente, as ciências humanas que lhes dão suporte. Ele escreve:

> (...) as práticas educativas oferecem material que coloca problemas de tal ciência, enquanto que as ciências já desenvolvidas num bom estado de maturidade, são as fontes das quais se obtém material para tratar intelectualmente destes problemas. *Não existe uma ciência independente especial da educação*. (...) Mas o material obtido de outras fontes oferece o conteúdo da ciência da educação quando se dirige a problemas que surgem nesta (Dewey, 1968, p. 38; grifo meu).

A prática educativa é, assim, a fonte para os "problemas" com os quais a ciência da educação lida, não para o seu conteúdo próprio, pois a ciência da educação não tem conteúdo independente, ou seja, não cabe uma pedagogia geral. As fontes do conteúdo realmente científico encontram-se em outras ciências humanas, especialmente, na biologia, psicologia e sociologia (id., p. 44).

São essas as características do que se poderia chamar, genericamente, de progressivismo pedagógico, orientação que acaba por ganhar hegemonia no Brasil, ao menos até 1945. Sob essa inspiração, desenvolve-se um amplo movimento de renovação escolar de conotação liberal, reunindo nomes como Anísio Teixeira, Fernando de Azevedo, Lourenço Filho, Paschoal Lemme e outros, em torno da ideia de reconstrução educacional para o desenvolvimento social e econômico do país. Esses intelectuais lançam em 1932 o "Manifesto dos Pioneiros da Educação Nova" em que formalizam suas propostas teóricas e operacionais. Não há lugar aqui para avaliar seus méritos e deméritos, apenas cumpre assinalar que seu cientificismo, sua insistência na neutralidade e objetividade da ciência e da técnica, sua recusa de levar em consideração ingredientes finalistas da educação, impedem de se formular uma pedagogia que, não podendo submeter sua problemática à experimentação sistemática, muito menos pode arvorar-se em chamar-se de *científica*. Nessa orientação, dissolve-se a denominação pedagogia que, adjetivada, transforma-se em mera aplicação da ciência da educação, como métodos, formas processuais e técnicas.[9]

Esse é, efetivamente, o tom que vão assumindo os estudos pedagógicos, bem como a estruturação de cursos de formação de educadores, nesse período. Segundo Paiva (1983, p. 89), no final da Primeira República delineiam-se muitas das características que irão demarcar o desenvolvimento das ideias pedagógicas que dominarão a cena educacional por muitos anos. É nesse contexto que surge "a versão primeira do 'tecnicismo educacional' sob a influência dos emergentes 'profissionais da educação'" que irão liderar o movimento

---

9. Em 1963, no prefácio de seu livro *Noções de pedagogia científica*, o pedagogo de influência católica Theobaldo M. Santos lastimava o fato de a ciência pedagógica nos últimos cinquenta anos estar perdendo sua unidade e sistematicidade. Ele escrevia: "Já não se estuda mais (...) a pedagogia como ciência independente e unitária. Atualmente, só existem nos currículos ciências e técnicas particulares da educação. O desprestígio da pedagogia (...) expressa-se também em certas doutrinas pedagógicas contemporâneas que concebem a educação como simples função biológica ou como mero fenômeno psicológico e social, mutilando a pedagogia, reduzindo-a a um capítulo da biologia, da psicologia ou da sociologia" (Santos, 1958).

escolanovista (id., p. 90). Em oposição aos pressupostos metafísicos da pedagogia vigente, o movimento orienta-se pela tecnificação do campo pedagógico voltada para os fatores internos da instituição escolar: organização e administração do sistema de ensino e das escolas, qualidade do ensino mediante a divulgação de teorias psicológicas e novas técnicas de ensino obtidas dos recentes desenvolvimentos da psicologia experimental. Esse "tecnicismo" frequentemente assume ares de neutralidade, à medida que tende a desconectar os fatores internos do processo educacional (currículo, métodos) dos problemas colocados pela inserção do sistema educacional no conjunto dos determinantes sociais mais amplos da sociedade (id., p. 107). A compartilhar dessa análise, não é casual que a pedagogia vá assumindo, no discurso dos pioneiros, ora conotação instrumental de ênfase no caráter técnico-administrativo da educação, ora conotação de operacionalização metodológica. Ou seja, vai se firmando o uso do termo "estudos pedagógicos" para caracterizar estudos destinados à formação de professores, quando não para apenas identificar métodos e técnicas de ensino.

Com efeito, em 1932, Anísio Teixeira propõe a criação da "Escola de Professores" no Instituto de Educação do Rio de Janeiro, incorporada em 1935 à Universidade do Distrito Federal.[10] Foi a primeira escola de formação de professores em nível universitário; entretanto, a experiência foi interrompida em 1938. O governo Getúlio Vargas cria em 1937 a Universidade do Brasil que previa uma Faculdade Nacional de Educação que, pelo Decreto-lei n. 1.190 de 1939, recebeu a denominação de Faculdade Nacional de Filosofia, dividida em quatro seções: Filosofia, Ciências, Letras e Pedagogia — e

---

10. Em 1920 é criada a Universidade do Rio de Janeiro, mas nada existe dedicado à formação de professores. Na reforma do sistema de ensino paulista, em 1920, aparece a criação da Faculdade de Educação para a realização de estudos pedagógicos em nível superior, ideia já acalentada pelos pioneiros, mas a ideia fica no papel.

mais uma, Didática. É a primeira vez que aparece na legislação um curso específico de Pedagogia que formaria o licenciado para o magistério em cursos normais, oferecendo, também, o bacharelado para o exercício dos cargos técnicos de educação.

Analisando esse Decreto em um de seus pareceres, Valnir Chagas (MEC/CFE, 1970) aponta a inoportunidade da formação dos "técnicos de educação" em nível superior porque, naquela época, as funções de planejamento, organização e execução do processo educacional "ainda não alcançavam níveis de objetiva especialização". Além disso, menciona resistências dos legisladores em admitir a formação em nível superior tanto de professores para o curso normal quanto de especialistas para tarefas administrativas no sistema de ensino (inspetores, diretores de escola). Com efeito, a estruturação mais definida de um sistema de formação para os profissionais não docentes da educação teve que esperar novo Parecer do CFE, o de número 251/62 e, mais definitivamente, o de número 252/69 (Bomeny, 1995; Chaves, 1981), já no período do regime militar.

Estudos analíticos sobre a estruturação do curso de Pedagogia estabelecida em 1939 indicam a adoção de um currículo muito genérico e imprecisão quanto ao significado real desse curso (Mello et al., 1983). Influenciado pelos escolanovistas no que diz respeito à formação de técnicos de educação, mantém-se na legislação a ideia pragmática de pedagogia, isto é, de que o pedagogo é o que cuida dos métodos e das técnicas de ensinar. Brzezinski aponta com propriedade:

> O pragmatismo funcional é a própria negação da verticalidade e do aprofundamento da pesquisa; não há elaboração teórica. O professor (...) não se aprofunda em estudos da Pedagogia como campo de saber, isto é, não busca a teoria elaborada, através da pesquisa, como se fosse possível separar o indissociável: teoria e prática (1994, p. 337).

As mesmas características continuam na legislação posterior. Valnir Chagas expressa no texto do Parecer n. 251/62 as duas correntes que se posicionavam em relação ao curso de Pedagogia, uma que pretendia sua extinção por falta de conteúdo próprio e outra que defendia sua existência para aprofundamento da teoria educacional, assumindo postura conciliatória (id., p. 340). Com efeito, o parecer orienta o curso de pedagogia para formar o especialista em Educação (bacharelado) e o professor dos cursos de magistério em nível de 2° grau (licenciatura), ambos com duração de quatro anos. O currículo mínimo da Pedagogia constava de sete disciplinas, a saber: Psicologia da Educação, Sociologia (geral e da educação), História da Educação, Filosofia da Educação, Administração Escolar, além de duas a serem escolhidas pelas instituições. Observa-se aí uma tentativa de dar corpo aos estudos pedagógicos, mas não são especificadas as habilitações do bacharelado e persiste separação rígida entre bacharelado e licenciatura.

Com base no que vimos considerando, é possível ligar o pensamento educacional dominante nos anos 1920-45 a algumas consequências que, direta ou indiretamente, afetam o desenvolvimento teórico do campo científico da pedagogia:

— afasta-se da concepção da pedagogia como ciência independente e unitária, acentuando-se a ideia de que ela não teria conteúdo científico próprio; ao mesmo tempo, introduz nos estudos pedagógicos a concepção de *ciência da educação* dando cunho cientificista à reflexão científica da problemática educacional;

— tende, gradativamente, a caracterizar os chamados "estudos pedagógicos" como aqueles destinados à preparação de professores e de técnicos de educação e não para a investigação científica da pedagogia como campo teórico;

— atribui ao trabalho pedagógico a conotação tecnicista que predominará até nossos dias, após ter sido reforçada pela política educacional do regime militar (1964-84);

— cria nos estudos pedagógicos em nível superior a ambiguidade que até hoje caracteriza o sistema de formação de educadores: a) sua destinação para a preparação de professores; b) sua destinação para aprimoramento da reflexão científica sobre a educação e formação de especialistas.

O que se quer ressaltar é que, se houve por parte de alguns dos "profissionais da educação" intenção de criar o curso de Pedagogia para possibilitar a investigação científica do campo teórico da educação, isso, de fato, nunca se consolidou. Inclusive porque a adesão deles ao ideário da Escola Nova e às suas fontes teóricas não lhes permitiria admitir a existência de uma pedagogia geral, ciência unitária e independente da educação em relação à qual a psicologia, a sociologia e a biologia seriam meras ciências auxiliares. Ou seja, nossa hipótese é de que houve uma influência acentuada dos pioneiros da educação nova na educação brasileira que levou ao privilegiamento das dimensões metodológica e organizacional em detrimento das dimensões filosófica, científica e epistemológica, mesmo considerando esforços isolados de uni-las, como sugerem estudos sobre propostas de organização dos estudos universitários na área da educação, especialmente as de Anísio Teixeira e Fernando de Azevedo (Bomeny, 1995; Warde, 1993).[11]

---

11. Warde (1993) fez um interessante estudo sobre essas propostas. Ela escreve: "Na década de 30, temos três grandes modelos de universidade e de organização da área da educação, todas elas denominadas de Faculdade de Educação. Um dos modelos está associado a (...) Anísio Teixeira. O segundo é o Fernando de Azevedo. O terceiro, legal, é a soma da ação de mais de um legislador, entre eles Francisco Campos e Gustavo Capanema. (...). Azevedo pensava a Faculdade de Filosofia, Ciências, Letras e Educação como um Instituto de Estudos desinteressados de elevada cultura que teria, dentro dele, esta parte cuja função seria mais pragmática, destinada fortemente à formação de quadros para os outros graus do ensino. (...) A área da educação seria, pois, parte nuclear de um instituto onde as demais ciências, letras e filosofia estariam sendo estudadas. (...) Assim a educação participaria dos estudos de nível superior, elevados, desinteressados e, também, por sua parte mais pragmática, formaria professores para o mercado de trabalho,

Rearticula-se o tecnicismo educacional nos anos 1970

O final da década de 1960 e o início da década de 1970 é o período em que o chamado "tecnicismo educacional" adquire nova roupagem, no contexto do regime militar instaurado no Brasil em 1964, agora mais explicitamente assentado no behaviorismo e na teoria de sistemas. Essa tendência deixará sua marca mais nos aspectos formais da organização escolar e didática e menos em termos de concepção de ensino, mas irá influenciar boa parte dos projetos governamentais e dos estudos da área da educação. O pensamento educacional em toda a década de 1970 mover-se-á em torno da elaboração de uma "ciência da educação", já não mais nos moldes do pragmatismo mas do neopositivismo, nas formulações do empirismo lógico e filosofia analítica. A partir da mesma argumentação com que o positivismo recusava uma pedagogia geral de caráter ético-normativo, também no quadro da ciência lógico-empírica não há lugar para se postular a formulação de fins da educação, valores, intencionalidades não inferíveis cientificamente. A ciência da educação exclui juízos valorativos em troca de enunciados que sejam intersubjetivos, lógicos e empiricamente comprováveis. Seu objetivo é investigar a realidade educativa e propor procedimentos científicos (estratégias) visando à condução eficaz da aprendizagem em

---

ou seja, a própria escola básica" (p. 131-32). Na proposta de Anísio Teixeira, seriam formados no Instituto de Educação (em nível de 3º grau) "todos os profissionais: o professor primário, o professor secundário, os quadros técnico-administrativos e os estudiosos da educação. Tal instituto seria um misto de Teacher's College norte-americano e algo da escola de estudos superiores francesa" (p. 133). Finalmente, o terceiro modelo da legislação federal de 1939 mantém a formação do professor primário na escola normal, a do professor secundário em nível de 3º grau sob a forma de três anos de bacharelado mais um acréscimo de carga didática. Aí criou-se "essa coisa estranhíssima chamada Curso de Pedagogia" (...) que teria por função "formar os quadros técnico-administrativos e professores para a escola normal" (p. 134).

relação a objetivos comportamentais definidos. Também aqui a ação pedagógica reduz-se à mera aplicação da ciência da educação.

A ação do regime militar na reforma do sistema de ensino materializa-se em duas leis casadas: a da Reforma Universitária (Lei n. 5.540/68) e a da Reforma do Ensino de 1º e 2º graus (Lei n. 5.692/71). A Lei n. 5.540/68 (art. 30) estabelece que "a formação de professores para o ensino de 2º grau, de disciplinas gerais ou técnicas, bem como o preparo de especialistas destinados ao trabalho de planejamento, supervisão, administração, inspeção e orientação, no âmbito de escolas e sistemas escolares, far-se-á em nível superior". Conexamente, o Parecer n. 252/69, do Conselho Federal de Educação, de autoria de Valnir Chagas, redefine o currículo mínimo e a duração do curso de Pedagogia. Explicita-se nesse parecer a formação de especialistas — administrador escolar, supervisor escolar, orientador educacional — para ocupar funções específicas nas escolas e nos sistemas de ensino, agora já necessários para atender necessidades dos sistemas de ensino e escolas, diferentemente da situação de 1962. Admite a possibilidade de formar em nível superior o professor das séries iniciais do ensino básico. Afirma que a profissão a ser exercida é a de educador, porque "a profissão que lhe corresponde (o setor de educação) é uma só e, por natureza, não só admite como exige 'modalidades' diferentes de capacitação, a partir de uma base comum". O aluno seria formado, conforme sua opção, em uma ou mais das seguintes habilitações: ensino das disciplinas e atividades práticas dos cursos normais (magistério de 2º grau), orientação educacional, administração escolar, inspeção escolar e planejamento educacional (pós-graduação).

Esse parecer modifica o anterior (de 1962), em função de adequar o curso de pedagogia à Reforma Universitária de 68. É voz corrente entre pesquisadores que essa reforma faz com que a Faculdade de Educação integre efetivamente ao sistema universitário substituindo a Faculdade de Filosofia, Ciências e Letras. O Parecer n. 252/69 promove, efetivamente, um avanço na definição da identidade do curso ao fixar com mais clareza os estudos teóricos necessários à formação do pedagogo e a explicitação das habilitações profissionais. Fica, entretanto, mal resolvida a questão das licenciaturas ou, por outra, persiste a dubiedade do curso entre formar o pedagogo não docente e o professor dos cursos de magistério e das séries iniciais do 1º grau. Valnir Chagas, sem dúvida um profundo conhecedor do problema, parece sempre oscilar entre a ênfase na reflexão científica sobre o campo do educativo e a formação do professor. Com efeito, ainda que o Parecer de 69 mantenha a denominação "curso de pedagogia", seu conteúdo deixa entrever que o termo pedagógico tem o sentido de metodológico, técnico, administrativo, no mesmo tom da linguagem dos "profissionais da educação" da década de 1920. Além disso, pesa-lhe a herança do passado onde estudos pedagógicos referem-se, quase sempre, à preparação de professores, o que explica, ainda hoje, em algumas faculdades de educação, a identificação do termo pedagogia com formação de professores para as séries iniciais do ensino fundamental,[12] com o que Pedagogia tende a reduzir-se à prática de ensino.

É difundida entre os educadores brasileiros a ideia de que o Parecer n. 252/69 reproduzia, no âmbito da educação,

---

12. Segundo Chagas, o conteúdo do curso de pedagogia é "o desenvolvimento em anos do que se estuda em meses para a licença comum de magistério". Mais adiante, a mesma ideia é reforçada ao afirmar existir consenso em que "os portadores do diploma de Pedagogia, em princípio, sempre devam ser professores do ensino normal". Tais afirmações confirmam a ideia corrente desde os anos 1930, de formar o especialista no professor, e que tem sua versão mais recente no mote: a base da identidade profissional do educador é a docência. Ainda segundo Chagas (Brzezinski, 1994, p. 335), a identidade do curso de pedagogia encontra-se no projeto de escola de formação de professores idealizado por Anísio Teixeira, cujo objetivo seria o de formar professores primários com nível superior.

a ideologia da modernização técnica que o governo militar introduzia em outras instâncias da organização política e econômica tendo em vista a inserção do país no sistema capitalista mundial. Há, de fato, substanciosas razões em favor dessa linha de análise; entretanto, o conteúdo do documento mostra que as habilitações do curso de pedagogia, parafraseando Paiva (1983, p. 90), não seriam mais que a versão segunda do tecnicismo educacional visando à formação dos "técnicos de educação" já preconizada nos anos 1920-30.

O Parecer n. 252/69 permanece em vigência. No final da década de 1970 faltou pouco para que o curso de pedagogia fosse extinto e com ele a profissão de pedagogo (Brzezinski, 1994; Chaves, 1981). A pretexto de instituir oficialmente políticas de formação de profissionais da educação, Chagas — o grande mentor da política de formação de professores desde 1962 — elabora para o Conselho Federal de Educação diversos documentos sobre o assunto, inclusive a Indicação n. 70/76 que tratava do Preparo de Especialistas em Educação, estabelecendo que os especialistas seriam formados por meio de habilitações (as mesmas já mencionadas) posteriores aos cursos de licenciatura. Com isso, há uma "redefinição" do curso de pedagogia no sentido de explicitar e levar adiante ideias que nos pareceres anteriores haviam sido apenas sugeridas (Chaves, 1981, p. 57).

Os anos 1980-90: A crítica política e pedagógica ao tecnicismo e a adoção da concepção das "ciências da educação"

No final dos anos 1970, os educadores progressistas conquistam cada vez mais espaço no cenário nacional. A abertura política do final do regime militar possibilita maior movimentação da oposição, sendo abertas várias frentes de resistência, inclusive no campo da educação. As indicações de Valnir Chagas mencionadas anteriormente não se oficializam, mas mobilizam os educadores interessados na discussão da formação dos profissionais da educação, exigindo amplo debate das reformas. A partir do I Seminário de Educação Brasileira realizado na Unicamp (Campinas-SP) em 1978, o debate ganha âmbito nacional. São realizados encontros e seminários sobre a reformulação do curso de pedagogia e das licenciaturas, amplia-se a produção de dissertações e teses e surgem revistas para divulgação de estudos e pesquisas sobre o assunto. O Comitê pró-formação do educador criado em 1980 transforma-se, em 1983, em Comissão Nacional de Reformulação dos Cursos de Formação do Educador e, em 1990, em Associação Nacional para a Formação Profissional de Educadores (Anfope, 1994; Alves, 1986).

Criado num clima de crítica à estrutura sociopolítica vigente no país, esse movimento pela reformulação dos cursos de formação de educadores situa a crise da educação e da formação de educadores no quadro mais amplo da sociedade brasileira. A partir daí, orienta seus objetivos para a luta por uma educação voltada para a transformação social, pela valorização da escola pública e do magistério, propondo para isso a redefinição e a busca da identidade do curso de pedagogia. Mais tarde (Anfope, 1983) o movimento inclui em seu programa de ação a reformulação, também, das licenciaturas.

A motivação política dos educadores envolvidos com as questões de sua formação profissional insere-se no conjunto das discussões teóricas e das ações práticas encetadas pelas várias organizações então criadas, tais como a Associação Nacional de Educação, o Centro de Estudos Educação e Sociedade, a Associação Nacional de Pós-Graduação e Pesquisa e outras. Mais especificamente, o foco de ataque é a Reforma Universitária (Lei n. 5.540/68) e a legislação correspondente, tida como expressão da teoria do capital humano e da concepção tecnicista de educação e analisada à luz da crítica da organização do trabalho capitalista.

Por volta dos anos 1980, é forte entre os educadores progressistas a influência do marxismo em suas várias interpretações. As teorias crítico-reprodutivistas[13] contribuíram para a análise dos vínculos da educação com a sociedade, especialmente como instância de reprodução das relações sociais capitalistas. A teoria crítico-emancipatória acentuou a análise crítica dos mecanismos de opressão da sociedade de classes, atribuindo à educação o papel de denúncia das condições alienantes existentes. No âmbito mais propriamente pedagógico, mantêm-se com significativa presença as propostas da Educação Libertadora formuladas a partir do pensamento de Paulo Freire, bem como várias correntes antiautoritárias, e articula-se a Pedagogia Crítico-Social, de orientação marxista. Paralelamente, ainda aparecem aqui e ali os adeptos da desescolarização.

O que importa destacar é que os estudos específicos do campo da pedagogia nesse período sofrem mais um revés, recebendo agora contestações do lado dos progressistas. Com efeito, as análises da problemática educacional, por serem encetadas principalmente por intelectuais ligados às ciências sociais, privilegiam investigações de cunho macrossocial que acabam por ocupar o lugar, então praticamente esvaziado, da teoria pedagógica. Os educadores de profissão e os peda-

---

13. A denominação "Teorias crítico-reprodutivistas" foi dada por Saviani (1984, p. 19) para identificar a "teoria do sistema de ensino enquanto violência simbólica desenvolvida por P. Bourdieu e J. C. Passeron (1975), a teoria da escola enquanto aparelho ideológico de Estado, de L. Althousser, a teoria da escola dualista, de C. Baudelot e R. Establet (1971). De acordo com esse autor, "são críticas, uma vez que postulam não ser possível compreender a educação senão a partir dos seus condicionantes sociais", e reprodutivistas porque "chegam invariavelmente à conclusão de que a função própria da escola consiste na reprodução da sociedade em que ela se insere".

gogos, seja pela fragilidade teórica de seu próprio campo de conhecimento, seja pela restrita bagagem teórica em relação às demais ciências da educação, contentaram-se em tomar de empréstimo o discurso dos intelectuais das ciências sociais, inclusive no menosprezo à própria pedagogia. Com isso, ocorre um gradativo refluxo das investigações em teoria pedagógica, ficando o campo do pedagógico, quando não reduzido às questões meramente metodológicas, subsumido nas questões postas pelas ciências sociais. Se agregarmos a isso o descaso crônico do Estado em relação à escola pública e aos professores e o desprestígio social da profissão de professor, o resultado só poderia ser o desprestígio acadêmico da pedagogia como campo científico.

A hipótese, nesse caso, é de que o movimento de reformulação dos cursos de formação de educadores, conduzido durante um bom tempo por docentes ligados às ciências sociais, ao receber considerável marca da reflexão sociológica (tradição, aliás, provavelmente herdada dos pioneiros da educação nova), promoveu a sociologização do pedagógico e, com isso, a marginalização dos estudos especificamente pedagógicos. E, assim, não é de surpreender que, nas faculdades de educação em que esse fenômeno ocorre de forma mais explícita, desenvolva-se a concepção de ciências da educação (no plural) para a formulação do currículo. O curso de pedagogia fica apenas no nome, uma vez que desaparece qualquer núcleo científico em torno de um campo de conhecimento próprio. Não é necessário muito esforço para constatar-se a grande dispersão na investigação da temática educacional, assim como os inúmeros reducionismos provocados por essa visão do campo de estudos da educação.

Em paralelo, o movimento investiu, também, na ideia já presente na legislação dos anos 1960 de dar unidade ao sistema de formação de educadores mediante o lema: a base da identidade do profissional da educação é a docência. Obviamente, há aí a intenção de centrar no professor todas as demais atividades educacionais como resposta à crítica da divisão do trabalho na escola, com base na grosseira conclusão de que a escola seria um local de trabalho capitalista. Veladamente ou não, secundariza-se a pedagogia como área específica de reflexão sobre a educação e, por consequência, o trabalho do pedagogo especialista. Ou seja, processada a correspondência entre a organização escolar e a organização capitalista do trabalho, a formação do pedagogo através das habilitações profissionais (administradores, supervisores, orientadores educacionais) iria fortalecer seu poder técnico em detrimento da autonomia do professor, transformado em mero executor de ordens pensadas por outros e desprovido de poder sobre o produto de seu trabalho.

Há boas razões para suspeitar-se de que esse tipo de análise resultou em algo contrário ao que se pretendia com o movimento de reformulação dos cursos: o revigoramento do sistema de formação de educadores. Ocorreu, de fato, seu enfraquecimento à medida que, subsumindo-se o campo do pedagógico na docência, e além de restringir sensivelmente o campo de exercício profissional, esvaziou-se a reflexão teórica, epistemológica e profissional do campo da educação. Pretendia-se implantar uma sólida formação científica, técnica e política, viabilizadora de uma prática pedagógica crítica, afinada com as transformações sociais necessárias; o resultado, no entanto, foi não apenas o aumento do desprestígio da pedagogia, como da própria atividade docente.

O movimento conseguiu vitórias políticas, mas do ponto de vista filosófico, científico, epistemológico, o caminho percorrido foi bastante modesto. Os documentos divulgados em seus encontros são genéricos, meras declarações de intenções, com pouca bagagem teórica e operacional para atingir objetivos mais concretos: mudar o sistema de formação, intervir nos currículos, nas práticas de formação profissional, na explicitação do campo de trabalho profissional do educador.

O esvaziamento da teoria pedagógica para dar lugar a uma teoria sociopolítica da educação foi contestado por outra posição, também de cunho crítico, que propunha ligar a necessária análise crítica da educação no capitalismo a ações pedagógicas possíveis na sociedade e na escola para contrapor-se ao sistema de exploração e dominação ideológica e material vigentes. Essa posição, conhecida ora por pedagogia críticosocial ora por pedagogia histórico-crítica, desde logo busca fundamentar-se em uma teoria pedagógica capaz de orientar a prática cotidiana dos professores assumindo, assim, a pedagogia como ciência da e para a educação, nos moldes do que propunha, entre outros, Suchodolski (1977) e Schmied-Kowarzik (1983). A proposta de retomada da pedagogia como campo científico de investigação no âmbito do marxismo teve como pioneiro Dermeval Saviani, seguido de outros autores que passaram a investir em estudos sobre teoria educacional, estrutura do conhecimento pedagógico e instâncias de exercício profissional do pedagogo (entre outros, Mello, 1982; Cury, 1985; Libâneo, 1985, 1990; Pimenta, 1988). Esse segmento de educadores partiria de uma concepção pluralista das ciências da educação reservando, todavia, um lugar à pedagogia que se distinguiria por sintetizar e integrar os diversos aportes das demais ciências da educação, dando unidade e sentido à multiplicidade de enfoque do fenômeno educativo.

* * *

O levantamento sucinto do percurso dos estudos pedagógicos no Brasil e do desenvolvimento do campo teórico da educação permite retirar algumas conclusões provisórias. Até por volta dos anos 1920, a Igreja católica conseguiu preservar a identidade científica da pedagogia, ainda que caracterizada como ciência especulativa. Desse momento em diante, os estudos pedagógicos, a formação em pedagogia, o curso de pedagogia, desenvolveram-se a partir de experiências de formação de professores em escolas normais (Brzezinski, 1994). Com isso, o termo *pedagogia*, pela influência do movimento escolanovista, foi sendo associado cada vez mais à docência. Formação pedagógica vai significando, cada vez mais, preparação metodológica do professor, prática de ensino, desenvolvimento de habilidades de ensino e, cada vez menos, teoria da educação, campo de investigação sistemática. Quando se pretendeu dar mais identidade ao curso de pedagogia, não se fortaleceu a investigação teórica mas o âmbito técnico-administrativo (formação do "técnico de educação"). A mesma tendência se repetiu no movimento progressista pela formação profissional de educadores no início da década de 1980. Na mentalidade de muitos educadores a pedagogia ainda continua tendo o sentido de metodologia, de organização do ensino.

Isto explica em boa parte, os dilemas enfrentados ao longo dos anos em torno da especificidade dos estudos pedagógicos, pois os problemas perduram. O curso de pedagogia deve ocupar-se apenas da formação de professores para as séries iniciais do ensino fundamental? Ou deve formar professores para o curso de magistério de 2º grau e especialistas não docentes? Continuam a imprecisão sobre a função desse curso e as ameaças de extinção, como continuam os ataques vindos de vários lados questionando a função do curso e da profissão. Por outro lado, as iniciativas tomadas desde o movimento pela reformulação da pedagogia e das licenciaturas surtiram efeitos bastante modestos. O problema da melhor qualificação não foi resolvido. Por exemplo, a transformação dos cursos de pedagogia em cursos de formação do professor das séries iniciais do ensino fundamental em nível superior parece não ter afetado substantivamente a qualificação profissional dos professores. Não há indício de que haja uma substantiva diferenciação entre uma professora formada em magistério em nível de 2º grau e outra que fez o curso superior de pedagogia como mostram estudos recentes do Ministério da Educação.

Além disso, é forçoso reconhecer que a situação atual da política de formação de professores assemelha-se ao que ocorreu no início do século. Silva et al. (1991, p. 134), analisando publicações dos últimos anos sobre formação do magistério, apontam que

> as reformas e os documentos legais produzidos nestas décadas denotam por parte das instâncias governamentais ausência de uma política educacional claramente definida para a formação do magistério primário e que o crescimento dos cursos de formação de professores a níveis de 2º e 3º graus não resultou de uma preocupação sistemática em formar um corpo profissional competente, orientado por uma concepção clara de educação elementar.

Os problemas, portanto, não são apenas internos aos processos de formação, mas remetem à falta de políticas educacionais consistentes, não priorização pelo Estado da formação de professores, desvalorização social da profissão do magistério, desinteresse das universidades pela problemática da educação básica e formação de professores (id., p. 77-80).

3. Em busca da identidade científica da pedagogia. Pedagogia e didática

Nos últimos anos, vêm sendo reiteradas posições contrárias à existência do curso de pedagogia bem como do pedagogo *stricto sensu*. O argumento principal contra a pedagogia é o de que ela não teria conteúdo próprio; sua função teria sido apenas a de formar quadros para atender aspectos técnicos do ensino: a licenciatura e o pedagogo-técnico (i.e., diretores, supervisores etc.). Na verdade, argumenta-se em desfavor das atribuições que foram conferidas ao curso de pedagogia desde a legislação federal de 1939, de formar professores para a escola normal e quadros técnico-administrativos. Em nenhum momento, no âmbito da legislação, estruturou-se um curso destinado especificamente a formar o investigador, o pensador das questões da educação em geral e do ensino em particular. Ora, o que os críticos da pedagogia teimam em ignorar é que os estudos pedagógicos no Brasil sempre tiveram, via de regra, a conotação restrita de formação de professores e de técnicos em educação, desconsiderando sua outra função de propiciar a reflexão teórico-científica sobre educação. Cumpre considerar que são instâncias inter-relacionadas de formação, porém, distintas. O que se postula é que, ao lado da formação de docentes para todos os graus de ensino, exista um curso regular (em nível de graduação ou pós-graduação) de preparação do cientista da educação, aquele que realiza estudos de teoria educacional, pensa questões educacionais e se capacita para exercer tarefas de planejamento e gestão da educação, formulação de políticas, pesquisa, administração, supervisão de ensino, formação continuada, avaliação, meios de comunicação etc. (Libâneo, 1996).

Propostas nesse sentido têm sido ressaltadas por autores interessados na problemática teórica e epistemológica da pedagogia (Saviani, 1983, 1994; Libâneo, 1990, 1992; Pimenta, 1988, 1996; Severino, 1995; Marques, 1992; Freitas, 1987; Bonilha, 1996, entre outros). Embora as posições de tais autores não sejam homogêneas, convergem na ideia de, que o primeiro requisito a satisfazer na busca da legitimidade dos estudos científicos denominados de *pedagogia* é considerar a educação, a prática educativa, como objeto de estudo e, portanto, um fenômeno passível de ser descrito e explicado dentro da totalidade da vida social, mediante procedimentos metodológicos e formulação de conceitos compatíveis com os processos de investigação nas ciências sociais. Haveria, pois, pertinência de se assegurar no âmbito dos cursos superiores a presença dos estudos teórico-científicos de pedagogia.

Em outros trabalhos apresentamos o entendimento da *pedagogia crítico-social* sobre a questão (Libâneo, 1992, 1994, 1995, 1996). Em resumo, definimos a pedagogia como campo de conhecimento que investiga a natureza e as finalidades da educação numa determinada sociedade, bem como os meios apropriados de formação humana dos indivíduos. Mais especificamente, concebemos a pedagogia como ciência prática que explicita objetivos e formas de intervenção metodológica e organizativa nos âmbitos da atividade educativa implicados na transmissão/assimilação ativa de saberes e modos de ação. Constitui-se, pois, como campo de investigação específico cuja fonte é a própria prática educativa e os aportes teóricos providos pelas demais ciências da educação e cuja tarefa é o entendimento, global e intencionalmente dirigido, dos problemas educativos.

A ciência pedagógica dispõe de ramos de estudo dedicados aos vários aspectos da prática educativa (teoria da educação, política educacional, teoria do ensino (didática), organização escolar, história da pedagogia). Esse complexo de conhecimentos funda-se no entendimento de que a pedagogia compõe o conjunto das ciências da educação, mas se destaca delas por assegurar a unidade e dar sentido às contribuições das demais ciências, já que lhe cabe o enfoque globalizante e unitário do fenômeno educativo. Fica claro que, desse ponto de vista, os conhecimentos obtidos dessas ciências, à medida que se referem ao fenômeno educativo, convertem-se em conhecimentos p*edagógicos,* única razão para a existência de uma sociologia *da educação,* psicologia *da educação,* biologia *da educação* etc.

Não se trata de requerer à pedagogia exclusividade no tratamento científico da educação; quer-se, no entanto, reter sua peculiaridade em responsabilizar-se pela reflexão problematizadora e unificadora dos problemas educativos, para além dos aportes parcializados das demais ciências da educação. Nossa posição é de que a multiplicidade de enfoques e análises que caracteriza o fenômeno educativo não torna desnecessária a pedagogia, antes ressalta seu campo próprio de investigação para clarificar seu objeto, seu sistema de conceitos e sua metodologia de investigação, para daí poder apropriar-se da contribuição específica das demais ciências. Sobre as condições para que a pedagogia possa cumprir os requisitos de cientificidade, remetemo-nos às indicações de Visalberghi (1983) sobre os dois requisitos a serem atendidos para se reconhecer como científicos um conjunto de conhecimentos:

> O primeiro elemento é metodológico: a ciência baseia-se em experiências refutáveis (...) que autorizam a fazer generalizações racionais e, portanto, previsíveis. O segundo elemento é lógico-estrutural: uma ciência é constituída de um conjunto ordenado e coerente de conceitos bem definidos, conectados em proposições (ou hipóteses, leis, relações) fundamentais, de onde outras proposições são dedutíveis segundo regras também definidas. (...)
>
> Estas duas características não estão absolutamente em confronto, pelo contrário falamos de ciência com a máxima convicção quando temos que tratar com um corpo de conhecimentos que reúne ambas de modo nítido (claro) (como é o caso da física, da química ou da biologia). Mas falamos, também, de ciência quando uma só dessas duas características está claramente presente, enquanto que a outra está ausente ou fica na sombra. Ciências são a matemática e a lógica que geralmente não necessitam de verificação empírica (ou, se esta ocorre, o faz de maneira extremamente indireta). Mas ciências consideram-se frequentemente, também, corpos de conheci-

mentos que não têm uma clara estruturação formal de conceitos, isto é, de uma precisa estrutura hipotético-dedutiva, e são definidos somente pelo campo empírico da realidade de que se ocupam e pelo fato de que se ocupam dela não aprioristicamente, mas com a maior verificação empírica possível. (...) Não que a tais ciências faltem definições rigorosas e metodologias sofisticadas: o que lhes falta é um sistema hipotético-dedutivo bem desenvolvido. O seu material conceitual é fornecido em parte pelo senso comum, em parte pelas ciências limítrofes, mas não constitui um todo formalmente coerente, embora seus métodos de verificação empírica dos fatos e de elaboração sistemática dos resultados possam atingir níveis de notável complexidade (p. 26).

Visalberghi assinala que essa característica — escassa estruturação conceitual sistemática — é própria das ciências da educação, talvez pelo fato de serem ciências jovens, sendo esse o caso, também, da pedagogia. Escreve, também, inspirando-se em Dewey, que "precisamente quando se quer afirmar a validade do tratamento científico dos problemas educativos, é importante não supervalorizar o alcance disso, isto é, não se pode esquecer que a educação se encontra, ainda, e provavelmente em alguma medida encontrar-se-á durante muito tempo, se não sempre, em uma fase de transição do estado empírico ao estado científico", pelo que é muito perigoso cultuar demais (mitificar) os resultados científicos, tornando-os receitas de imediata aplicação, como se a ciência pudesse pôr um marco de aprovação final sobre este ou aquele procedimento específico (id., p. 266).

Nóvoa (1996:83) adota a denominação *ciências da educação* mas insiste na busca da identidade epistemológica. A partir da identidade primeira que corresponde ao campo das áreas científicas que compõem as ciências da educação, propõe uma identidade segunda, "tendo por referência o educativo". Esse autor não atribui à pedagogia o papel de aglutinar os estudos que se caracterizariam como propriamente "educativos", mas preocupa-se com o risco de dispersão ou falta de rigor científico caso não se demarque a especificidade própria das ciências da educação. Tal especificidade seria o "universo educativo". Mas, pergunta-se como explicitar cientificamente esse objeto sem recorrer a um campo investigativo que assegure uma aproximação global e intencional do fenômeno educativo propriamente dito?

Dentro, pois, de uma concepção pluralista das ciências da educação reservando-se, todavia, à pedagogia o papel de integrar diferentes enfoques para dar coerência e unidade ao estudo do fenômeno educativo, tal como propõe Sarramona & Marques:

> A diversidade de agentes e a diversidade de perspectivas são duas claras justificativas para demandar a sustentação de uma ciência, a pedagogia, que permite uma análise unitária da educação; análise que dê sentido pleno à ação humana estritamente educativa, isto é, aquela ação com finalidade configuradora para o aperfeiçoamento do sujeito e da coletividade (1985, p. 5).

Sendo assim, o que seria a educação, de um ponto de vista pedagógico, admitindo-se que se possa distinguir um enfoque sociológico, psicológico, econômico, do enfoque propriamente pedagógico? O que define algo como pedagógico? E o didático?

O fenômeno educativo

Um caminho bastante estimulante para a compreensão do fenômeno educativo é torná-lo como ingrediente dos processos práticos — práxis — de relação ativa dos indivíduos com o meio natural e social, entendido esse meio como "culturalmente organizado". Essa interação homem-meio está mediatizada pela atividade (trabalho), e essa atividade implica assimilação (aprendizagem) da experiência humana historicamente acumulada e culturalmente organizada. Ou seja, a relação ativa dos indivíduos com o meio natural e social implica a mediação da cultura, visando ao desenvolvimento da personalidade, ou seja, aquisição das qualidades específicas do gênero humano.

A primeira referência, pois, para compreender o desenvolvimento pela educação é a ideia de que o homem entra em cena na história como um ser ativo, isto é, portador de uma atividade consciente e objetiva sobre o meio, transformando natureza e o meio social e, com isso, transformando-se a si próprio. É conhecida a citação de Marx: "Antes de tudo, o trabalho é um processo de que participam o homem e a natureza, processo em que o ser humano com sua própria ação impulsiona, regula e controla seu intercâmbio material com a natureza. (...) Atuando, assim, sobre a natureza externa e modificando-a, ao mesmo tempo modifica sua própria natureza" (Marx, 1982).

Isto significa que o desenvolvimento humano ocorre em meio à atividade prática mediadora da relação ativa indivíduomeio. "A tarefa da educação consiste em dirigir e em tornar produtivo, do ponto de vista pedagógico, esse processo de relação ativa, e com isso, o desenvolvimento do homem" (Klingberg, 1977, p. 86). Em outras palavras, por intermédio dos pais, dos adultos, dos professores, de variados grupos sociais, a educação mobiliza a atividade consciente e produtiva, tornando possível a realização das "possibilidades naturais" do ser humano. Nesse sentido, a educação opera uma mediação entre teoria e prática, entre o sujeito e sua interação com o meio ambiente. Vazquez explicita o papel da educação nos seguintes termos:

A teoria em si não transforma o mundo. Pode contribuir para sua transformação, mas para isso tem que sair de si mesma e, em primeiro lugar, tem que ser assimilada pelos que vão ocasionar, com seus atos reais, efetivos, tal transformação. Entre a teoria e a atividade prática transformadora se insere um trabalho de educação das consciências, de organização dos meios materiais e planos concretos de ação; tudo isso como passagem indispensável para desenvolver ações reais, efetivas (1977, p. 207).

É nesse processo da atividade humana prática que os indivíduos vão criando, produzindo e transformando objetos, instrumentos de trabalho, conhecimentos, modos de ação, técnicas, linguagem, valores, sentimentos etc., constituindo o mundo humano que vai se incorporando, sucessivamente, em sua atividade, ou seja, o mundo da cultura. Essa atividade socialmente herdada, ou essa experiência humana historicamente acumulada e culturalmente organizada, precisa ser comunicada às novas gerações. Para tanto, os grupos sociais de uma sociedade organizam ações educativas com o propósito de inserir os indivíduos no meio culturalmente organizado. Eis a tarefa genuína do que chamamos educação, tarefa essa a ser realizada pela pedagogia.

Todavia, o processo de objetivação e apropriação de saberes denotativo da prática educativa é inseparável dos processos sociais mais amplos, de modo que os processos educativos ocorrem numa variedade de manifestações e atividades (sociais, políticas, econômicas, religiosas, familiares, escolares), por meio de distintas modalidades (intencional/não intencional, formal/não formal, escolar/extraescolar, pública/privada). Em consequência disso é que falamos em práticas educativas, tais como a familiar, a profissional, a sindical, a escolar etc., assim como falamos em pedagogias: familiar, profissional, sindical, escolar etc.

Cumpre destacar que as atividades educativas ocorrem sob várias modalidades e formas de organização não intencionais e intencionais, as primeiras correspondendo àquelas experiências culturais assimiladas e reelaboradas na participação direta dos indivíduos na vida social, as segundas às formas planificadas, sistemáticas e intencionalmente orientadas, visando à obtenção de resultados previamente planejados. Na educação intencional distinguem-se as modalidades de educação não formal e formal, pertencendo a esta última as instituições escolares ou centros de educação formal (mesmo aqueles não restritos à noção convencional de "escola") (Libâneo, 1992). A educação escolar destaca-se entre as modalidades de educação formal por configurar-se como instituição peculiar de operar certos aspectos básicos do desenvolvimento da personalidade de todos os indivíduos. Todavia, não pode eximir-se da interação com as outras modalidades. Ao lado de seu caráter específico de dedicar-se à instrução e ao ensino, há que se considerar que assume atributos que a aproximam de outras instituições e atividades fora de seu marco próprio, envolvendo questões econômicas, socioculturais, ecológicas.

A educação consiste, pois, de uma prática social que envolve o desenvolvimento dos indivíduos no processo de sua relação ativa com o meio natural e social, mediante a atividade cognoscitiva necessária para tornar mais produtiva, efetiva, criadora, a atividade humana prática.

O pedagógico

Para que o processo educativo se efetive, são necessários uma teoria e um conjunto de objetivos e meios formativos, encaminhados à formação humana. Conforme a concepção histórico-social de educação, as atividades educativas ocorrem em condições históricas e sociais determinadas que estabelecem limites às possibilidades objetivas de humanização. Desse modo, as finalidades e meios da educação subordinam-se à estrutura e à dinâmica das relações entre classes e grupos sociais.

A prática educativa encaminha-se, pois, a objetivos distintos, conforme interesses explicitados pelos seus agentes sociais. A pedagogia assume, precisamente, essa tarefa de orientar a prática educativa de modo consciente, intencional, sistemático, para finalidades sociais e políticas cunhadas a partir de interesses concretos no seio da práxis social, ou seja, de acordo com exigências concretas postas à humanização num determinado contexto histórico-social. Junto a isso, formula e desenvolve condições metodológicas e organizativas para viabilizar a atividade educativa.

O que define algo — um conceito, uma ação, uma prática — como *pedagógico* é, portanto, a direção de sentido, o rumo que se dá às práticas educativas. É, pois, o caráter pedagógico que faz distinguir os processos educativos que se manifestam em situações sociais concretas, uma vez que é a análise pedagógica que explicita a orientação do sentido (direção) da atividade educativa. Por isso se diz que a toda educação corresponde uma pedagogia. Se, como vimos, são múltiplas as manifestações do educativo, são também múltiplas as modalidades do pedagógico. Nesse sentido, poder-se-ia falar de uma pedagogia geral que investiga condições e modos efetivos — leis, princípios, normas, finalidades, conteúdos e métodos, formas organizativas etc. — de viabilização da educação, e de uma pedagogia diferencial abrangendo as modalidades de educação e de prática pedagógica peculiares a essas modalidades, tais como a pedagogia familiar, a pedagogia escolar, a pedagogia sindical, a pedagogia da fábrica etc. (14). Mialaret é bastante explícito em sua definição:

A pedagogia é uma reflexão sobre as finalidades da educação e uma análise objetiva de suas condições de existência e de funcionamento; ela está em relação direta com a prática educativa que constitui seu campo de reflexão e de análise, sem, todavia, confundir-se com ela (1991, p. 9).

Nessas condições, a pedagogia, sendo teoria para esclarecimento racional da prática educativa a partir da investigação dessa mesma prática em situações concretas, realiza-se como ciência da e para a educação (Schimied-Kowarzik, 1983; Suchodolski, 1977). Com isso, assume-se que o valor prático da teoria pedagógica está não apenas quando se constitui em diretriz para a prática educativa conscientemente organizada e dirigida, mas também quando delineia os contornos de seu campo teórico de investigação, de modo que assim possa receber a ajuda teórica e metodológica das demais ciências.

O didático

Se definimos a ação educativa pelo seu caráter intencional, também a ação docente se caracteriza como direção consciente e intencional do ensino tendo em vista a instrução e educação dos indivíduos, capacitando-os para o domínio de instrumentos cognitivos e operativos de assimilação da experiência social culturalmente organizada. Veremos mais adiante que a didática, teoria e prática da docência, não se aplica apenas à escola mas a diversas instâncias da educação formal.

A didática tem como objeto de estudo o processo de ensino na sua globalidade, isto é, suas finalidades sociopedagógicas, princípios, condições e meios de direção e organização do ensino e da aprendizagem, pelos quais se assegura a mediação docente de objetivos, conteúdos, métodos, em vista da efetivação da assimilação consciente de conhecimentos. Nesse sentido, define-se como direção do processo de ensinar, no qual estão envolvidos, articuladamente, fins imediatos (instrutivos) e mediatos (formativos) e procedimentos adequados ao ensino e à aprendizagem. Ou seja, a atividade teórica e a atividade prática que se unificam na práxis de quem ensina.

Está claro que a didática se ocupa dos processos de ensino e aprendizagem *em sua relação com finalidades educativas*. O que significa dizer que o ensino é "uma prática humana que compromete moralmente quem a realiza", assim como é uma prática social, uma vez que "responde a necessidades, funções e determinações que estão para além das intenções e previsões dos atores diretos da mesma" (Domingo, 1991, p. 16). Além disso, a didática implica processos de relação e comunicação intencional, portanto, intercâmbios de significados que caracterizam a relação entre professor e alunos e destes entre si (Benedito, 1987).

Tais características decorrem do fato de a didática ser uma disciplina eminentemente pedagógica. Esse caráter aparece na determinação de finalidades e metodologia do processo educativo, escolar ou não. A dependência da didática em relação à pedagogia se verifica na impossibilidade de se especificar objetivos imediatos da instrução, das matérias e dos métodos, fora de uma concepção de mundo, de uma opção metodológica geral e uma concepção de práxis pedagógica, uma vez que essas tarefas pertencem ao campo do pedagógico. É verdade que a finalidade imediata do processo didático é o ensino de determinadas matérias e de habilidades cognitivas conexas; todavia, por se tratar de matérias ou temas *de ensino,* implicando, portanto, dimensão formativa, a eles se sobrepõem objetivos e tarefas mais amplos determinados social e pedagogicamente. Daí considerar-se a didática como disciplina de intersecção entre a teoria educacional e as metodologias específicas das matérias (ou de temas), nas quais os problemas específicos do ensino das distintas matérias se esclarecem e se particularizam sob características comuns, básicas, da atividade pedagógica e, em particular, do processo de ensino e aprendizagem.

Em outras palavras, a didática opera a interligação entre teoria e prática. Ela engloba um conjunto de conhecimentos que entrelaçam contribuições de diferentes esferas científicas (teoria da educação, teoria do conhecimento, psicologia, sociologia etc.), junto com requisitos de operacionalização. Isto justifica um campo de estudo com identidade própria e diretrizes normativas de ação docente, que nenhuma outra disciplina do currículo de formação de professores cobre ou substitui. Esta é a razão pela qual é tomada como "disciplina integradora" (Libâneo, 1994).

É importante ressaltar que a ampliação do campo de ação do pedagógico, em decorrência da complexidade cada vez mais crescente da própria educação, leva ao aparecimento de agentes da ação didática para além do âmbito escolar. Em consequência, educador não é mais apenas o professor, mas outros agentes que atuam nos meios de comunicação, nos movimentos sociais, nos sindicatos, nas empresas etc. O educando não é mais apenas o aluno, mas o adulto, o leitor, o telespectador, o morador, o consumidor etc. Foi nesse sentido que acentuamos, anteriormente, que a educação formal não se aplica apenas à prática escolar mas, também, a outras instâncias, como a educação de adultos, educação sindical, educação profissional, educação comunitária, educação em saúde etc. Ocorre, portanto, educação formal onde quer que se desenvolva uma prática educativa envolvendo objetivos explícitos, ação deliberada e sistemática, estruturação didática e condições organizativas, uso de métodos e procedimentos, expectativa definida de resultados de aprendizagem. A educação formal, assim, supõe a didática mesmo quando se trata de atividades realizadas fora do marco do *escolar* propriamente dito.

No Brasil têm sido frequentes as tentativas de estudiosos da didática em atribuir-lhe adjetivos: didática fundamental, didática histórico-social, didática crítico-social, didática prática... São esforços feitos para explicitar uma contraposição à didática corrente, tradicional ou instrumental. Para a didática crítico-social, o didático constitui-se no processo de assimilação ativa da experiência cultural acumulada, de modo a possibilitar aos alunos, a partir de suas próprias forças intelectuais e práticas, o domínio de conhecimentos, habilidades, hábitos, convicções, o desenvolvimento de suas capacidades cognoscitivas e operativas e, junto com isso, a leitura crítica da realidade (consciência crítica). Conforme esse entendimento, o ensino crítico é engendrado no processo de ensino em que se torna possível aplicar tarefas cognitivas de observação, análise, síntese, abstração, generalização, que propiciam o exercício da reflexão e da capacidade crítica e daí para a aplicação criadora. Em outras palavras, o processo de ensino implica níveis que vão do conhecimento crítico (científico) ao exercício do pensamento crítico, no decurso da própria experiência docente e nas situações docentes concretas.

Frente às exigências de uma educação para a criticidade, o que é um professor "crítico"? É aquele que denuncia as desigualdades sociais? É o que se nega a transmitir conhecimentos tidos previamente como veículos de dominação? É aquele engajado em movimentos e organizações sociais? O professor "crítico" pode ser tudo isso, mas é pouco. A postura crítica somente se verifica na presença prévia dos elementos constitutivos da didática, basicamente os objetivos, conteúdos e métodos.

É verdade que se requer do educador "crítico" formação e compromissos políticos, mas sua práxis política se manifesta, em primeiro lugar, na sua postura pedagógico-didática, traduzida, concretamente, em formas de trabalho docente que possibilitem o auxílio ao aluno no domínio sólido e duradouro do conhecimento e no desenvolvimento de suas capacidades mentais. O que se quer dizer, em suma, é que a consciência política do professor ganha eficácia e efetividade se ela é refletida em formas didáticas de ampliação do nível cultural e científico dos alunos, se contribui para assegurar rendimento escolar altamente satisfatório e se, pela mediação docente, é capaz de ajudar o aluno a ter pensamento autônomo, coragem de duvidar e interrogar a realidade e capacidade de dar respostas criativas a problemas práticos. Sem isso, é inútil uma pedagogia crítica ou uma didática crítica.

Uma abordagem crítico-social dos conteúdos é uma metodologia de ensino que possibilita aos alunos apreender o objeto de conhecimento nas suas propriedades, características, nas suas relações, nas suas contradições e nexos sociais. Por esse procedimento metodológico os conteúdos são "situados" no mundo de hoje, ampliam a experiência cotidiana, levam a formar valores e convicções frente aos desafios da realidade. Em síntese, é pelo estudo ativo das matérias, pelos métodos de assimilação ativa providos pelo professor, pela observação, análise e síntese em relação aos objetos de conhecimento que os alunos podem desenvolver sua capacidade crítica e formar convicções. Diz G. Snyders que uma pedagogia é crítica quando o aluno se reconhece nas ideias e atitudes às quais o professor o ajuda a chegar, nas experiências que ele mesmo vivenciou com base nos elementos daquilo que lhe foi ensinado; e sobretudo, quando encontra em tal ensino uma resposta mais lúcida a uma dificuldade que havia efetivamente experimentado.

* * *

Para concluir: a discussão sobre a especificidade dos estudos teóricos da pedagogia e sobre a formação do pedagogo persiste em impasse, da mesma forma que os cursos de formação de professores para o ensino fundamental e médio.

Na verdade, a pedagogia no Brasil vive um grande paradoxo: enquanto se verifica uma intensa pedagogização da sociedade com o impacto das inovações tecnológicas, da informática, dos meios de comunicação da difusão cultural e científica e da propaganda, no meio educacional a pedagogia encontra-se no descrédito, assim como a atividade docente; os próprios profissionais da área assumem frequentemente uma atitude irônica frente ao seu conteúdo e ao próprio processo que representa. Evidentemente há explicações para esse processo de desvalorização da área de investigação e da profissão e este texto foi uma tentativa de compreendê-lo.

Com efeito, a incursão histórica que fizemos sobre o desenvolvimento de estudos de pedagogia mostrou como ela foi perdendo prestígio e espaço acadêmico com o movimento da educação nova a partir dos anos 1920, mais tarde com o tecnicismo educacional, depois com a onda crítico-reprodutivista dos anos 1970/1980. Mais recentemente, a carga de contestação vem do chamado pensamento pós-moderno. Estudos recentes têm mostrado as ligações entre pedagogia e modernidade, destacando o atrelamento do discurso pedagógico corrente à visão iluminista de educação (entre outros, Lyotard, 1988; Market, 1986; Silva, 1994; Giroux, 1993; Libâneo, 1995), a partir do que se alinham posições ora de ruptura com o ideário da modernidade ora de entendimento da modernidade e a pós-modernidade como momentos coexistentes. Efetivamente, a condição pós-moderna põe à educação desafios bastante concretos. A pedagogia, herdeira e refém dos ideais da modernidade, precisa continuar postulando seus ideais numa perspectiva crítica, todavia "no interior das condições de existência do mundo pós-moderno e não em oposição a elas" (Giroux, 1993).

É certo que as práticas educativas não suportam mais certezas absolutizadas, mas é impossível à pedagogia ceder ao relativismo ético. No âmbito da atividade pedagógica, marcos teóricos e morais são cruciais, pois a todo momento são requeridas opções sobre o destino humano, tipo de sujeitos a formar, o futuro da sociedade humana. A pedagogia, do mesmo modo que outras ciências práticas como a ética e a política, realiza atividades envolvendo relações entre pessoas e grupos sociais, de modo que carrega consigo uma intencionalidade voltada para finalidades formativas implicando um comprometimento moral de seus agentes. Se é verdade que os caminhos da formação humana são hoje mais espinhosos, entre outras razões porque não dispomos de tantas certezas como em outros tempos, por outro lado, não há motivos sólidos para renunciar à necessidade de formar sujeitos racionais mediante a valorização da razão crítica, o resgate do sentido da busca da autonomia e a afirmação de uma ciência não absolutizada conectada ao contexto social e cultural (Rouanet, 1986).

O mundo contemporâneo não apenas apresenta-se como sociedade pedagógica (Beillerot, 1985), como pede ações pedagógicas mais definidas, implicando uma capacitação teórica e profissional de pedagogos e professores muito além daquela que apresentam hoje. Diferentemente de filósofos, sociólogos, historiadores da educação (que hoje, aliás, são maioria nas faculdades de educação), pedagogos e professores exercem uma atividade genuinamente prática, implicando capacidade de decisão, conhecimentos operativos e compromissos éticos. Para isso, sua inserção na condição pós-moderna os obriga a uma abertura científica e tecnológica, de modo a desenvolver uma prática investigativa e profissional interdisciplinar. Precisamente porque a pedagogia envolve trabalho com uma realidade complexa, faz-se necessário que invista na explicitação da natureza do seu objeto, no refinamento de seus instrumentos de investigação, na incorporação dos desenvolvimentos científicos e tecnológicos, bem como que se insira na gama de práticas e movimentos sociais de cunho intercultural e transnacional referentes à luta pela justiça, pela solidariedade, pela paz e pela vida.

Mas essa síntese interdisciplinar é apenas um passo prévio para definir o que é próprio da pedagogia, ou seja, investigação da realidade educativa visando, mediante conhecimentos científicos, filosóficos e técnico-profissionais, à explicitação de objetivos e formas de intervenção metodológica e organizativa relacionados com a transmissão/assimilação ativa de saberes. Ressalta-se aí a intencionalidade educativa própria de toda prática social, pois a pedagogia envolve intervenção humana e, portanto, um comprometimento moral de quem a realiza. É mediante esse caráter ético-normativo que ela pode formular princípios e diretrizes que dão coerência à contribuição das ciências da educação quando estas colocam a ação educativa como referência para suas investigações. Esse papel não pode ser atribuído a qualquer uma das ciências da educação, indiscriminadamente, embora todas possam dar sua contribuição no limite de suas peculiaridades. Além disso, a intencionalidade da prática educativa tem implicações diretas no posicionamento crítico do educador que representa o elo fundamental no processo de formação cultural e científica das novas gerações.

Essas são algumas exigências contemporâneas da formação profissional dos pedagogos e dos professores. Em face da amplitude e complexidade que vão assumindo as práticas educativas na sociedade globalizada, outras instâncias e agentes do processo educativo vão se constituindo forçando o crescimento dos sistemas educacionais e abrindo campos de atuação profissional do pedagogo nos âmbitos escolar e extraescolar, antes impensáveis.

No âmbito do *escolar*, além dos professores do ensino público e privado em escolas, há aqueles que passam a atuar em atividades docentes fora da escola convencional. Ampliam-se tarefas educativas especializadas requerendo especialistas não docentes para atuar no sistema de ensino e nas escolas (gestores do sistema escolar, pesquisadores, planejadores, supervisores, coordenadores de ensino, administradores, orientadores educacionais, psicopedagogos). Destacam-se cada vez mais os especialistas em atividades pedagógicas paraescolares em órgãos públicos, privados ou públicos não estatais (associações oficiais ou não governamentais, educação de adultos, serviços de assistência a alunos com dificuldades escolares, educação de menores fora da escola etc.).[14]

No âmbito do *extraescolar*, já se delineiam de forma mais explícita atividades pedagógicas em órgãos públicos estatais e não estatais, empresas, meios de comunicação, igrejas, organizações não governamentais. Podem distinguir-se aqui profissionais que exercem sistematicamente atividades pedagógicas (distintas daquelas que se realizam nas escolas convencionais) e os que ocupam parte de seu tempo nesse tipo de atividades. No primeiro caso, teríamos formadores, instrutores, animadores culturais, trabalhadores sociais, organizadores, orientadores operando em atividades ligadas à cultura e à divulgação científica, ao lazer e desportos, à saúde e cultura corporal, alimentação, promoção social, programas educativos e infantis da televisão e rádio, produção de vídeos, jogos e brinquedos, ao turismo etc. No segundo caso, teríamos formadores ocasionais que ocupariam apenas parte de seu tempo em atividades de transmissão/assimilação de saberes e técnicas ligadas a outras atividades profissionais especializadas, como é o caso de engenheiros, administradores, médicos etc., que exercem tarefas de supervisão do trabalho ou ensino a trabalhadores ou estagiários em seu local de trabalho.

---

14. A expressão *sociedade pedagógica* é título do livro de Beillerot (1985) e para agrupar as atividades pedagógicas utilizei-me livremente das rubricas indicadas por esse autor (p. 25 e ss.).

Obviamente, não se está pretendendo explicar a sociedade pela pedagogia, mas é evidente a tendência de pedagogização da sociedade (não é casual a menção cada vez mais frequente à *sociedade do conhecimento*), ainda que esse fenômeno envolva a ação de múltiplos agentes sociais, variadas interpretações teóricas e ações inter e transdisciplinares. O que se quer ressaltar é a efetiva ampliação do conceito de educação, a diversificação de atividades educativas e, em consequência, da ação pedagógica em múltiplas instâncias. Para o enfrentamento de exigências colocadas pelo mundo contemporâneo são requeridos dos educadores novos objetivos, novas habilidades cognitivas, mais capacidade de pensamento abstrato e flexibilidade de raciocínio, capacidade de percepção de mudanças. Para tanto, repõe-se a necessidade de formação geral e profissional implicando o repensar dos processos de aprendizagem e das formas do aprender a aprender, a familiarização com os meios de comunicação e o domínio da linguagem informacional, o desenvolvimento de competências comunicativas e capacidades criativas para análise de situações novas e cambiantes.

Impõe-se, assim, de forma crucial a reconstrução da pedagogia e a ampliação do campo de ação profissional do pedagogo (especialista em educação) paralelamente a um expressivo esforço de organização de um sistema nacional de formação inicial e continuada de professores para o ensino fundamental e médio, tal como se tem pensado em países europeus e alguns latino-americanos. O desenvolvimento da ciência pedagógica e a reflexão teórica sobre a problemática educativa na sua multidimensionalidade, entretanto, seria o pressuposto para a reconfiguração da identidade profissional dos professores, para além de sua especialização na ciência/ matéria de ensino em que deve ser formado. Há, assim, evidências de que a pedagogia e o curso de formação profissional que lhe corresponde não só não esgotou suas possibilidades de investigação teórica como têm pela frente grandes tarefas sociopolíticas.

Referências bibliográficas

ALVES, Nilda. Formação do jovem professor para a educação básica. *Cadernos Cedes*, São Paulo, Cortez/Cedes, 1986. (O profissional do ensino: debates sobre sua formação, n. 17.)

ANFOPE. *Documento final*. Encontro Nacional do Projeto de Reformulação dos cursos de preparação de Recursos Humanos para a Educação, 1983.

_____. *Documento final*. VII Encontro Nacional, Niterói, 1994. ANÍSIO, Pedro. *Tratado de pedagogia*. Rio de Janeiro: Editora da Organização Simões, 1955.

BEILLEROT, Jackie. *A sociedade pedagógica*. Lisboa: Rés, 1985.

BENEDITO, Vicente. *Introducción a la didáctica. Fundamentación teórica y diseno curricular*. Barcelona: Barcanova, 1987.

BERNARDO, Maristela V. C. O surgimento e a trajetória da formação do professor secundário nas universidades estaduais paulistas. In: _____ (Org.). *Formação do professor*: atualizando o debate. São Paulo: Educ, 1989.

BOMENY, Helena. Faculdades de Educação, cursos de pedagogia e crise do ensino. *Ensaio: Aval. Pol. Públ. Educ.*, Rio de Janeiro, v. 3, n. 6, p. 87-112, jan.-mar. 1995.

BONILHA, Estatuto de cientificidade da Pedagogia. In: PIMENTA, Selma G. (Org.). *Pedagogia, ciência da educação?* São Paulo: Cortez, 1996.

BRASIL. Ministério da Educação e Cultura — Conselho Federal de Educação. *Currículos mínimos dos cursos superiores*. Sep. das Documenta, n. 33. Rio de Janeiro, 1970. (Par. n. 161/86.)

BRZEZINSKI, Íria. Formação de professores: Dilemas e perspectivas, contradições e ambiguidades no curso de pedagogia. Do professor primário ao professor primário. In: ENCONTRO NACIONAL DE DIDÁTICA E PRÁTICA DE ENSINO, 7. Anais..., Goiânia, v. 11, 1994.

CAMPOS, Paulo de A. A Faculdade de Educação na atual estrutura universitária brasileira. *Revista Brasileira de Estudos Pedagógicos*, Inep/MEC, v. 53, n. 118, abr.-jun. 1970.

CARRASCO, Joaquín G. *La ciencia de la educación. Pedagogos, para qué?* Madri: Santillana, 1985.

CASTRO, Amélia D. de. A licenciatura no Brasil. Sep. da *Revista de História* (USP), n. 100, p. 634-5, 1974.

CASTRO, Amélia D. de. É possível prever o futuro dos estudos pedagógicos no Brasil? *Revista Didata*, São Paulo, n. 5, 1976.

CHAGAS, Valnir. A Faculdade de Educação e a renovação do ensino superior. *Revista Brasileira de Estudos Pedagógicos*. Inep/MEC, v. 47, n. 105, jan.-mar. 1967.

_____. *Formação do magistério*: novo sistema. São Paulo: Atlas, 1976.

CHAVES, Eduardo O. C. O curso de pedagogia: um breve histórico e um resumo da situação atual. *Cadernos do Cedes*. A formação do educador em debate. São Paulo, v. 1, n. 2, p. 47-69, 1981.

CURY, Carlos R. J. *Educação e contradição*. São Paulo: Cortez/Autores Associados, 1985.

DEWEY, John. *La ciencia de la educación*. Buenos Aires: Losada, 1968.

_____. *Democracia e educação*. São Paulo: Nacional, 1979.

DOMINGO, José C. *Enseñanza, currículum y profesorado — Introducción crítica a la didáctica*. Madri: Akal, 1991.

ESTRELA, Albano C. *Pedagogia ou ciência da educação?* Porto: Porto Editora, 1992.

FREITAS, Luís C. Projeto histórico, ciência pedagógica e "didática". *Educação & Sociedade*, Campinas, n. 27, p. 122-40, set. 1987.

GIROUX, Henry A. O pós-modernismo e o discurso da crítica educacional. In: SILVA, Tomaz T. da (Org.). *Teoria educacional crítica em tempos pós-modernos*. Porto Alegre: Artes Médicas, 1993.

KLINGBERG, Lothar. *Introducción a la didáctica general*. Ciudad de la Habana: Editorial Pueblo y Educación, 1977.

LIBÂNEO, José C. *Democratização da escola pública*. A pedagogia crítico-social dos conteúdos. São Paulo: Loyola, 1985.

_____. *Fundamentos teóricos e práticos do trabalho docente*. Estudo introdutório sobre Pedagogia e Didática. Tese (Doutorado). Pontifícia Universidade Católica, São Paulo, 1990.

_____. *Didática*. São Paulo: Cortez, 1992a.

_____. Os significados da educação, modalidades de prática educativa e a organização do sistema educacional. *Revista Inter-Ação*. Goiânia, Fac. de Educ. UFG, v. 16, ns. 1-2, 69-90, jan.-dez. 1992b.

_____. Contribuição das Ciências da educação na constituição do objeto de estudo da Didática. In: ENCONTRO NACIONAL DE DIDÁTICA E PRÁTICA DE ENSINO (Endipe), 7., *Anais...*, Goiânia, p. 65-78, 1994.

_____. Pedagogia e modernidade: presente e futuro da escola. *Seminário Nacional Infância, Escola, Modernidade*. Universidade Federal do Paraná, 1995.

LIBÂNEO, José C. Que destino os educadores darão à pedagogia? In: PIMENTA, Selma G. (coord.). *Pedagogia, ciência da educação?* São Paulo: Cortez, 1996.

LYOTARD, Jean-François. *O pós-moderno*. Rio de Janeiro: José Olympio, 1988.

MANACORDA, Mario A. Entrevista concedida a Maria de Lourdes de Camalis. *Ande* (Rev. Ass. Nac. Educ.), São Paulo, n. 10, 1986.

MARKET, Werner. Ciência da educação entre modernidade e pós-modernismo. *Revista Brasileira de Estudos Pedagógicos*. Brasília, v. 67, n. 156, p. 306-19, maio-ago. 1986.

MARQUES, Mario O. *A formação do profissional da educação*. Ijuí: Editora Unijuí, 1992.

MARX, Karl. *O capital*. São Paulo: Difel, v. I, L. 2, 1982.

MAZZOTTI, Tarso B. Estatuto de cientificidade da pedagogia. In: PIMENTA, Selma G. (coord.). *Pedagogia, ciência da educação?* São Paulo: Cortez, 1996.

MELLO, Guiomar N. de. *Magistério de 1º grau*: da competência técnica ao compromisso político. São Paulo: Cortez/Autores Associados, 1982.

_____ et al. As atuais condições de formação do professor de 1º grau: algumas reflexões e hipóteses de investigação. *Cadernos de Pesquisa*, São Paulo, n. 45, p. 71-8, maio 1983.

MIALARET, Gaston. *As ciências da educação*. Lisboa: Moraes, 1976.

_____. *Pédagogie générale*. Paris: Presses Universitaires de France, 1991.

NAGLE, Jorge. A extinção do curso de pedagogia e a preparação de especialistas em educação. *Educação & Sociedade*, São Paulo, n. 3, Cortez/Autores Associados/Cedes, maio 1979.

NÓVOA, António. *As Ciências da Educação e os Processos de Mudança*. In: PIMENTA, Selma G. (coord.). *Pedagogia, ciência da educação?* São Paulo: Cortez, 1996.

PAIVA, Vanilda P. *Educação popular e educação de adultos*. São Paulo: Loyola, 1983.

PENTEADO, José de A. *A consciência didática no pensamento pedagógico de Rui Barbosa*. São Paulo: Nacional, 1984.

PIMENTA, Selma G. *O pedagogo na escola pública*. São Paulo: Loyola, 1988.

_____ (coord.) *Pedagogia, ciência da educação?* São Paulo: Cortez, 1996.

PIMENTA, Selma G. Para uma re-significação da didática. Ciências da educação, pedagogia e didática — Uma revisão conceitual e uma reflexão provisória. In: ENCONTRO NACIONAL DE DIDÁTICA E PRÁTICA DE ENSINO, 7 (Endipe). *Anais...*, Florianópolis, 1996b.

REIS FILHO, Casemiro. *A educação e a ilusão liberal*. São Paulo: Autores Associados/Cortez, 1981.

ROUANET, Sérgio P. Do pós-moderno ao neomoderno. *Tempo Brasileiro*, Rio de Janeiro, n. 84, p. 86-97, jan.-mar. 1986.

SANTOS, Theobaldo M. *Noções de didática geral*. São Paulo: Nacional, 1958.

SARRAMONA, Jaime; MARQUES, Salomó. *¿Qué es la pedagogia?* Barcelona: Ediciones Ceac, 1985.

SAVIANI, Durmeval. Tendências e correntes da educação brasileira. In: TRIGUEIRO, Durmeval. *A filosofia da educação no Brasil*. Rio de Janeiro: Civilização Brasileira, 1983.

_____. *Escola e democracia*. São Paulo: Cortez, 1984a.

_____. *Pedagogia histórico-crítica*: primeiras aproximações. São Paulo: Autores Associados, 1994b.

SCHIMIED-KOWARZIK, Wolfdietrich. *Pedagogia dialética*. São Paulo: Brasiliense, 1983.

SEVERINO, Antônio, J. Formação profissional do educador: pressupostos filosóficos e implicações curriculares. *Ande*, n. 17, p. 29-40, 1991.

_____. O campo do conhecimento pedagógico e a interdisciplinaridade. *Encontro de pedagogia e de disciplinas pedagógicas da licenciatura*. Goiânia, 1995. (Mimeo.)

SUCHODOLSKI, Bogdan. *La educación humana del hombre*. Barcelona: Laia, 1977.

SUCUPIRA, Newton. Da Faculdade de Filosofia à Faculdade de Educação. *Revista Brasileira de Estudos Pedagógicos*, MEC/Inep, v. 51, n. 114, abr.-jun. 1969.

SILVA, Carmen S. B. da. A reforma universitária e o curso de pedagogia: determinações e limites. *Didática*, São Paulo, n. 24, p. 31-45, 1988.

SILVA, Rose N. et al. *Formação de professores no Brasil*: um estudo analítico e bibliográfico. São Paulo: Fundação Carlos Chagas/Reduc, 1991.

SILVA, Tomaz T. O adeus às metanarrativas educacionais. In: ENCONTRO NACIONAL DE DIDÁTICA E PRÁTICA DE ENSINO, 7 (Endipe). *Anais...*, Goiânia, 1994.

TEIXEIRA, Anísio. *Educação progressiva.* São Paulo: Nacional, 1950.

VAZQUEZ, Adolfo S. *Filosofia da práxis.* Rio de Janeiro: Paz e Terra, 1977.

VISALBERGHI, Aldo. *Pedagogia e scienze dell'educazione.* Milão: Arnoldo Mondadori Editore, 1983.

VON CUBE, Felix. *La ciência de la educación.* Barcelona: Ediciones Ceac, 1981.

WARDE, Miriam J. A estrutura universitária e a formação de professores. *Perspectiva* (Rev. C. de Ciências da Educação, UFSC), n. 20, p. 127-43, ago.-dez. 1993.

WILLMANN, Otto. *A ciência da educação.* Porto Alegre: Globo, 1952.

A PESQUISA EM DIDÁTICA NO BRASIL

da tecnologia do ensino à teoria pedagógica

*Maria Rita Neto Sales Oliveira**

O objetivo deste texto é o de abordar a questão da pesquisa na área da didática no Brasil, focalizando, sobretudo, o tema de aspectos epistemológicos que permeiam a investigação na área, no interior da sua produção teórico-prática, a partir da segunda metade do século XX. Os aspectos epistemológicos abordados referem-se principalmente a questões sobre o tratamento do ensino segundo diferentes perspectivas, fundadas em diferentes concepções de conhecimento, presentes nos âmbitos da prática da investigação propriamente dita, da sistematização teórica e da prática do ensino da didática. A abordagem desse tema será precedida de uma visão geral da produção intelectual da didática, com o objetivo de apresentar, de forma sintética, características do conteúdo dessa área que vem, ao mesmo tempo, sendo cons-

---

* Professora titular da Faculdade de Educação da Universidade Federal de Minas Gerais e Professora Associada do Centro Federal de Educação Tecnológica de Minas Gerais. E-*mail*: mariarita2@dppg.cefetmg.br.

truído pela prática da pesquisa e determinando-lhe os rumos. Um último tópico do texto abordará a questão da pesquisa em didática, no Brasil, na década atual. O conteúdo do texto possui como fontes principais:

— três *pesquisas integrativas*, na acepção de Jackson (1980),[1] sobre a produção intelectual na área da didática no Brasil, envolvendo o período de 1950 a 1990 (Oliveira, 1988a, 1992, 1993b);

— estudo do material do arquivo do Grupo de Trabalho (GT) de Metodologia Didática da Associação Nacional de Pós-Graduação e Pesquisa em Educação (ANPEd), contendo informações sobre pesquisas na área, no período de 1990 a 1993, e textos dos trabalhos selecionados para apresentação em reuniões do GT, no mesmo período (Oliveira, 1994b).[2]

As opções aqui expressas acerca do tratamento da temática da pesquisa neste texto devem-se principalmente a fatores cuja explicação, tal como será apresentada a seguir, tem como propósito justificar a interpretação aqui feita sobre a questão da pesquisa em didática no Brasil, facilitando a sua apreensão pelo leitor.[3]

---

1. A partir da década de 1980, a produção intelectual da didática no Brasil é visivelmente marcada por estudos integrativos cujo objetivo é o de captar a dinâmica de evolução dessa área a partir de análise *integrativa* de seus estudos.

2. Esse GT foi criado na 5ª Reunião Anual da ANPEd, em 1982, a partir da necessidade, detectada por estudos e pesquisas, no sentido de os estudiosos da didática se unirem para uma revisão crítica da teoria e da prática pedagógica escolar no Brasil. O estudo das atividades e dos trabalhos desenvolvidos pelo GT, desde a criação, em 1982, até hoje, evidencia a sua coerência com características do desenvolvimento da área, no período mencionado, que serão aqui discutidas.

3. É claro que essa leitura é *uma* das leituras possíveis da situação da pesquisa aqui tratada e que expressa a posição da autora como sujeito histórico. Dado o fato de o texto ser construído *a priori* para um público-alvo que envolve, também, pesquisadores não brasileiros, algumas informações já bastante conhecidas no país e divulgadas na literatura pedagógica brasileira serão aqui retomadas.

1. Tratamento do tema

Em primeiro lugar, por que focalizar aspectos epistemológicos no estudo sobre a pesquisa em didática?

Apesar das divergências quanto ao objeto de estudo da didática, presentes em discussões principalmente na década de 1980, no interior do denominado movimento de revisão crítica da área, no Brasil,[4] esta vem tratando historicamente de temas relativos ao ensino, conforme identificam Castro (1991) e Warde (1991). E ensino envolve, necessariamente, o enfrentamento das questões de como ocorre o conhecimento e da justificação e validação de resultados cognoscitivos, implicando, portanto, a dimensão epistemológica.

Além disso, a pesquisa sobre a própria produção teórico-prática na área (Oliveira, 1988b, 1989) vem evidenciando que as divergências mencionadas, tal como ocorre em outras áreas do conhecimento, expressam o caráter histórico do processo de desenvolvimento da área e diferentes posições epistemológicas que a ele se relacionam.[5]

---

4. Esse movimento, que foi, segundo Soares (1988, p. 15), *inaugurado* no I Encontro Nacional de Professores de Didática, em 1972, e que teve seu "momento culminante" no 1º Seminário "A didática em questão", em 1982, encontra-se amplamente discutido na produção da área da didática (Ogiba, 1990; Oliveira, 1992).

5. Em estudo relativamente recente (Bombassaro, 1994), apresentado no VII Encontro Nacional de Didática e Prática de Ensino (VII ENDIPE), argumenta-se sobre o valor da discussão epistemológica na área da educação. Essa discussão envolve estímulo à superação de erros, percepção do caráter inacabado da própria ciência, possibilidade de melhor compreensão da relação entre teoria e prática e entre o lógico e o histórico na área, e possibilidade quer de melhoria na ação educativa quer do aprimoramento na compreensão da atividade humana chamada conhecimento. A propósito dos Encontros Nacionais de Didática, de 1982 a 1994 foram realizados sete deles:

— I Seminário "A didática em questão" (realizado na Pontifícia Universidade Católica, Rio de Janeiro, 1982).

— II Seminário "A didática em questão" (realizado na Pontifícia Universidade Católica, Rio de Janeiro, 1983).

Também, discutir a questão da pesquisa numa dada área sugere que se trate do seu processo metodológico de produção científico-tecnológico, que se entende implicado por uma dada concepção de conhecimento.

Finalmente, a análise de estudos integrativos existentes sobre as sistematizações e as práticas na área da didática, no Brasil, no período da década de 1950 até o final da década de 1980 (Candau, 1984; Candau et al., 1986; Oliveira, 1988a, 1992; Veiga, 1989, 1990; Castro, 1992; André, 1992b), evidencia a concentração deles em torno da denúncia das visões parciais na abordagem do ensino, do caráter ideológico e das limitações epistemológicas na área. Discute-se a pretensa neutralidade e a falta de cientificidade da didática, enfatizando-se, neste último caso, discussões sobre a identificação de seu objeto e as relações entre a didática e outros campos de estudo. Mas, na literatura da área, é rara a existência de reflexões epistemológicas sobre as concepções de conhecimento que permeiam a constituição da didática.

Assim, considera-se apropriado que se focalize, neste estudo, os aspectos epistemológicos mencionados, quer pela natureza do objeto de estudo da área da didática e das discussões referentes a ele, quer pela natureza do próprio tema tratado neste texto, e quer, ainda, pela importância de se enriquecerem estudos integrativos na área, de forma

---

— III Seminário "A didática em questão" (realizado na Universidade de São Paulo, São Paulo, 1985).

— IV Encontro Nacional de Didática e Prática de Ensino (promovido pela Universidade Católica de Pernambuco, Recife, 1987).

— V Encontro Nacional de Didática e Prática de Ensino (V ENDIPE) (realizado na Universidade Federal de Minas Gerais, Belo Horizonte, 1989).

— VI ENDIPE (promovido pela Universidade Federal do Rio Grande do Sul, Porto Alegre, 1991).

— VII ENDIPE (promovido pela Universidade Federal de Goiás e Universidade Católica de Goiás, Goiânia, 1994).

a se ampliar a compreensão dessa e a sua contribuição ao entendimento e à condução de uma prática pedagógica crítica na escola brasileira, comprometida com a superação das relações de exploração, opressão e dominação.

Já a abrangência das discussões neste texto, que envolvem o período da segunda metade do século XX até a década atual, e que abordam em um tópico particular esta última década, é fruto das condições subjetivo-objetivas da elaboração do presente estudo.

Interessa tratar da área da didática no Brasil em suas construções mais atuais. A abrangência mencionada indica, também, a realidade de condições diferentes da pesquisa na área.

Em primeiro lugar, há várias pesquisas sobre a produção teórico-prática na didática, no Brasil, construída a partir da segunda metade do século XX, o que não ocorre para o caso de épocas anteriores. E essas pesquisas, como a de Oliveira (1988a), ao discutirem as determinações históricas da didática *atual*, que a explicam, fazem menções pouco extensas e profundas às construções anteriores da área, em relação às quais não abordam a produção brasileira em particular. Assim, a impossibilidade objetiva, neste estudo, de resgatar épocas anteriores foi um dos fatores determinantes do período que ele envolve. Além disso, o conteúdo da exaustiva pesquisa de Libâneo (1990) sobre pedagogia e didática, que focaliza com extensão e profundidade a produção pedagógica no âmbito do ideário e da prática da escola brasileira, como até mesmo os próprios limites, que o autor menciona, em relação às fontes por ele utilizadas, evidenciam que a construção da área da didática propriamente dita, no Brasil, se fez, de forma sistemática, a partir da década de 1950.

Em segundo lugar, em relação à década atual, se, de um lado, já se pode afirmar que a pesquisa mantém as características do período anterior e evidencia uma certa consolidação de tendências anteriores, de outro lado, é evidente que a década anuncia novas perspectivas. Entretanto, apesar da quantidade razoável de estudos, não se pode afirmar muito acerca da caracterização sintética dessas perspectivas, dadas as suas condições de elaboração e reelaboração recentes, ainda não submetidas a uma análise mais extensa e profunda, o que já não ocorre com a produção da segunda metade do século XX até 1980.

2. Visão geral da produção na área da didática

De Comênio até o princípio do século XIX, predominou, na área da didática, um conteúdo cujas preocupações principais eram as questões das finalidades da educação e do ensino e dos conteúdos culturais a serem dominados pelos homens. No entanto, do século XIX até a primeira metade do século XX, esse conteúdo vai, pouco a pouco, reduzindo-se a métodos e técnicas para ensinar e apresentar informações aos alunos, em salas de aula, desvinculando de ênfases sobre as finalidades do processo do ensino, propondo-se o método experimental de pesquisa para a construção do saber didático.

No Brasil, a partir da segunda metade do século XX, são desenvolvidas sérias críticas a essa didática, e são construídas propostas cujo desenvolvimento expressa três grandes momentos do processo de construção do saber didático: o da sua construção na perspectiva do liberalismo, o da negação do momento anterior e o da sua reconstrução na perspectiva progressista. Esses momentos expressam o contexto sociopolítico e econômico brasileiro, no qual vem se construindo a didática, e cujas características têm sido bastante tratadas no interior da pesquisa na própria área da didática (Oliveira, 1988a, 1988b, 1992; Veiga, 1989).

No primeiro momento, cujo marco temporal é o período do início da década de 1950 até a primeira metade da década de 1970, as sistematizações e as práticas didáticas apresentam como características principais: a defesa do princípio da neutralidade científica e pedagógica e o privilégio de questões metodológicas — procedimentos e técnicas de ensino ou recursos vários que buscam garantir ou facilitar a aprendizagem dos alunos, fundamentalmente entendidos a partir de uma concepção abstrata de homem e sociedade. Dentro disso, as sistematizações e práticas na área da didática enfatizam um caráter *prescritivo* para essa área. As questões metodológicas se agrupam em torno do tratamento dos momentos do processo pedagógico na sala de aula — planejamento, execução e avaliação — e dos seus elementos: objetivos, aluno, professor, matéria, método.

O período seguinte — da segunda metade da década de 1970 até o início da segunda metade da década de 1980 — possui como marco inicial a realização do Simpósio sobre Discurso Pedagógico, que ocorreu na XXVII Reunião Anual da Sociedade Brasileira para o Progresso da Ciência (SBPC), em Belo Horizonte. Durante o Simpósio, questiona-se o objeto de estudo e a metodologia de investigação da área da didática, salientando-se, em particular, a inexistência de uma linguagem própria na área. E, como consequência dessa inexistência, Soares aponta:

> (...) a distorção dos fenômenos peculiares da instrução a fim de que se adaptem a essa linguagem de empréstimo e a imposição, pelo uso da linguagem que não lhe é própria, de diretrizes à reflexão didática, levando à adoção de estruturas de pensamento próprias de outros campos fenomenológicos (1976, p. 160).

A partir de então, o saber didático caracteriza-se também por aquelas críticas acerca de suas limitações epistemológicas e de seu caráter parcial e ideológico. Dentro disso, denuncia-se a funcionalidade desse saber em relação ao papel do ensino e da escola ligado à reprodução das relações sociais de produção e, consequentemente, à manutenção do sistema socioeconômico e político brasileiro vigente. As sistematizações e as práticas na didática, que se dispõem a superar as críticas feitas, e que vão sendo construídas paralelamente a tais críticas e a um conteúdo ainda bastante prescritivo pelo menos no interior da prática do ensino de didática, ganham predominância sobre as críticas e a prática prescritiva já no final do período, para o que foi um fator importante a realização do I Seminário "A didática em questão" em novembro de 1982. Essas sistematizações e práticas assumem a característica de serem *descritivas e explicativas* sobre a realidade do ensino na escola brasileira. Assim, o período é marcado, de um lado, pela negação do saber didático em si mesmo considerado e, de outro, pela busca de sua validade e organicidade na *descrição e explicação* dos subprocessos e elementos do processo pedagógico na sala de aula, no seio das tendências ou teorias pedagógicas.

Nesse período, as discussões em torno da construção de uma nova didática vão se sintetizando em propostas que adquirem maior sistematização a partir de 1987, quando se realiza o IV Encontro Nacional de Didática e Prática de Ensino. Nesse momento, ocorre a integração dos seminários nacionais das áreas de didática e de prática de ensino,[6] como indicador da busca de uma inter-relação mais sistemática

---

6. As áreas de didática e de prática de ensino estão presentes no currículo dos cursos de licenciatura, desde seus inícios, no país. Pelo Decreto-lei n. 1.190 de 4/4/1939, esse currículo deveria envolver, entre outras, as disciplinas de didática geral e didática especial. O Parecer/CFE n. 292 de 14/11/62 suprime a didática especial e acrescenta a prática de ensino sob a forma de estágio supervisionado. Os

por parte dessas áreas, e as discussões desenvolvidas demonstram o delineamento de superação do momento de crítica vivido.

No terceiro momento, após a segunda metade da década de 1980, o saber didático caracteriza-se, pouco a pouco, por discutir questões tanto de caráter metodológico quanto ideológico e epistemológico, assumindo papel de mediador, com ênfase ou no relacionamento entre conhecimento sistematizado e saber escolar, ou na relação entre práticas produtivas no contexto social mais amplo e práticas pedagógicas na escola, ou, ainda, com ênfase em ambas as situações. Tais ênfases referem-se a diferentes posições na área. Segundo estas, a didática assume um caráter mais *prescritivo* ou mais *descritivo-explicativo*, mas sempre defendendo: a) a ruptura com o tecnicisrrio pedagógico do momento liberal; b) o compromisso com a democratização da escola pública, com o ensino voltado para os interesses das classes populares e, consequentemente, com a negação das relações de exploração, de opressão e de dominação, no seio de um dado projeto histórico de sociedade, nem sempre consensual ou até mesmo explícito; c) o não desconhecimento do papel que o ensino e a escola vêm assumindo no sentido de favorecerem, ao mesmo tempo, a reprodução e a transformação social. Nesse terceiro momento, encontra-se, ainda, a afirmação do caráter prático da didática, que busca atender a demandas feitas à área pedagógica sobre o desenvolvimento da prática do ensino, no dia a dia da escola brasileira.

Esse processo de desenvolvimento da área da didática vem permeado por posições diferentes acerca do tratamento do ensino, que podem ser sintetizadas, tal como discutido no próximo tópico.

---

currículos passam a incluir a área da didática especial sob diferentes formas, tais como: prática de ensino *com* estágio ou somente *sob* a forma de estágio.

3. Ensino na perspectiva do processo de aprendizagem e de desenvolvimento do aluno e na perspectiva da prática social

Uma explicação necessária[7]

A opção por focalizar aspectos epistemológicos que permeiam a investigação na área da didática no Brasil sugere que se abordem os *paradigmas* relativos à pesquisa na área.

No entanto, sem desconhecer a validade dos estudos e das discussões recentes que se vêm desenvolvendo no Brasil, na área da educação em geral, sobre os temas da identificação, da análise e da crise de paradigmas,[8] prefiro referir-me a posições na área da didática e não a *paradigmas*. E isto porque o termo paradigma, na acepção contemporânea, a partir de Kuhn (1975), traz em si mesmo dificuldades epistemológicas. Essas vão desde a sua utilização com sentidos diferentes como o faz o próprio Kuhn (1975), ou como é feito na literatura pedagógica (Guba & Lincoln, 1982; Macedo, 1993), passando pelas divergências sobre questões de abrangência e propriedade na sua aplicação em certos contextos (Domingues, 1986; Moreira, 1990), até a dificuldade de se caracterizar o desenvolvimento da área da didática a partir do conceito de paradigma, sobretudo dada a diversidade de propostas na área. Além disso, referir-me a *posições*

---

7. Esse subtópico e os dois seguintes reproduzem, com algumas alterações, texto apresentado no VII ENDIPE (Oliveira, 1994a).

8. Cumpre salientar a discussão sobre esses temas em encontros de pesquisadores e professores no país, entre os quais se destacam: o seminário "A crise dos paradigmas e a educação" promovido pelo Departamento de Educação da Pontifícia Universidade Católica do Rio de Janeiro, em março de 1993 (Brandão, 1994); a 16ª Reunião Anual da ANPEd, realizada em setembro de 1993, cuja temática central foi "Paradigmas, avaliação e perspectivas" (ANPEd, 1993); e o VII ENDIPE, que abordou o tema de paradigmas nas suas duas mesas-redondas e em vários simpósios (VII ENDIPE, 1994).

traz a vantagem de não deixar dúvidas acerca do fato de que as opções na área de didática implicam compromissos, intencionalidade.

As reflexões aqui apresentadas possuem como antecedentes a identificação de duas posições, na área da didática, já tratadas por ocasião do V[9] e VI ENDIPEs, quando Arroyo (1989) e Freitas (1991) apontavam dois caminhos na construção da teoria e da prática na didática: um centrado no processo formativo de desabrochar o indivíduo no interior da escola e, outro, nos processos educativos da prática social em que o trabalho concreto produtivo e reprodutivo da existência humana, material e cultural, aparece como categoria fundamental à construção de uma nova didática.

Neste estudo, reitera-se essa constatação e busca-se readjetivar as duas posições explicitadas, mas, agora, à luz de uma reflexão epistemológica e considerando a evolução da área da didática propriamente dita, desde então, em cujo interior as construções teórico-práticas sobre o ensino, a rigor, se caracterizam por se aproximarem ou distanciarem, mais ou menos, de uma ou outra das posições apontadas.

Sendo assim, podem-se identificar duas grandes posições na teoria e na prática relativas ao processo do ensino na escola brasileira. Elas se referem ao tratamento desse processo tendo como ponto de partida o objetivo do ensino ligado à aprendizagem e ao desenvolvimento do aluno (1ª posição) ou a sua característica de prática social que implica trabalho humano de formação do homem pelo homem (2ª posição).

---

9. Segundo Freitas (1991, p. 44), o V ENDIPE representou "um divisor de águas" na área da didática, uma vez que nele se defende, como essencial à superação da teoria pedagógica da Escola Capitalista, o relacionamento da questão da teoria pedagógica com a questão da organização do trabalho pedagógico na escola, o qual se relaciona com a organização do processo de trabalho capitalista vigente.

O ensino na perspectiva do processo de aprendizagem e de desenvolvimento do aluno

Nesse caso, a produção teórico-prática sobre o ensino tem como ponto de partida e de chegada as contribuições da psicologia nas subáreas da psicologia da aprendizagem, ou da psicologia do desenvolvimento ou, ainda, da psicologia da personalidade. Em todo esse universo, podem-se apontar três alternativas predominantes, relacionadas a três matrizes epistemológicas. Essas matrizes explicam o processo do conhecimento de forma diferente, segundo o papel atribuído ao sujeito e ao objeto do conhecimento.

Numa primeira visão epistemológica, a relação entre o sujeito e o objeto é interpretada num contexto em que o objeto é considerado como realidade e determina a aquisição do conhecimento pelo sujeito — agente passivo — que adquire o conhecimento — uma cópia do objeto. Segundo uma outra visão, o sujeito — ativo — atribui realidade ao objeto e desenvolve o conhecimento sobre ele. O conhecimento é, então, um complexo de estruturas e processos psicológicos ou um conjunto de pensamentos, de juízos. Finalmente, numa perspectiva oposta às anteriores, o conhecimento é um processo interativo entre sujeito e objeto — ambos considerados como realidade — que atuam juntos num contínuo processo de conhecer. Aqui, o foco de atenção é na interação entre sujeito e objeto e nos processos construtivos que ocorrem nessa interação.

A essas três matrizes epistemológicas correspondem três correntes da Psicologia que vêm definindo a produção na área da didática no Brasil: o comportamentalismo, o humanismo[10] e o construtivismo.

---

10. No Brasil, na área da Didática, em oposição à corrente do comportamentalismo baseada em Skinner, aparece o humanismo com base na teoria psicológica de Carl Rogers.

Na área da didática, essas três correntes determinam três abordagens distintas, mas que possuem, em comum, a posição de se defender o tratamento do ensino a partir de considerações sobre a aprendizagem e o desenvolvimento e, assim, em todas as três, o ensino é tratado a partir de seus elementos e subprocessos, ou seja: objetivos, conteúdo, método; e avaliação, planejamento, relação professor-aluno.

Grosso modo, o raciocínio geral que se faz para o tratamento do ensino, dentro da posição identificada, é o seguinte: o núcleo — o objetivo — da situação de ensino é a aprendizagem. A Psicologia — campo do saber que estuda esse fenômeno — defende a posição de que para se aprender é preciso que haja, no mínimo, um *objeto* a ser aprendido e uma ação. Daí a importância da determinação de objetivos e conteúdos e da existência de um método de ensino, no processo do ensino. Além disso, a Psicologia chama a atenção para os efeitos não desejados das situações não programadas e não controladas do processo de aprendizagem, ou para a importância ora da facilitação, ora da orientação e do acompanhamento da aprendizagem e do desenvolvimento do aluno. Logo, para que efeitos indesejados não aconteçam, para que ocorra a aprendizagem, ou para que o aluno se desenvolva enquanto pessoa ou aprendiz, ensinar implica planejar e controlar, ou facilitar ou oportunizar a aprendizagem e o desenvolvimento. Para isso, elaboram-se planos de ensino, orienta-se e avalia-se o processo de ensino-aprendizagem. O conteúdo da didática define-se por enfatizar derivações de normas e prescrições sobre *como fazer* o ensino a partir da ciência da psicologia.

Do ponto de vista da prática da pesquisa na área, a posição geral de tratamento do ensino na perspectiva do processo de aprendizagem e de desenvolvimento do aluno defende a posição de que a investigação didática tem basicamente o objetivo de fazer avançar o saber tecnológico na área, de forma a se proverem respostas para questões do tipo: qual é o melhor método para se ensinar algo? O que acontece com a aprendizagem do aluno numa dada situação de ensino ou de *não ensino*? Como desenvolver uma dinâmica de sala de aula que facilite a aprendizagem, ou a construção do conhecimento pelo aluno?

O modelo de pesquisa predominante envolve a testagem da eficácia de métodos de ensino, com o uso ou não de comparações entre eles, experimentalmente conduzidas. Os pressupostos e as características operacionais desse modelo, em sua utilização nas áreas da educação em geral e do ensino, foram objeto de severas críticas no interior da própria produção teórico-prática da didática, sobretudo no período da segunda metade da década de 1970 até o início da década de 1980. Além da utilização do modelo experimental, pode-se dizer que o modelo lógico-dedutivo também está presente no interior da posição em pauta. *Grosso modo*, esse modelo se caracteriza pela dedução de prescrições sobre o fenômeno do ensino, passando, ou não, pela derivação preliminar de explicações sobre esse fenômeno, a partir de princípios e conceitos extraídos de outros campos de saber e tomados como *axiomas*.

Essa posição expressa-se muito bem no interior da Tecnologia de Ensino Skinneriana, tal como proposta pelo seu autor (Skinner, 1972), do Ensino Centrado no Aluno (Rogers, 1973; Gasman, 1971) e da Didática fundamentada em Jean Piaget (Castro, 1974). Na direção de continuidade com essa posição, predominante no Brasil, aproximadamente de 1950 a 1982, encontram-se hoje, no campo da Didática, as atuais propostas construtivistas para o tratamento de um ou outro aspecto do processo de ensino, tal como a avaliação na perspectiva construtivista. Nos últimos anos essa perspectiva vem incorporando contribuições de outras teorias como as de Vygotsky e Wallon, além da Teoria de Piaget, o que tem levado ao aparecimento de expressões como construtivismo pós-piagetiano.[11]

Coerente com a posição apresentada, a prática do ensino da disciplina didática nos cursos superiores de formação do educador enfatiza a fundamentação psicológica da área e um conteúdo cujo objetivo é o de fornecer ao professor subsídios técnicos para *ensinar bem*. Essa constatação é confirmada por pesquisa realizada no final da década de 1970, envolvendo 56 professores de Didática de diferentes instituições de ensino superior de Belo Horizonte (Oliveira, 1988a). Segundo estudos de Veiga (1990) e Oliveira (1992), pesquisas realizadas posteriormente, no Distrito Federal e em outros Estados — Rio de Janeiro, São Paulo, Pernambuco, Espírito Santo, Rio Grande do Sul —, confirmaram o predomínio do caráter técnico na prática do ensino de Didática no início da primeira década de 1980.

A pesquisa realizada em Belo Horizonte indica ainda que a bibliografia mais representativa do conteúdo da didática, segundo os professores entrevistados, envolve obras de fundamentação eminentemente psicológica. Entre essas, salienta-se o livro *Sumário de didática geral* de Luiz Alves de Mattos (1970). Nele o autor apresenta o *ciclo docente* em torno do qual o ensino se desenvolve, e que se refere às atividades exercidas pelo professor tendo em vista as etapas da aprendizagem, tal como descritas pela psicologia.

Em síntese, em todo esse quadro, embora a expressão *tecnologia* de ensino seja usada quase que exclusivamente para o caso da didática skinneriana, em todos os demais a didática aparece como uma tecnologia, porquanto busca construir seu saber em termos de *aplicações* de conhecimentos, *na área*

---

11. Em dezembro de 1992, em Porto Alegre, realizou-se um seminário internacional exatamente sobre aprendizagem à luz do *Construtivismo Pós-Piagetiano* (Grossi & Bordin, 1993).

do ensino, extraídos de um campo de estudo científico, no caso, a psicologia.

O ensino na perspectiva da prática social

Sem necessariamente descurar da importância da contribuição da psicologia para a didática, essa posição procura ultrapassar os limites do entendimento do processo do ensino à luz das discussões sobre a aprendizagem. A posição trata esse processo a partir da sua caracterização como uma prática social concreta, articulada a outras práticas sociais na concretitude da formação social brasileira. E aqui se enfatizam as propriedades do ensino como prática contraditória e mediadora em relação à realidade social mais ampla, cuja transformação das relações de exploração, opressão e dominação é assumida como um compromisso.

A presente posição liga-se à matriz epistemológica que explica o processo do conhecimento como fruto de interações. No interior dessa posição encontra-se uma forte tendência que salienta a vinculação entre ensino e trabalho, defendendo-se ou não, entretanto, a importância de as discussões e construções sobre o saber teórico e prático na área específica da Didática estarem vinculadas, sobretudo, a questões de produção e reprodução da vida material. Em ambos os casos, tem-se por base uma matriz epistemológica dialético-materialista, segundo a qual, por meio do trabalho, o homem, que é produto das práticas sociais das quais ele participa, estabelece relação com o mundo, que é uma realidade concreta em devir, ou seja, determinada por múltiplos fatores e em constante movimento. O conhecimento do real é o reflexo deste no pensamento, mediante a apreensão subjetiva da realidade objetiva pela elaboração do homem. Este se abre para a realidade, que é inexaurível para o entendimento humano, por um processo de busca das características essenciais da realidade que é construída em cada momento histórico. Nessa concepção, o conhecimento é prático e social, porquanto fruto de práticas sociais, e histórico, porquanto conquistado e construído pelos sujeitos.

Nessa posição, a questão de se tratar ou não o ensino a partir de seus elementos e subprocessos é objeto de debate, surgindo a tendência de se afirmar que o saber didático lida não com o ensino em seus elementos mas com situações de ensino enquanto uma *totalidade*.[12]

Grosso modo, o raciocínio aqui seria o seguinte: o núcleo do processo de ensino é o fato de ele ser uma prática social, implicando trabalho humano e envolvendo, portanto, historicidade e intencionalidade. Daí a importância de esse processo ser tratado em termos das condições históricas, em que ele é produzido e às quais serve, e em termos de seus objetivos em relação às finalidades sociais mais amplas. Além disso, a dialeticidade do relacionamento entre teoria e prática, subjacente aos fundamentos epistemológicos dessa posição, exige que o ensino seja tratado em termos de busca e construção coletiva de respostas a questões postas pela prática dos alunos.

Nesse sentido, o conteúdo da área da Didática não se define mais, principalmente, pela elaboração de prescrições

---

12. Em suas discussões sobre o objeto de estudo da didática, Penin (1994) prefere a expressão *totalização* em vez de *totalidade* para se referir ao tratamento do processo do ensino pela Didática "(...) inserindo-o numa totalização ou em totalizações cada vez mais abrangentes..." (p. 172), pelo fato de ele mostrar melhor o aspecto dinâmico desse processo. No entanto, sem deixar de concordar com a autora acerca do caráter dinâmico do ensino, a meu ver, a expressão *totalidade* mostra mais diretamente a base da posição aqui discutida, ou seja, a matriz epistemológica dialético-materialista, no interior da qual a propriedade denominada de *totalidade* é discutida como uma categoria do real nos universos do lógico e do histórico (Kosik, 1986). Essa é a razão por que prefiro aqui a expressão *totalidade* e venho defendendo a concepção de *ensino enquanto uma totalidade concreta* (Oliveira, 1991, 1992, 1993a).

mas, sobretudo, por sistematizações e explicações da prática pedagógica, assumindo, em apenas uma das tendências, no interior dessa posição — a Didática Crítico-Social dos Conteúdos[13] —, elaborações de caráter normativo, mais extensas e mais detalhadas.

Não raro, a prática da pesquisa na área salienta o desafio de se construírem categorias explicativas da realidade da sala de aula que não só a expliquem e orientem, como também possibilitem o entendimento dos mecanismos de relações entre a sala de aula, o sistema educacional e o sistema social mais amplo.

No interior da posição em pauta aparece novamente o modelo lógico-dedutivo na pesquisa na área da didática, em duas direções. Uma preocupa-se em derivar explicações sobre o ensino a partir de reflexões teóricas com base na Dialética Materialista, submeter as próprias explicações derivadas ao processo lógico-dedutivo, gerando, então, prescrições didáticas (por exemplo: na Didática Crítico-Social dos Conteúdos). Outra busca, também, derivar explicações sobre o ensino a partir das mesmas bases e, então, propor o teste do caráter gnosiológico dessas explicações mediante a própria prática pedagógica, que é entendida, ela mesma, como espaço de produção da teoria e da tecnologia didáticas — por exemplo: na Didática do Ensino enquanto Totalidade Concreta (Oliveira, 1991, 1992, 1993a). Neste último caso, o modelo se complementaria com um outro modelo — o naturalista.

O modelo naturalista busca construir o saber didático das descrições e explicações às suas prescrições diretamente

---

13. Não é objetivo deste estudo descrever e discutir cada uma das construções teórico-práticas na didática no Brasil. Cabe lembrar que, no interior da concepção de ensino como uma prática social, a Didática Crítico-Social dos Conteúdos possui como uma de suas características essenciais a defesa de que o ensino deve implicar a transmissão, a apropriação ativa e a reelaboração crítica do saber sistematizado (ver Libâneo, 1985, 1990, 1991).

a partir do estudo da prática pedagógica. Este último modelo envolve o uso de técnicas e instrumentos etnográficos de pesquisa e parece ser o modelo de investigação que se vai tornando predominante na prática da pesquisa em didática. No interior desse modelo é significativo o desenvolvimento de pesquisas e estudos etnográficos sobre o cotidiano escolar, focalizando-se, não raro, as práticas pedagógicas bem-sucedidas (André, 1985, 1989, 1992a).

Evidenciam essa posição de tratamento do ensino na perspectiva da prática social, as diferentes versões da didática progressista da década de 1980 aos nossos dias: a Didática Crítico-Social dos Conteúdos (Libâneo, 1985, 1990, 1991); a Didática de Ensino como uma Totalidade Concreta (Oliveira, 1991, 1992, 1993a); e a Didática a partir da Pedagogia da Prática (Santos, 1985a, 1985b, 1989; Martins, 1989).[14] A despeito das diferenças substantivas entre elas, todas possuem em comum a posição de se construir o saber teórico-prático na área da Didática a partir de estudos e pesquisas que possuem, como centro, o ensino como prática social.

Do ponto de vista da prática do ensino da disciplina didática, há a tendência de se defender a posição de que mais do que ensinar formas de planejar, orientar e avaliar a aprendizagem a partir de modelos *a priori*, importados de outras áreas de saber, ou mesmo construídos no interior da *teoria pedagógica*, a disciplina deve propiciar a reflexão dos professores-alunos sobre a realidade do ensino, buscando compreendê-la e problematizá-la. A partir daí, buscam-se respostas ou novas perguntas às questões colocadas, e para

---

14. A Didática do Ensino como uma Totalidade Concreta enfatiza o caráter de totalidade do ensino, o qual deve envolver os objetivos de transmissão e assimilação crítica do saber sistematizado e a modificação nas práticas escolares relacionadas ao processo de organização do trabalho na escola. A Didática a partir da Pedagogia da Prática defende a concepção de ensino fundada no eixo da produção/sistematização do trabalho na escola.

isso recorre-se ao universo da sistematização teórica. E aqui importa, então, lembrar o fato de que o próprio processo de ensino passa a se relacionar diretamente com o processo de produção do saber na área.

Importa salientar o fato de que, no interior de toda essa posição, o saber didático não se restringe ao universo da tecnologia. Busca, sim, construir-se como teoria pedagógica, que possui o ensino ou a prática pedagógica escolar como foco central, envolvendo ou não a produção de um saber tecnológico.

4. A pesquisa em didática no Brasil no início da década de 1990

Nesse tópico serão apresentadas as tendências da pesquisa em didática no Brasil, na década atual, a partir de estudo sobre a produção na área da didática ligada ao GT de Metodologia Didática da Associação Nacional de Pós-Graduação e Pesquisa em Educação.[15]

Uma questão inicial que se pode levantar é: *em que medida a produção ligada ao GT é significativa em termos de expressão das tendências da pesquisa na área da didática como um todo?*

De fato, dada a sistemática de trabalho do GT nos últimos anos, as discussões desenvolvidas e as decisões tomadas em seu interior, sobretudo quanto às temáticas de estudo para cada reunião anual, vêm determinando a natureza das pesquisas que aparecem em suas reuniões, a qual poderia não expressar as tendências das pesquisas da área em geral. E isso basicamente por dois motivos: a) os pesquisadores que

---

15. O estudo envolveu a análise de 49 trabalhos selecionados para as reuniões do GT, nos anos de 1991, 1992 e 1993. Envolveu, ainda, o estudo de resumos referentes a 36 pesquisas enviados à coordenação do GT pelos pesquisadores, por solicitação da coordenação, no período de 1991 até 1994 (Oliveira, 1994b).

participam do GT já se organizam em termos de encaminharem trabalhos, para o GT, em torno da temática selecionada no ano anterior; b) os propósitos definidos pelo GT no sentido de estimular, o mais possível, o intercâmbio entre os pesquisadores na área, uma maior integração entre o GT e os Programas de Pós-Graduação em Educação no país, e a participação de pesquisadores *juniores*, têm ocasionado um aumento muito grande do número de trabalhos encaminhados para o grupo. Esse aumento vem fazendo com que a coordenação do GT se sinta forçada a privilegiar, de fato, na seleção dos trabalhos a serem apresentados, os estudos sobre a temática definida pelo grupo, acabando por excluir estudos não ligados a essa temática.

No entanto, apesar da consideração anterior, pode-se afirmar que a produção do GT é bastante representativa da produção em didática no país, pois, a despeito das temáticas privilegiadas, o GT sempre tem reservado tempo para discussão de outras vinculadas à sua área de interesse, sejam elas emergentes ou não. Isso possibilita contemplar, nos trabalhos do grupo, aquelas tendências que aparecem à margem das tendências das pesquisas cujo objeto de estudo está relacionado à temática de estudo então definida.

Isto posto, tendo por ponto de partida as duas grandes temáticas indicadas pelos participantes do GT para suas discussões no período de 1990 a 1994 — *o processo de investigação e produção científica na área da didática, conhecimento científico e conhecimento escolar:* concepção e relação —, a análise dos trabalhos selecionados para apresentação nas reuniões e das pesquisas constantes no arquivo do GT evidencia: do ponto de vista de assuntos tratados, a pesquisa na área concentra-se em torno de quatro blocos temáticos, ou objetos de estudo. Esses blocos são: referenciais teórico-metodológicos, prática pedagógica ou discurso sobre a prática, formação do professor e conhecimento escolar.

No bloco de *referenciais teórico-metodológicos* há estudos sobre:

— contribuição de determinados referenciais para a construção da didática, destacando-se entre eles: teoria(s) da educação, dialética materialista, pesquisa etnográfica;

— teorias pedagógicas propriamente ditas: didática comeniana, pedagogia sócio-histórica, produção geral na área da didática ou produção ligada a estudos sobre o cotidiano.

No bloco de *prática pedagógica* ou *do discurso sobre a prática* aparecem também dois temas principais: situações de ensino; elementos, subprocessos e aspectos do ensino.

No primeiro caso, predominante em relação ao segundo, estariam os estudos sobre as práticas bem-sucedidas, o trabalho docente no cotidiano escolar, o ensino de disciplinas curriculares, incluindo o caso do ensino da própria Didática.

Os estudos sobre os elementos, subprocessos e aspectos do ensino abordam: conteúdo de uma dada disciplina, um dado método de ensino, avaliação, relação pedagógica, discurso pedagógico. Embora em menor número do que os estudos sobre *situações de ensino*, os estudos sobre *avaliação* expressam, sem dúvida, uma outra tendência na área: a de enfatizar o entendimento da avaliação escolar como de fundamental importância para a compreensão e a superação da prática da escola capitalista ou para o desenvolvimento de uma postura construtivista no ensino.

Na temática de *formação do professor*, encontra-se um menor número de estudos do que nas anteriores. Os estudos abordam: características do professor como sujeito da cultura e do fazer pedagógico; influência de suas motivações e convicções na prática pedagógica; projetos de formação docente; o saber da experiência docente.

Finalmente, no bloco sobre *conhecimento escolar*, estudam-se: a questão dos conteúdos escolares significativos nos âmbitos do currículo e da sala de aula; a importância da apropriação da estrutura do conhecimento pelo aluno; relações entre pesquisas e ensino, características do conhecimento como processo e como produto.

A relação entre os diferentes blocos temáticos, a partir da análise do conteúdo neles tratado, mostra:

— os dois primeiros blocos — referenciais teóricos e prática pedagógica — relacionam-se no sentido de o estudo no interior de cada um dos blocos ter como meta o outro bloco: estuda-se a prática para se construir teoria ou estuda-se a teoria para se derivarem explicações ou normas para a prática;

— a discussão sobre a formação do professor aparece com ênfase quando se estuda a questão das relações entre conhecimento escolar e conhecimento científico e se recoloca o papel da Didática como a área do saber que pedagogiza o conhecimento científico, por meio de regras, princípios pelos quais ele se transforma em saber escolar. Nesse caso, fica clara mais uma tendência da pesquisa nesse campo: a de rediscutir o significado da didática não em termos de seu objeto de estudo propriamente dito mas em termos de sua contribuição para a formação do professor, cujas condições subjetivas devem ser consideradas.

É importante ressaltar ainda que a análise da pesquisa na área da Didática, no Brasil, na presente década, evidencia também a característica de dispersão ao lado da de concentração, tal como sugerido até agora. Essa dispersão aparece, por exemplo, quando se levanta a bibliografia da produção analisada. A bibliografia apresenta mais de quinhentos títulos diferentes entre os quais apenas seis recebem de cinco a no máximo oito de 49 indicações possíveis. Os demais são indicados apenas em até quatro trabalhos. Os seis títulos mais indicados são os livros: *A reprodução*, de Bourdieu &

Passeron (1975); *Medo e ousadia*, de Freire & Shor (1986); *A dialética do concreto*, de Kosik (1986); *Democratização da escola pública*, de Libâneo (1985); *Escola e democracia*, de Saviani (1983); e o artigo "Avaliação educacional; para além do autoritarismo", de Luckesi (1986).

No entanto, mesmo no interior dessa dispersão, há uma concentração no sentido da natureza dos títulos citados e, a rigor, dos referenciais teórico-metodológicos que eles expressam. De fato, os títulos são obras mais de fundamentação, predominando as de orientação marxista e, mais do que elas, sobretudo nos estudos sobre a prática, as obras sobre o referencial teórico fenomenológico e o uso do modelo naturalista de pesquisa, envolvendo técnicas e instrumentos etnográficos na investigação.

Assim, a unidade da produção na área da Didática faz-se menos pelos textos específicos utilizados pelos autores do que pelos referenciais em que seus estudos se baseiam. E, do pontos de vista epistemológico, prevalece a característica de concentração do saber didático em torno das posições apresentadas neste estudo, com visível predomínio do tratamento do ensino na perspectiva da prática social.

Finalmente, para efeito de maior entendimento do processo de produção do saber na área da didática, considera-se importante registrar um último ponto.

Na década de 1990, não parece ser rara a existência de estudos cujo objetivo principal refere-se a *aspectos processuais* da atividade de pesquisa em si mesma. Estudos são desenvolvidos para analisar, diagnosticar... Não se explicitam, por exemplo, que questões básicas a prática pedagógica coloca para o campo da didática e que contribuições essa área fornece para o tratamento dessas questões. Sendo assim, não se buscam *produtos do processo* de pesquisa vivida. A propósito, duas considerações são fundamentais:

— os resultados de parte dos estudos centram-se no estabelecimento de relações entre, por exemplo, teoria e prática, teoria pedagógica e política educacional, um dado fator e o fracasso ou o sucesso escolar, enfatizando-se, não raro, a busca de *correspondências* entre os elementos do par analisado. A impressão é a de que se esquece do fato, reiteradamente mencionado, de que a totalidade do real é, em si mesma, contraditória, implicando relações dialéticas entre suas partes;

— a comunidade de professores e pesquisadores brasileiros na área da didática parece estar sinalizando a necessidade de se desenvolver a prática da pesquisa. Em outras palavras, o *exercício da pesquisa* precisaria ser incentivado, num contexto em que estaria faltando tradição de pesquisa na busca de produção de teoria(s) pedagógica(s).

5. Uma última palavra

A área da Didática no Brasil, em suas tendências mais recentes, expressa uma mudança de perspectiva de um *fazer tecnológico* sobre o processo de ensino, com base nos processos de aprendizagem e desenvolvimento do aprendiz, para a busca de um *fazer científico-tecnológico* sobre o fenômeno do ensino, com base na visão dialético-materialista desse fenômeno, enquanto uma prática social pedagógica. Esse *fazer científicotecnológico*, baseado nos modelos de pesquisa lógico-dedutivo e naturalista, parece estar em estado embrionário, sinalizado, entre outros pontos, muitas vezes, pelo seu caráter de *exercício de pesquisa* e pela sua ainda pequena contribuição para a orientação do trabalho pedagógico de sala de aula.

Uma boa expressão da síntese das posições apresentadas neste estudo seria a seguinte: da Tecnologia do Ensino com base na Teoria Psicológica à Didática como Teoria Pedagógica.

Referências bibliográficas

ANDRÉ, M. E. D. A. Em busca de uma didática fundamental. In: SEMINÁRIO A DIDÁTICA EM QUESTÃO, 3., *Atas...*, São Paulo, USP, v. 1, p. 33-45, 1985.

ANDRÉ, M. E. D. A. A pesquisa no cotidiano escolar. In: FAZENDA, I. C. A. (org.). *Metodologia da pesquisa educacional*. São Paulo: Cortez, 1989. p. 36-45.

_____. *A contribuição do estudo de caso etnográfico para a reconstrução da didática*. Tese (Livre-Docência em Educação). Universidade de São Paulo, São Paulo, 1992a.

_____. A evolução do ensino da didática. *Revista da Faculdade de Educação*, São Paulo, v. 18, n. 2, p. 241-6, jul.-dez. 1992b.

ANPEd. *Boletim ANPEd*, Belo Horizonte, n. 2, out.-dez. 1993 (16ª Reunião Anual, Relatório).

ARROYO, M. G. *O trabalho docente como síntese*: da prática empírica à construção de uma nova prática. Apresentado no V Encontro Nacional de Didática e Prática de Ensino, Belo Horizonte, 1989. (Mimeo.)

BOMBASSARO, L. C. Epistemologia: produção, transmissão e transformação do conhecimento. In: ENDIPE, 7. *Anais...*, Goiânia, v. II, p. 113-23, 1994.

BOURDIEU, P.; PASSERON, J. C. *A reprodução*: elementos para uma teoria do sistema de ensino. Rio de Janeiro: Francisco Alves, 1975.

BRANDÃO, Z. (org.). *A crise dos paradigmas e a educação*. São Paulo: Cortez, 1994.

CANDAU, V. M. A didática e a formação de educadores — Da exaltação à negação; a busca da relevância. In: _____ (org.). *A didática em questão*. Petrópolis: Vozes, 1984. p. 12-22.

_____ et al. *Novos rumos da licenciatura*. Rio de Janeiro: Departamento de Educação da PUC, 1986.

CASTRO, A. D. *Piaget e a didática; ensaios*. São Paulo: Saraiva, 1974.

CASTRO, A. D. A trajetória histórica da didática. *Ideias*, São Paulo, n. 11, p. 17-27, 1991.

_____. A memória do ensino de didática e prática de ensino no Brasil. *Revista da Faculdade de Educação*, São Paulo, v. 18, n. 2, p. 233-40, jul.-dez. 1992.

DOMINGUES, J. L. Interesses humanos e paradigmas curriculares. *Revista Brasileira de Estudos Pedagógicos*, Brasília, v. 67, n. 156, p. 35166, maio-ago. 1986.

VII ENDIPE. *Anais...*, Goiânia, 1994. v. II.

FREIRE, P.; SHOR, I. *Medo e ousadia; o cotidiano do professor*. Rio de Janeiro: Paz e Terra, 1996.

FREITAS, L. C. Teoria pedagógica: limites e possibilidades. *Ideias*. São Paulo, n. 11, p. 39-47, 1991.

GASMAN, L. Possibilidades de uma didática não diretiva; teoria de Rogers e didática. *Curriculum*, Rio de Janeiro, v. 10, n. 1, p. 29-46, jan.-mar. 1971.

GROSSI, E. P.; BORDIN, J. (orgs.). *Construtivismo pós-piagetiano*. Petrópolis: Vozes, 1993.

GUBA, E. G.; LINCOLN, Y. S. *Effective evaluation; improving the usefulness of evaluation results through responsive and naturalistic approaches*. San Francisco: Jossey-Bass Publishers, 1982.

JACKSON, G. B. Methods for integrative reviews. *Review of Educational Research*, v. 50, n. 3, p. 438-60, set.-nov. 1980.

KOSIK, K. *Dialética do concreto*. 4. ed. Rio de Janeiro: Paz e Terra, 1986.

KUHK, T. S. A *estrutura das revoluções científicas*. São Paulo: Perspectiva, 1975.

LIBÂNEO, J. C. *Democratização da escola pública*: a pedagogia crítico-social dos conteúdos. São Paulo: Loyola, 1985.

_____. *Fundamentos teóricos e práticos do trabalho docente*: estudo introdutório sobre pedagogia e didática. Tese (Doutorado). Pontifícia Universidade Católica, São Paulo, 1990.

LIBÂNEO, J. C. *Didática.* São Paulo: Cortez, 1991.

LUCKESI, C. Avaliação educacional; para além do autoritarismo. *Revista Ande.* São Paulo, ns. 10 e 11, 1986.

MACEDO, L. O construtivismo e sua função educacional. *Educação e Realidade,* Porto Alegre, v. 18, n. 1, p. 25-31, jan.-jun. 1993.

MARTINS, P. L. O. *Didática teórica, didática prática:* para além do confronto. São Paulo: Loyola, 1989.

MATTOS, L. A. *Sumário de didática geral.* 9. ed. Rio de Janeiro: Aurora, 1970.

MOREIRA, A. F. B. *Currículos e programas no Brasil.* Campinas: Papirus, 1990.

OGIBA, S. M. M. *Da didática em questão nos anos 80 à questão da didática:* seu compromisso com a formação do professor. Dissertação (Mestrado). UFRGS, Porto Alegre, 1990.

_____. *O conteúdo da didática:* um discurso da neutralidade científica. Belo Horizonte: UFMG/Proed, 1988a.

_____. A didática e seu objeto de estudo. *Educação em Revista,* Belo Horizonte, n. 8, p. 36-41, dez. 1988b.

OLIVEIRA. M. R. N. S. A busca da integração entre didática e prática de ensino na formação do educador. *Educação em Revista,* Belo Horizonte, n. 10, p. 31-6, dez. 1989.

_____. Elementos teórico-metodológicos na construção e na reconstrução da didática. *Educação em Revista,* Belo Horizonte, n. 14, p. 40-7, dez. 1991.

_____. *A reconstrução da didática:* elementos teórico-metodológicos. Campinas: Papirus, 1992.

_____. Elementos teórico-metodológicos no processo de construção e reconstrução da didática: para uma nova teoria da prática pedagógica escolar. In: _____ (org.). *Didática:* ruptura, compromisso e pesquisa. Campinas: Papirus, 1993a. p. 63-78.

_____. A sala de aula como objeto de análise na área da didática. In: _____ (org.). *Didática, ruptura, compromisso e pesquisa.* Campinas: Papirus, 1993. p. 35-62.

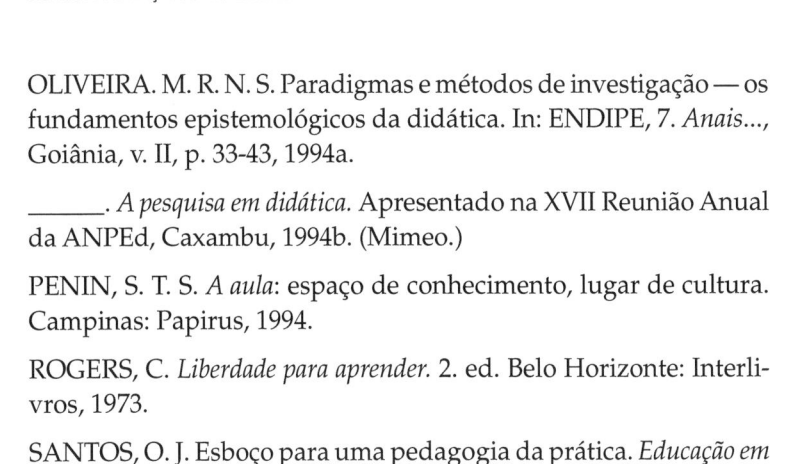

OLIVEIRA. M. R. N. S. Paradigmas e métodos de investigação — os fundamentos epistemológicos da didática. In: ENDIPE, 7. *Anais...*, Goiânia, v. II, p. 33-43, 1994a.

_____. *A pesquisa em didática*. Apresentado na XVII Reunião Anual da ANPEd, Caxambu, 1994b. (Mimeo.)

PENIN, S. T. S. *A aula*: espaço de conhecimento, lugar de cultura. Campinas: Papirus, 1994.

ROGERS, C. *Liberdade para aprender*. 2. ed. Belo Horizonte: Interlivros, 1973.

SANTOS, O. J. Esboço para uma pedagogia da prática. *Educação em Revista*, Belo Horizonte, n. 1, p. 19-23, jul. 1985a.

_____. A questão da produção e da distribuição do conhecimento. *Educação em Revista*, Belo Horizonte, n. 2, p. 4-7, dez. 1985b.

_____. Organização do processo de trabalho docente: uma análise crítica. *Educação em Revista*, Belo Horizonte, n. 10, p. 26-30, dez. 1989.

SAVIANI, D. *Escola e democracia*: teorias da educação, curvatura da vara, onze teses sobre educação e política. São Paulo: Cortez/Autores Associados, 1983.

SKINNER, B. F. *Tecnologia do ensino*. São Paulo: Herder, 1972.

SOARES, M. B. A linguagem didática. In: NAGLE, J. (org.). *Educação e linguagem*. São Paulo: Edart, 1976. p. 145-60.

_____. Prefácio. In: OLIVEIRA, M. R. N. S. *O conteúdo da didática*: um discurso da neutralidade científica. Belo Horizonte: UFMG/Proed, 1988. p. 15-20.

VEIGA, I. P. A. *A prática pedagógica do professor de didática*. Campinas: Papirus, 1989.

_____. Reflexão em torno do ensino e da pesquisa em didática. In: RAYS, O. A. (org.). *Leituras para repensar a prática educativa*. Porto Alegre: Sagra, 1990. p. 152-75.

WARDE, M. J. O estatuto epistemológico da didática. *Ideias*. São Paulo, n. 11, p. 48-55, 1991.

CONTRIBUIÇÃO DA DIDÁCTICA PARA A FORMAÇÃO DE PROFESSORES

reflexões sobre o seu ensino

*Isabel Alarcão**

Introdução

Pretende-se, neste capítulo, caracterizar a situação da leccionação das disciplinas de didáctica em Portugal e clarificar o seu papel relativamente à sua contribuição para a formação de professores.

Utilizarei uma visão retrospectiva que, reportando-nos aos anos 1970, nos ilumine o contexto em que a introdução da formação de professores a nível de ensino superior reclamou para a didáctica um novo papel. Na busca da sua identidade entre as disciplinas tradicionalmente estabelecidas, em Portugal, como noutros países, a didáctica viu-se necessariamente envolvida na definição do seu estatuto epistemológico e da sua especificidade em relação a outras áreas

---

* Professora catedrática, aposentada, da Universidade de Aveiro (Portugal). *E-mail*: ialarcao@ua.pt

científicas afins, constituindo algumas delas a sua matriz geradora. Tentarei documentar esse percurso autonomizante e estruturante com a análise de documentos que se foram produzindo no seio das instituições do ensino superior.[1] Não podendo afirmar que se trata de um percurso meramente português, pois se encontram preocupações semelhantes em autores de outras nacionalidades, nomeadamente brasileiros, franceses, alemães e noruegueses, não posso, porém, deixar de referir o esforço português e o carácter sistemático que, nalgumas instituições, assumiu a definição do estatuto epistemológico da didáctica e a procura de linhas orientadoras para a prática do seu ensino. Não deixarei também, porém, de desocultar as divergências e ambiguidades que ainda se manifestam ou latentemente subjazem.

1. A posição da didáctica curricular no tríptico didáctico

Começarei por esclarecer que, no contexto deste capítulo, me vou centrar no que denominarei por didáctica curricular,

---

1. Grande parte das questões metadidácticas a que aludo neste capítulo têm sido levantadas nos relatórios de disciplinas apresentados para concurso de professores associados ou para provas de capacidade científica e aptidão pedagógica e de agregação e discutidas em artigos referenciados na bibliografia. A sistematicidade com que têm aparecido nos relatórios apresentados à Universidade de Aveiro e a sua forma espiralada e progressivamente aprofundada dão conta da presença de uma escola de pensamento sobre a conceptualização da Didáctica. É interessante notar que, a par da preocupação pela definição dos conteúdos programáticos, se desenvolveu um espírito de construção epistemológica que levou os docentes de Didáctica desta Universidade a quererem trabalhar em conjunto, tendo-se mesmo organizado num departamento, intitulado Departamento de Didáctica e Tecnologia Educativa. Eventualmente levantadas também noutras Universidades neste tipo de documentos, não foi possível identificá-los, apesar de se terem contactado as outras instituições. É a conhecida dificuldade do acesso à chamada literatura cinzenta. Foram, porém, referidos artigos publicados por docentes de outras Universidades e deste modo pensa-se não se ter perdido os contributos mais relevantes.

isto é, o espaço de ensino-aprendizagem da didáctica ou a didáctica enquanto área disciplinar de docência.

Tenho-me vindo a aperceber de que grande parte das ambiguidades que se manifestam no discurso sobre a didáctica resulta da polissemia do termo e da falta de clarificação do referente a que nos reportamos quando o utilizamos. Assim, por exemplo, quando Odete Valente, num debate sobre didáctica, reproduzido em Martins *et al.*, se recusa a chamar à didáctica uma ciência, mas a caracteriza como "uma sabedoria feita de filosofia, feita de ciência, feita de estética, feita de intuição, feita de capacidade de engenharia, de projecto de novas dinâmicas" (1991, p. 724), está a referir-se, segundo creio, à dimensão performativa da didáctica, à didáctica profissional em acção, no caso vertente, na acção do próprio professor de didáctica. Quando eu, no mesmo encontro (Alarcão, 1991), me refiro ao seu aspecto científico, estou a referir-me à didáctica como área científica de investigação, reconhecida pela comunidade académica portuguesa, desde 1982, como área de realização de doutoramentos. Outros autores referem-se de modo ambíguo aos vários sentidos (cf. Sequeira, 1994).

A fim de contribuir para a clarificação deste campo, ainda pouco claro, parece-me relevante distinguir, pois, entre a didáctica curricular, disciplina que se ensina no espaço curricular dos programas de formação de professores, a investigação em didáctica, e a didáctica operativa ou a didáctica de acção profissional, referindo-se esta à actuação dos professores no exercício da sua função didáctica. À distinção entre os dois primeiros sentidos, que Andrade & Araújo e Sá (1990) designam por o discurso da formação e o discurso da investigação, acrescento o terceiro expoente: o discurso da actuação profissional. Os três, no seu conjunto e nas suas relações, constituem o que passarei a designar por tríptico didáctico.

Esclareço ainda que, ao referir-me à didáctica curricular, tenho em mente, no contexto desta exposição, a didáctica específica de uma determinada disciplina ou de um determinado nível de ensino e não a disciplina de Didáctica Geral, hoje em desaparecimento nas instituições de formação em Portugal, não só porque alguns dos seus conteúdos têm sido assimilados e recontextualizados pelas Didácticas específicas, mas também porque novas disciplinas no quadro do Desenvolvimento Curricular a têm vindo a substituir (Amor, 1994).

A didáctica curricular não é independente do que lhe fica a montante, a didáctica como campo de investigação ou a investigação que se faz em didáctica como igualmente não o é do que lhe fica a jusante, isto é, a didáctica da acção profissional. É por isso que a imagem do tríptico me parece adequada, sugerindo que a focagem sobre uma das três partes não significa o desconhecimento das outras duas, mas antes a sua relação de continuidade. Mais do que de continuidade, há uma relação de interdependência flexível, podendo conceber-se seis combinatórias, consoante a focagem que se pretende introduzir. Embora possíveis, nem todas estas combinatórias se revelam do mesmo interesse para o que pretendo demonstrar. No desenvolvimento deste capítulo, a didáctica curricular situar-se-á no centro, entre a investigação em didáctica e a didáctica da acção profissional.

As reflexões que têm vindo a lume em Portugal sobre a natureza da didáctica curricular, no que respeita à sua concepção teórica e à prática do seu ensino e o interesse que esta temática tem despertado no seio dos didactas portugueses não estão certamente alheias à necessidade sentida por estes de encontrarem a sua própria identidade. Para se perceber esta necessidade, importa clarificar o contexto, aliás recente, da introdução das didácticas específicas nos cursos de formação de professores a nível do ensino superior.

2. A introdução da formação de professores no ensino superior e a disciplina de Didáctica nos currículos de formação

Nos últimos vinte anos em Portugal, o conceito de didáctica tem sido objecto de controvérsias, indefinições, clarificações. Atacado por uns, valorizado por outros, foi sujeito a um escrutíneo esclarecedor que teve por mérito conduzir a um aprofundamento e redefinição do que se entende por didáctica. Como os factos só assumem o seu pleno significado quando situados no seu contexto, é importante tentar caracterizar o período em que isso aconteceu. No início dos anos 1970, ainda antes da revolução de Abril de 1974, atravessava-se um período de reforma educativa em que uma das preocupações se dirigia para a formação de professores. Até 1970, a formação de professores não se processava nas Universidades e só havia formação específica de professores para o ensino primário, nas Escolas do Magistério Primário e para a educação física, no Instituto Superior de Educação Física.

As Universidades reagiram durante muito tempo à ideia de ministrarem cursos de formação de professores. As primeiras áreas a compreender e a aceitar esse desafio foram as Faculdades de Ciências, no início dos anos 1970, enquanto que as Faculdades de Letras das Universidades tradicionais só nos anos 1990 se abriram a este tipo de formação que consideravam profissionalizante e, portanto, fora dos seus objectivos, de índole mais cultural. Porém, em meados e finais dos anos 1970, as chamadas Universidades novas, então criadas, empenharam-se em dar resposta às necessidades da sociedade e desenvolveram cursos de formação integrada de professores nas várias áreas disciplinares do ensino preparatório e secundário. Nos anos 1980, foram também criadas, em substituição das Escolas do Magistério Primário, as Escolas Superiores de Educação com a função de formar educadores de infância e professores para os actuais 1º e 2º Ciclos do Ensino Básico. Estas escolas foram integradas na rede do Ensino Superior Politécnico, em constituição.

O investimento na formação inicial de professores realizado em Portugal nos últimos 25 anos e a sua institucionalização em Universidades e Escolas Superiores de Educação trouxe consigo a leccionação da disciplina de didáctica a nível do ensino superior.

A didáctica fazia parte do currículo das então extintas Escolas do Magistério Primário e era leccionada geralmente numa perspectiva normativa e prescritiva, passando a identificar-se com um conjunto de técnicas de ensino que os futuros professores deviam seguir. Com a criação dos cursos de formação de professores nas Faculdades de Ciências e nas Universidades Novas, as Didácticas específicas, ou da especialidade, foram introduzidas, por vezes com a designação de metodologias. Numa primeira fase, foram ensinadas por professores que, à falta de formação específica, concebiam os cursos de didáctica ou metodologia a partir das suas próprias especializações ou da sua experiência de ensino. Estão, no primeiro caso, os professores universitários e, no segundo, os professores oriundos do ensino secundário, contratados pelas instituições do ensino superior. Presenciávamos assim uma diversidade de concepções, privilegiando alguns aspectos metodológicos do desenvolvimento das respectivas ciências e procurando outros dar aos alunos, futuros professores, uma formação de cariz pragmático-funcionalista, com características de manutenção do *status quo* pedagógico.

Em 1991 escrevia ainda Castro:

> Os textos situados na Didáctica do Português têm tido como produtores sujeitos com posicionamentos institucionais diversos e com distintos enquadramentos disciplinares. O discurso da Didáctica do Português poucas vezes tem sido um discurso autónomo, sendo antes um discurso que prioritaria-

mente tem relevado dos estudos linguísticos e dos estudos literários. Esta situação explica que, quando confrontados com discursos implicitamente situados na Didáctica do Português, encontremos textos que com frequência adoptam uma focalização dos factos e problemas em análise que não procura a estruturação de um campo disciplinar autónomo. A proposta de novos tipos de prática pedagógica, a intervenção na análise do discurso pedagógico oficial, a reinterpretação de produtos de domínios disciplinares específicos, práticas relevantes para a descrição, compreensão e reformulação do ensino/ aprendizagem do Português, aparecem a contribuir para a legitimação das disciplinas tomadas como ponto de partida, mais do que para a consolidação de um novo domínio do saber. A tendência, embora matizada, para este tipo de focalização é visível mesmo em discursos que explicitamente se situam no campo da Didáctica do Português, o que provavelmente se relaciona com a fluidez das suas fronteiras e com as migrações de campo disciplinar.

Tal facto não pode ser desligado da inexistência de uma tradição universitária consistente neste domínio do saber; a constituição de grupos/áreas/departamentos de Didáctica é uma realidade recente na universidade portuguesa, só agora se começando a criar recursos e espaços capazes de possibilitar o desenvolvimento de projectos e linhas de investigação autónomas (1991, p. 360-1).

Embora não se referindo à didáctica curricular, mas à Didáctica do Português no sentido lato, a opinião deste jovem professor de didáctica, já da segunda geração, dá ainda conta da instabilidade desta área do saber. A situação não era, porém, uniforme, não só no que respeita às diferentes especialidades, mas também no que se refere às diversas instituições. Nesse mesmo ano, já eu escrevia, numa visão mais optimista, talvez motivada pelo facto de estar inserida numa Universidade que, desde a sua fundação, se apercebeu da importância do papel das didácticas específicas na formação de professores:

(A Didáctica) é uma disciplina *autónoma* porque utiliza vários domínios do saber sem se identificar com nenhum deles exclusivamente ao colocar-se interrogações que lhe são próprias e ao encontrar para essas questões respostas que só ela sabe dar. Adquiriu já uma dimensão *institucional* ao ser aceite pelas instituições como disciplina curricular e *científica* ao ver reconhecido o seu estatuto de área científica de doutoramento (...), cada dia tornada mais presente com a realização de mestrados e doutoramentos e o aparecimento de unidades departamentais. Finalmente é viva e *dinâmica* porque se encontra ainda em desenvolvimento (id., p. 307).

A identidade da disciplina foi-se progressivamente constituindo e a escola dos didactas foi-se edificando. A primeira geração de didactas conta com um grande número de professores que, tendo leccionado nos outros níveis de ensino, foram chamados às Universidades para leccionarem a recém introduzida disciplina. Alguns foram especializar-se no estrangeiro, sobretudo nos Estados Unidos da América, no Reino Unido e na França, onde fizeram pós-graduações e realizaram doutoramentos. A segunda geração já tem uma formação especializada de base. Produto dos cursos de formação inicial de professores entretanto em funcionamento, tiveram formação teórica e prática de didáctica, muitas vezes não só ao nível da licenciatura, mas também de mestrado ou doutoramento nas próprias universidades, foram acolhidos em equipas de didactas e puderam viver o clima de escola onde se constrói sobre o já construído. Neles se encontra já aquilo a que Bernstein chama *"loyalty subject"* ou seja, uma identidade com a disciplina, uma socialização que progressivamente permite constituir a identidade dos especialistas de Didáctica. Esta segunda geração pode já contar com pessoas da sua especialidade nos concursos para promoção na carreira. A primeira geração, para além de ter de abrir novos caminhos conceptualizadores e identitários, teve de enfrentar a reacção natural dos seus afins, pares de quem se afastava para entrar numa área de conhecimento que aparecia a estes como pouco clara, não especializada, de contornos mal definidos, a-científica, mas simultaneamente potencial competidora com a sua área de saber e ameaçadora de um enfraquecimento do poder constituído e instituído. Subjacente a este processo, estão alterações sociológicas do conhecimento e rupturas paradigmáticas, processos normais na emergência de novas áreas científicas que, ao alterarem áreas de saber, alteram também estruturas de poder.

Verifica-se, actualmente, um fenómeno curioso, patente nas reuniões de investigação, nos congressos e nos júris para apreciação de provas públicas. Vencidas as primeiras resistências, ocorre hoje uma maior interpenetração das duas culturas, a dos didactas e as dos especialistas das várias ciências que lhe são afins e a que esta recorre para constituir o seu saber. Começa a escutar-se uma linguagem nova, num diálogo de negociação, respeito e saudável confronto; surgem projectos interdisciplinares em que os contributos de cada um não se valorizam pelo estatuto das áreas do saber, mas pelo que elas podem trazer de relevante para o objecto de estudo em causa.

3. A base epistemológica da didáctica curricular

Uma das primeiras preocupações dos professores de didáctica consistiu na clarificação dos contornos da disciplina. Inicialmente preocupados com as questões programáticas, de interesse imediato, cedo se aperceberam da necessidade de investigarem sobre a natureza da própria didáctica.

Começa então a falar-se de uma meta-didáctica ou didáctica de nível 2 (Andrade et al., 1994, p. 15), cujo objecto de estudo visa a conceptualização estruturante sobre a própria razão de ser da disciplina, os seus contornos e relações com outras disciplinas, os seus objectivos e conteúdos, procedimentos de ensino e de avaliação. Parte-se então na busca do conhecimento, a que subjaz uma intenção de qualidade na intervenção formativa dos futuros professores. Tendo como ponto de partida as preocupações imediatas da leccionação, sentidas e partilhadas pelos professores de didáctica isoladamente e por equipas organizadas, define-se o objecto que se pretende estudar: a didáctica curricular. Levantam-se e articulam-se as questões de investigação e identificam-se problemas, que referirei mais adiante. Procuram-se soluções. Aspira-se a encontrar regularidades, configurações explicativas, princípios de orientação pedagógica. Os mais ambiciosos, ou adeptos de uma concepção científica mais clássica, vislumbram a possibilidade de se construírem teorias a validar sobre o ensino da didáctica.

Partiu-se já. Onde se chegou?

Na descrição do percurso, começarei por indicar um conjunto de questões que têm constituído a nossa problematização sobre a disciplina. Procurarei articulá-las no sentido de se compreender bem a ideia força que as constela e de, deste modo, evidenciar a preocupação sistemática pelo problema em estudo, indício claro de uma abordagem investigativa. Referirei as investigações realizadas na pesquisa das respostas para alguns desses problemas. Utilizarei aqui o termo investigação no sentido lato. Referir-me-ei a reflexões teóricas produzidas por professores de didáctica que, numa postura epistemológica de cariz schoniano, têm revelado à comunidade científica os resultados da sua reflexão crítica sobre a sua própria acção de professores dessa disciplina, numa perspectiva pró-activa do que entendem que ela deveria ser e numa perspectiva reactiva, motivada pela necessidade de responder a críticas que a essa nova área do saber têm sido dirigidas.

Poderíamos dizer que estamos perante evidências de actuação de professores universitários reflexivos, preocupados pelo seu ensino e pela aprendizagem dos seus alunos, o que para já é significativo, dada a quase ausência desse tipo de reflexões. São estudos de opinião que, por o serem, não têm deixado de contribuir de uma forma significativa para o avanço do conhecimento nesta área. Mas também me reportarei a alguns estudos de investigação no sentido mais específico do termo. Adianto já que, neste momento, os primeiros predominam ainda sobre os segundos. Introduzirei também na discussão elementos recolhidos dos programas das várias disciplinas de didáctica da especialidade que, sendo um discurso produzido pelos próprios professores de didáctica, construtores do seu próprio programa, evidencia as suas atitudes perante algumas destas temáticas.

De entre as questões problematizadoras que nos temos colocado, ressaltam as que têm a ver com: a natureza da didáctica curricular; a finalidade do ensino da didáctica; a relação da didáctica curricular com o estágio pedagógico e a vida profissional dos futuros professores; a interligação entre o que se ensina na didáctica curricular, se investiga em didáctica e o que os professores fazem na profissão; a articulação da didáctica curricular com as Ciências da Educação e com as disciplinas da especialidade; o conteúdo programático de um curso de didáctica; o ensino, a aprendizagem e a avaliação em didáctica; as dificuldades que se revelam na aprendizagem da didáctica e como ultrapassá-las; o perfil do professor de didáctica; o papel do aluno de didáctica; as representações que da didáctica têm os professores e os alunos desta disciplina.

Enunciadas as questões, passarei agora a apresentar a situação relativamente a cada uma delas. Deixarei para último lugar a resposta à questão inicial, a primeira a colocar-se, a verdadeira questão-chave, razão de ser das outras dela decorrentes e à qual, por isso mesmo, concedo o privilégio de ser respondida em último lugar e de, com ela, se fazer a síntese.

4. A finalidade do ensino da didáctica. A relação com o estágio pedagógico e a vida profissional dos futuros professores

Nos vários programas consultados, a finalidade do ensino da didáctica aparece associada à preparação do futuro professor para a sua actuação pedagógica a iniciar-se, geralmente, através do estágio pedagógico, que se realiza no ano seguinte e, nalguns casos, mais raros, em simultâneo com a frequência da disciplina. Objectivos do tipo "adquirir e desenvolver conhecimentos, capacidades e atitudes tendo em vista o desempenho profissional de um futuro professor de (indicação da especialidade)" são recorrentes nos programas, especificando alguns a preparação próxima para o estágio. Poderia eventualmente deduzir-se desta formulação uma finalidade meramente funcionalista atribuída a esta disciplina. Como veremos mais à frente, fazer uma tal leitura seria generalizar apressadamente.

Entre os objectivos, ressalta a ideia de equipar o aluno, futuro professor, com instrumentos teóricos susceptíveis de funcionarem como recursos a mobilizar flexível e apropriadamente nas situações concretas, tantas vezes imprevisíveis, da actuação pedagógica. Exemplo disso é o objectivo que surge no seguinte enunciado: "caracterizar concepções alternativas sobre conceitos centrais, descritas na literatura". Mas também de os familiarizar com instrumentos de observação e análise das situações de ensino/aprendizagem, como o demonstra este objectivo: "analisar, numa atitude de aplicação e aprofundamento dos conhecimentos, episódios de ensino/aprendizagem patentes em gravações em vídeo". Há também a preocupação de consciencializar os alunos para as suas próprias concepções sobre os conceitos inerentes à disciplina a ensinar bem como sobre o modo de a ensinar, como comprova a seguinte formulação: "consciencializar concepções, teorias e crenças pessoais relativas ao processo de ensino/aprendizagem das línguas estrangeiras".

Com ênfases diferentes, os objectivos programáticos abrangem as áreas do saber, do ser e do saber-fazer. Alguns objectivos manifestam envolvimento ao nível da execução, isto é, da situação em aula definida em função das clássicas questões de organização didáctica: porquê, quê, como, onde, quando, quem, com quem e em que medida. Porém, a grande maioria fica-se pelos níveis da peri-execução e informação, definidos por Andrade e Araújo e Sá (1989), na linha de Besse (1987), como os níveis em que, respectivamente, se procede à reflexão, análise e discussão dos processos a desenvolver na sala de aula e se recorre aos conhecimentos produzidos pelos vários domínios disciplinares contributivos para a didáctica.

Se a preocupação pela ligação entre dois elementos do tríptico didáctico (didáctica curricular e didáctica profissional) é evidente nos objectivos formulados, ela é também salientada em vários escritos de natureza metadidáctica (Alarcão, 1989a, b, c, 1991; Andrade e Araújo e Sá, 1989, 1991; Sequeira, 1994). Esta ligação poderá pressupor que a didáctica curricular visa a reprodução das práticas escolares servindo como um primeiro passo à socialização do professor. Concordarei com a segunda parte da afirmação, mas recusarei a primeira e demonstrarei que a preocupação com a inovação é igualmente patente nos objectivos enunciados nos programas (ex.: "desenvolver estratégias conducentes à adopção futura de modelos de ensino-aprendizagem (...) em referenciais inovadores, em particular promovendo actividades que permitam uma consciencialização da inovação e um interesse pessoal pela mesma") e destacada nos relatórios das disciplinas apresentados para concursos e provas públicas (Alarcão, 1989a; Cachapuz, 1993a; Costa, 1994; Martins, 1995). Como rectaguarda da inovação emerge a investigação em didáctica, mas essa ligação será objecto de análise na secção seguinte.

5. A relação entre o que se ensina na didáctica curricular, se investiga em didáctica e o que os professores fazem quando agem didacticamente na profissão

Se a ligação entre os elementos didáctica curricular e didáctica profissional em acção são objecto de preocupação dos didactas, também a ligação com o terceiro elemento do tríptico didáctico transparece não só nos programas como também nos escritos que se têm vindo a produzir. A presença de objectivos do tipo "introduzir conteúdos que a investigação em didáctica de (indicação da especialidade) tem demonstrado serem relevantes para uma eventual mudança nas práticas vigentes" é disso um testemunho. Situam-se na sequência da chamada de atenção para a introdução do discurso da investigação no discurso da formação (Cachapuz, 1986; Andrade e Araújo e Sá, 1989; Amor, 1994). A articulação é facilitada pelo facto de os professores de didáctica serem, na sua grande maioria, também investigadores em didáctica e conhecedores da investigação que se faz nas diferentes especialidades. As referências bibliográficas contidas nos programas dão conta do conhecimento actualizado do campo. Na área de ciências, referências a estudos sobre concepções alternativas, aquisição e mudança conceptual são frequentes. Na área de línguas, e para referir apenas estas duas, aparece com insistência bibliografia de investigação sobre aquisição da linguagem, análise e pedagogia do erro, análise do discurso pedagógico, autonomia na aprendizagem.

Não posso deixar de mencionar que as referências à investigação são, de um modo geral, mais avançadas do que a prática dos profissionais em sala de aula, facto não apenas normal mas também intencional, não só para permitir aos futuros professores uma formação actualizada e baseada em estudos de investigação, mas também para, através deles, se preparar a introdução de atitudes e práticas inovadoras. A participação de professores profissionalizados em projectos de investigação conjuntos é também uma realidade cada vez mais conseguida, o que aproxima a didáctica profissional da investigação em didáctica e tem reflexos na didáctica curricular. A essa tendência não é estranha a frequência de mestrados e outros cursos de pós-graduação pelos professores em exercício nem a actual perspectiva reflexiva na formação contínua de professores, a que vem juntar-se também a influência dos movimentos contemporâneos do professor investigador e da investigação com os professores.

A este propósito, Cachapuz contrapõe a situação portuguesa à situação dominante nos Estados Unidos da América. Enquanto que, neste país, "se tem privilegiado uma linha de racionalidade técnica e se consideram os professores como consumidores das investigações, em Portugal, pelo contrário", afirma o professor de Didáctica da Química, "é a didáctica curricular que tem puxado a investigação e é através dela que se pretende transformar o ensino transformando e desenvolvendo o pensamento dos professores e envolvendo-os, como parceiros de pleno direito, nos projectos de investigação" (1993b, p. 13).

6. A ligação da didáctica curricular com as Ciências da Educação e com as disciplinas da especialidade

Esta tem sido uma das questões mais levantadas até porque ela se prende com a identidade da didáctica. Ficou implícito, quando falei na introdução das didácticas específicas nos cursos de formação de professores nas universidades, que os primeiros professores de didáctica eram professores das especialidades e que naturalmente perspectivavam o ensino da didáctica a partir dos seus saberes disciplinares. Ficou também patente que alguns tinham sido professores nos outros níveis de ensino, sobretudo no secundário e tinham trazido consigo o seu saber empírico a que acrescentaram um número de preocupações. Ficou, além disso, claro que algumas Universidades Novas sentiram a necessidade de mandar formar, no estrangeiro, um conjunto de pessoas numa área que se afigurava aos mais lúcidos como fundamental na formação de professores. Não admira, pois, que houvesse, como refere Castro, já citado, posicionamentos diferentes. Alinharam uns com as ciências da especialidade e consideraram a didáctica um campo disciplinar de aplicação destas. Está, nesse caso, o papel de liderança assumido pela Linguística aplicada nalgumas instituições. Colocaram-se outros numa perspectiva mais pedagógica, procurando nas Ciências da Educação o seu enquadramento e a sua matriz.[2] É minha

---

2. Estes posicionamentos diferentes reflectem-se no enquadramento institucional dos professores de Didáctica. A localização dos docentes e das disciplinas de didáctica varia consoante as Universidades. Nalgumas instituições encontram-se integrados nos departamentos ou faculdades das respectivas especialidades. Noutras, pertencem a departamentos de Ciências da Educação ou de Educação. Na nota anterior referiu-se a existência de um Departamento de Didáctica e Tecnologia Educativa na Universidade de Aveiro. Na Universidade do Minho existe um Departamento de Currículo e Metodologias de Ensino, integrado no Instituto de Educação e Psicologia. Diferentes localizações marcam diferentes estruturas organizacionais e correspondem muitas vezes a diferentes concepções sobre a disciplina

convicção que o grande esforço de caracterização epistemológica da didáctica tem vindo a diluir essas diferenças e, de certo modo, concordo com Estrela quando afirma que a "didáctica se refugiou numa reflexão epistemológica sobre os conteúdos específicos em detrimento de aspectos pedagógicos do processo educativo" (1994, p. 9). Penso, porém, que, tendo ocorrido esse processo numa primeira fase, numa segunda se operou exactamente o contrário, ou seja, uma enfeudização da didáctica ao campo das Ciências da Educação, área que, aliás, sempre a tem considerado numa posição de subalternização, olhando os didactas como técnicos enquanto reserva para os seus o estatuto de educadores e pedagogos, ou como traidores porque dela se afastam para se aliarem aos professores das especialidades. Não quero deixar de reconhecer que começa a chegar-se a um equilíbrio em que umas e outras áreas são reconhecidas como necessárias à construção, pelo professor, do seu saber ensinar pedagogicamente o saber da especialidade disciplinar. Como fiel da balança, a didáctica tem aí um papel de relevo.

Em 1989, defini o que ainda hoje penso ser o posicionamento adequado do professor de didáctica em relação às outras ciências, quer as da especialidade quer as da educação: mobilizador e agente do estabelecimento de pontes e sinergias entre saberes relevantes para o objecto em estudo. Ao referir-me à construção do meu programa de didáctica, escrevi: "(...) em função do objectivo geral do curso, são seleccionados os conceitos mais relevantes para uma prática docente que ponha em acção os objectivos que àquele estão subordinados. Alguns destes conceitos localizam-se no ponto de intersecção entre os conteúdos aprendidos nas disciplinas da especialidade e nas da componente de Educação e, por já terem sido

---

no que respeita à sua identidade e autonomia e às suas relações com outros domínios do saber.

aprendidos, a acção do professor de Didáctica limita-se a estimular a sua activação, a clarificar possíveis dúvidas e indefinições e a destacar a sua relevância para a Didáctica da disciplina em questão" (Alarcão, 1989a, p. 33).

A maioria dos autores que tenho vindo a citar partilham comigo a convicção de que a didáctica é uma disciplina de interface, de charneira, transversal, que estabelece a ponte entre conhecimentos. Rematarei esta secção com uma afirmação de Costa que traduz bem a posição de, pelo menos, um grande número de professores de didáctica: "o professor de Didáctica da Física irá desde já, certamente, compreender que não é seu objectivo leccionar fundamentos de Física ou de Ciências da Educação, mas fazer a ponte entre esses fundamentos e a Prática Pedagógica" (1994, p. 10-1).

7. O conteúdo programático de um curso de didáctica

Das considerações anteriores começa a desenhar-se o conteúdo de um curso de didáctica como um conjunto de conhecimentos, designado por saber, relativo à interpenetração dos saberes da especialidade com os saberes pedagógicos e intimamente ligado ao saber-fazer didáctico, considerado este não apenas como um saber processual, mas também um saber relacional que, por sua vez, se liga ao ser ou saber ser para se orientar para um saber estar e comunicar em situação de ensino-aprendizagem. Pretende-se assim uma integração de saberes, sendo esta uma das expressões que mais aparece nos programas, nos relatórios e nos artigos analisados. Designado, entre nós, muito frequentemente, como um saber científico-pedagógico, este conceito assemelha-se ao conceito de *pedagogical content knowledge* apresentado por Shulman (1987). Aponta para a compreensão dos conteúdos da especialidade de uma forma tão profunda que o professor é capaz de os manipular de uma forma flexível no seu papel de mediador, espécie de tradutor-intérprete, entre o aluno e o saber, entre o saber científico e o saber do aprendente, utilizando para isso aquilo a que Amor (1994) chama a modelação linguística do saber que não é, como a mesma autora esclarece, uma mera transposição didáctica, mas um processo de recontextualização dos conhecimentos sobre a matéria.

Preconiza-se (Alarcão, 1989a; Alarcão e Moreira, 1993, entre outros) que os conteúdos dos programas incluam conteúdos relativos aos três níveis referidos por Andrade e Araújo e Sá (1989) e já mencionados: informação, execução e péri-execução. Assim, os programas incluem tópicos de enquadramento de base, estruturantes do saber científico-pedagógico (epistemologia das ciências, história da ciência, evolução da metodologia do ensino de línguas e suas bases linguísticas e psicológicas, processos de aquisição da linguagem, processos de resolução de problemas), tópicos curriculares (análise de programas e de manuais), aspectos processuais (o trabalho experimental, o ensino da escrita), aspectos avaliativos (funções da avaliação, elaboração de testes, desenvolvimento de *portfolios*) e actividades de planificação em que se combinam conteúdos e metodologias.

Os conteúdos dos programas de didáctica incluem igualmente o desenvolvimento de capacidades (comunicação, decisão, monitoração, reflexão) e atitudes (atitude face à relevância da disciplina a ensinar, face à inovação). Também não deixam de fora questões relacionadas com a finalidade dos objectivos da disciplina a ensinar (relações entre a ciência, a sociedade e a tecnologia; finalidades do ensino de línguas numa Europa em construção e num mundo em processo de globalização) e com o perfil do professor a formar (o papel do professor de (...) na sala de aula e na escola). Ainda no domínio das atitudes, constata-se uma preocupação pela consciencialização dos alunos perante a sua concepção de ensino e dos conhecimentos da sua disciplina, revelada, por exemplo, por Thomaz, 1991; e Vieira, Branco & Moreira, 1995).

8. O ensino, a aprendizagem e a avaliação em didáctica. As dificuldades na aprendizagem de didáctica e como ultrapassá-las

Da leitura dos artigos e relatórios, verifica-se que se privilegia uma perspectiva construtivista na aprendizagem da didáctica, o que remete para o papel do professor concebido não como mero transmissor do saber, mas como facilitador e gestor das aprendizagens e mobilizador dos recursos. Esta concepção exige dos alunos uma participação activa na construção do seu conhecimento, o que tem levantado algumas reacções iniciais. Habituados a um ensino de tipo transmissivo, não familiarizados com a prática da integração dos conhecimentos e não imbuídos de uma cultura participativa, pouco autónomos na sua aprendizagem, mais reactivos do que próactivos, muito dependentes das notas tiradas nas aulas, desorganizados na sua forma de estudar, privilegiando o recurso à memorização mais do que à compreensão inteligente e crítica e portadores de representações erradas e negativas sobre a disciplina, é por vezes difícil enquadrar os alunos no espírito construtivo que se pretende. Este quadro não é, porém, tão negativo como desta descrição se poderá deduzir. Tem-se verificado que, ultrapassadas as reacções iniciais e compreendidos os objectivos da disciplina, os alunos a consideram como relevante para a compreensão das matérias anteriormente aprendidas e para a sua formação com vista ao futuro e, não raramente, entusiasmam-se com a disciplina e passam a ser até seus grandes defensores. Convém destacar que, de uma maneira geral, os que têm mais dificuldades a vencer são os que revelam carências na parte disciplinar da especialidade, uma prova de quanto essa dimensão é importante na construção do conhecimento didáctico.

Num projecto em curso na Universidade de Aveiro sobre o ensino das didácticas de línguas, denominado EURECA/ DL[3] (Alarcão, 1992, 1994), em que um dos objectivos visava a promoção da capacidade reflexiva e da autonomia do aluno na construção do seu saber, verificou-se que, sujeitos a estratégias de ensino-aprendizagem baseadas em tarefas formativas que consistiam em pequenos projectos, os alunos não só desenvolveram a sua capacidade de aprender a estudar como o gosto de estudar didáctica. É de notar que esta metodologia teve também reflexos ao nível das suas concepções relativamente ao tipo de ensino próprio da disciplina. Consideravam, no início do ano, que a disciplina deveria ter um cariz fundamentalmente transmissivo, contrariamente ao que se verificou no final do mesmo ano, em que estratégias de ensino e aprendizagem de tipo reflexivo apareceram mais valorizadas.

Um outro estudo (Vieira e Branco, 1991), realizado com os alunos de Metodologia do Ensino de Inglês na Universidade do Minho e que visava o desenvolvimento de atitudes e capacidades reflexivas dos alunos face ao saber e à prática pedagógica, refere de reacções semelhantes e aponta para o mesmo tipo de constrangimentos a esta abordagem: carácter demasiado teórico das disciplinas universitárias anteriores à Metodologia, falta de referenciação às situações de prática pedagógica, falta de experiência de actuação pedagógica sobre a qual reflectir, tempo que este tipo de abordagem necessita. Mas, tal como no projecto EURECA/DL, também neste caso os alunos valorizaram as abordagens activas e reflexivas utilizadas.

---

3. EURECA/DL é a sigla do projecto intitulado "Ensino Universitário Reflexivo, Chave para a Autonomia/Didáctica de Línguas" que abrange todos os professores de didáctica das várias línguas na Universidade de Aveiro.

Entre as estratégias de ensino e aprendizagem da disciplina preconizadas pelos vários autores e professores destacam-se: exposições teóricas, realizadas quer pelo professor quer pelos alunos e ainda, por vezes, por professores convidados; leituras orientadas; trabalhos práticos; discussões, análise de programas, manuais, materiais pedagógicos e testes; experimentação e avaliação de experiências de ensino pelos próprios alunos em situação de simulação; utilização de técnicas de observação, descrição e análise de situações.

Ao longo da minha actividade docente, tenho vindo a defender o envolvimento dos alunos em actividades de ensino como estratégia de mobilização dos conhecimentos no sentido da sua articulação e, ao mesmo tempo, como processo de estabelecimento de pontes entre a teoria e a prática. Não advogo, com isto, um ensino de didáctica de natureza essencialmente prática. Pelo contrário, tenho praticado com êxito uma metodologia que se desenrola em quatro fases: conhecimento, observação do conhecimento aplicado por outros, actividade pedagógico-didáctica e auto-observação e reflexão sobre a acção realizada (cf. Alarcão e Moreira, 1993). Nesta abordagem, conjuga-se a perspectiva da racionalidade técnica com a perspectiva da epistemologia da prática. Sem experiência prévia, os alunos não podem reflectir sobre a sua actuação. Sem referentes teóricos, não podem observar e descrever de uma forma significativa. Por isso, essas duas componentes vêm primeiro, estabelecem os fundamentos. Mas como o saber didáctico só se completa no saber-fazer, neste modelo os alunos são solicitados a actuar como docentes para poderem depois reflectir sobre a sua própria acção.

Verificava-se, porém, uma dificuldade na passagem da teoria à prática pelo que se acoplou ao esquema inicial uma abordagem baseada na teoria da flexibilidade cognitiva (Spiro et al., 1987) que privilegia o desenvolvimento de capacidades de transferência de conhecimentos, a sua adaptação e reconstrução em função das situações concretas, a aprendizagem à base de casos e resolução de problemas, o desenvolvimento de conhecimentos estruturantes do pensamento, as representações múltiplas e a combinação e recombinação de conceitos. Infelizmente o excessivo número de alunos que a disciplina de Didáctica de Inglês, que lecciono, passou a ter, impediu-me de continuar esta abordagem, que implica um grande envolvimento na componente prática. Passei então a recorrer à análise de casos como realidade virtual, estratégia que defendi noutro lugar como alternativa (Alarcão, 1994). Ao ensinar a didáctica a partir de casos, o ensino adquire uma dimensão narrativa, dramatúrgica, viva, dinâmica, motivadora. A presença do comentário, venha ele do professor ou dos alunos, permite clarificar, questionar, confrontar, desocultar a simbiose do conhecimento científico e do conhecimento pedagógico em presença no conhecimento profissional do professor, ou seja, na didáctica em acção. Ao trabalhar com casos, o discurso do professor de didáctica é predominantemente narrativo, mas assume em momentos oportunos o carácter argumentativo que caracteriza o discurso do investigador.

Depois de ter abordado questões relativas ao ensino e à aprendizagem da didáctica, referir-me-ei agora à avaliação. Por estranho que pareça, este tem sido o aspecto menos discutido nos artigos que têm vindo a lume sobre esta disciplina, pelo que quase exclusivamente me socorro da análise dos programas e relatórios das disciplinas. Predomina uma avaliação de tipo contínua, integrada, visando a avaliação de conhecimentos, capacidades e atitudes. Nela se incluem diferentes fontes, a saber: testes, trabalhos de índole diversa, desde leituras críticas e apresentação de comentários até relatórios sobre experiências docentes e desenvolvimento de materiais para ensino.

9. O perfil do professor de didáctica

Nalguns escritos, nomeadamente em Thomaz (1991), o professor de didáctica aparece como facilitador do desenvolvimento do modelo pessoal de ensino que cada futuro professor constrói a partir da reflexão sobre os seus próprios modelos e do confronto com os dos outros, sejam eles os dos teóricos ou os dos seus pares. Partindo do pressuposto de que os alunos de didáctica trazem consigo o seu próprio modelo de ensino e muitas vezes um desagrado relativamente a ele, a autora aponta como um dos objectivos da disciplina a consciencialização, pelo aluno, "do seu modelo de ensino e (a análise) das suas implicações na aprendizagem" (p. 675). Implícita, para esta autora, está a ideia de mudança conceptual dos alunos, futuros professores, com vista à inovação no ensino e à actuação profissional conscientemente assumida.

Na perspectiva de Kelly em que se situa, Thomaz advoga que o professor de didáctica deve ajudar o aluno a consciencializar-se das suas concepções de ensino da disciplina que vai ensinar, a confrontar-se com concepções e modelos alternativos relativamente aos quais deve poder experimentar, para sobre eles se decidir e os adoptar ou rejeitar, de forma consciente. A didáctica aparece então como propiciadora de oportunidades de experimentação e reflexão. É assim que Thomaz refere o papel do professor como orientador da reflexão do aluno sobre a sua prática, campo de experimentação, mas simultaneamente como alguém que procura criar um clima de confiança e compreensão, necessário a evitar possíveis traumas resultantes de confrontos mais violentos, clima esse que deve ser gerador de autoconfiança, autoconhecimento, auto-observação e autossatisfação.

É que o objectivo último do professor de didáctica é o desenvolvimento da autonomia do aluno como aprendente e como profissional reflexivo, ideia partilhada por outros autores (Alarcão e colaboradores, 1992; Vieira e Branco, 1991). Esta postura facilitadora, mais do que meramente transmissora, não implica demissão de funções. O professor tem o seu papel na sociedade; dele se espera saber e autoridade. Ele é o referente de quem os alunos esperam não apenas orientações, mas também as informações que possam vir a transformar em conhecimentos pessoalizados.

10. O papel do aluno de didáctica

Ao abordar esta temática e tendo como pressuposto uma aprendizagem participativa, construtivista, significativa e autonomizante, defendi que um ensino da didáctica à base de tarefas é "desencadeador de saberes, obriga o aluno a analisá-las e a problematizá-las, a recorrer a conhecimentos e a reorganizá-los, a experimentar e a transformar. Nesta caminhada heurística, ele constrói-se e desenvolve-se" (Alarcão e colaboradores, 1995, p. 229). O aluno emerge assim no seu papel de pesquisador, que encontra no professor, como coordenador da aprendizagem pela pesquisa, a sua contraface.

Mas o que se entende por aluno como pesquisador? Se a didáctica curricular tem como objectivo levar o aluno, futuro professor, a compreender que, para ensinar a matéria que aprendeu, tem de ser capaz de a adaptar ao conhecimento do aluno para assim servir de mediador, espécie de tradutor entre o saber constituído e o saber a construir pelo aluno, se afastamos a ideia de didáctica como repositório de receitas e lhe acentuamos o carácter analítico e reflexivo, de interface, teórico-prático, científico-pedagógico, então o aluno de didáctica tem de ter uma atitude heurística, de construtor do seu próprio saber e saber-fazer, ingredientes que vão constituir o seu ser professor. É preciso que ele encontre as linhas estruturantes do seu saber didáctico, pois só quando encontrar as linhas estruturantes, estará em condições de produzir o seu próprio saber. Terá de ser aprendente do que é ensinar, estudante do ensino (Alarcão e colaboradores, 1995), pesquisador do saber e pesquisador dos seus processos de ascender ao saber para poder compreender os processos que desencadeia nos seus alunos. Pretende-se que o estudante de ensino desenvolva atitudes de gestão da sua própria aprendizagem através da regulação de processos e produtos, aspectos também preconizados por outros autores (Thomaz, 1991; Vieira, 1994).

11. As representações dos professores e dos alunos relativamente à didáctica

Há representações diferentes. Lourenço escreve: "Ao iniciar as aulas de Didáctica na Faculdade de Letras, inquirindo os alunos sobre as suas expectativas quanto ao que desejariam aprender, deparámos com alguns problemas que se prendiam com as divergências entre aquilo que nós considerávamos pertinente para a sua formação e aquilo que eles esperavam receber. De facto, na sua grande maioria, tudo o que esperavam e pretendiam era um receituário, o mais exaustivo possível, que lhes permitissem no ano seguinte (ano de estágio) enfrentar os alunos e a matéria, em suma, que lhes ensinassem como "dar aulas" (1991, p. 334).

Constatações semelhantes encontram-se em Alarcão e colaboradores (1992), Vieira e Branco (1991) e Kayman, Abranches e Loureiro (1991). Foi exactamente a consciência angustiante relativa ao desfasamento existente entre as nossas concepções da didáctica e as expectativas que, ano após ano, verificávamos nos nossos alunos que nos levou a iniciar o projecto EURECA/DL acima referido. Conscientes de que seria possível mudar as concepções sobre a disciplina (dos alunos e eventualmente também as nossas), envolvemo-nos num projeto de investigação-acção sobre o nosso próprio ensino, enquadrando-nos numa perspectiva de professores reflexivos em contínuo desenvolvimento, paradigma que defendemos para os profissionais de ensino e, portanto, também para nós próprios.

12. Caracterização da didáctica curricular

Propositadamente deixei para último lugar a abordagem desta questão.

As reflexões feitas levam-me a situar o objecto de estudo da didáctica curricular na intersecção dos processos de ensino/aprendizagem e sua relação com o conteúdo a aprender (Alarcão, 1989a, b, c). Andrade *et al.* (1994) definem a didáctica curricular como "uma disciplina teórico-prática, integradora de saberes pluridisciplinares, interpretativa (porque espaço de descrição/explicação do ensino/aprendizagem), exploratória (porque espaço de reconstrução do saber pedagógico) e que deve promover um ensino analítico e reflexivo (enquanto espaço de teorização pessoal sobre o ensino/ aprendizagem, mais do que de ensinamento de quais as normas de um bom ensino)".

Sem a ter propriamente definido, tinha-a caracterizado em 1991 de forma que não é alheia a esta definição. Embora longa, transcrevo neste capítulo essa caracterização por a considerar ainda hoje actual e por reconhecer a aceitação que teve entre os didactas portugueses:

> A Didáctica curricular tem uma dimensão *analítica* porque coloca o aluno/futuro professor perante a tarefa de dissecar e compreender a complexidade dos factores que envolvem a

relação que se estabelece entre o aluno e o conhecimento de uma determinada ou determinadas disciplinas. Tem uma dimensão *racional* porque abstrai do concreto da situação real da sala de aula e permite estudar essa realidade em diferido e problematizá-la.

A dimensão *de interface* advém-lhe pelo facto de considerar o mesmo objecto de análise sob diversos pontos de vista: do conteúdo/do processo, do saber/do saber-fazer. Esta perspectiva múltipla cria enquadramentos teóricos novos, específicos do seu objecto de estudo e dá-lhe uma dimensão *de síntese, integradora*.

Tem também uma dimensão *investigativo-heurística* porque envolve o aluno na pesquisa de soluções para os problemas que lhe são colocados. Ao fazê-lo de forma heurística, assume uma dimensão *reflexiva* porque obriga o aluno a especificar o porquê das suas decisões, *metacognitiva* porque o leva a pensar sobre o seu próprio conhecimento numa dinâmica de *conhece-te a ti próprio, construtivista* porque, ao colocar o aluno perante a sua função de mediador do conhecimento, o convida a repensar, aprofundar e construir o seu próprio saber. Mas igualmente *transformadora* porque ao aluno não é permitido fazer uma mera aplicação dos saberes, mas considerá-los no contributo que podem trazer para a consideração da situação específica com que se confronta, exigindo-lhe para tal que os relacione, agrupe, re-agrupe, transforme, recrie e utilize de uma maneira flexível. Inerente a esta transformação, encontra-se a dimensão *inovadora*, resultado do "ver como se fosse de outra maneira, sob outro ponto de vista" na concepção wittgensteiniana. Ao propor-se, como o faz, desenvolver conhecimentos, atitudes e capacidades que preparem o professor para a sua vida futura não lhe é estranha uma dimensão *projectiva*. Enriquece-se quando pode ter uma dimensão *clínica* e possibilita que o objecto de análise seja uma situação experienciada pelo próprio aluno. Tem um carácter *praxeológico*, quando a clínica pode ser o laboratório de ensino ou a sala de aula, situação *consciencializadora* da necessidade de se ser criativo e flexível na adaptação à situação e concretizando o princípio do *aprender a fazer fazendo*. Mas simultaneamente *metapraxeológico* desafiando uma reflexão sobre a própria prática e sua vivência. Assume uma dimensão interactiva quando se aproxima daqueles que, na prática, já são profissionais e se preocupam com a problemática da mediação do saber.

Tem uma dimensão *prospectiva* porque deixa antever o que será o futuro professor; e *selectiva* porque deve impedir a alunos indevidamente preparados a sua entrada em estágio pedagógico (quando leccionada anteriormente a este). Que dizer da dimensão *formativa*? Penso que terá iludido a sua função se não tiver consciencializado o aluno para a necessidade de um projecto pessoal de formação, com continuidade na *formação contínua* (1991, p. 306-7).

13. Reflexões finais

Tentei, ao longo deste capítulo, evidenciar as relações entre os elementos do que designei por tríptico didáctico. Considero que, na nossa função de docentes de didáctica e investigadores nesta área, utilizamos vários tipos de discurso: o discurso do professor, de natureza predominantemente narrativa e crítica, problematizador, exigido pela função de mediador do saber a construir, e o discurso elaborativo e argumentativo do investigador, permeado por descrições de factos e estados e narrações de processos. Por se tratar de uma área emergente, ainda em construção, o nosso discurso assume, por vezes, um tom apologético. Tentei evitá-lo ao longo deste meu escrito, mas pairará eventualmente no espírito de quem o vier a ler uma dúvida relativamente ao possível desfasamento entre o discurso teórico que analisei e o discurso da prática, sabendo nós que o primeiro é geralmente mais avançado relativamente ao segundo.

Admito que haja um desfasamento entre o que se pretende que seja a didáctica e se divulga em artigos conceptualizadores e estruturantes e o que efectivamente o é na prática. Alguns dos constrangimentos são de ordem institucional e aparecem referidos nos relatórios a que tenho vindo a aludir. Prendem-se com o número de alunos, o tempo de leccionação e acompanhamento dos mesmos, a falta de ligação às escolas. Mas não podemos deixar de reconhecer a emergência de um pensamento didáctico sistemático e coerente, embora sem amplitude universal. Nas conclusões de um estudo sobre os programas de didáctica das línguas leccionados nas instituições do ensino superior em Portugal, pode ler-se: "A Didáctica está visivelmente num caminho evolutivo já que se abrem caminhos a uma formação autonomizante, focalizada no sujeito em formação, perspectivado como alguém capaz de equacionar e resolver os problemas profissionais, mas também construída sobre um conjunto de saberes, conhecimentos e técnicas já elaborados/em elaboração e que fazem, indubitavelmente, do campo de intervenção da DL um campo próprio" (Andrade et al., 1994, p. 60). E, reconhecendo que prevalece ainda nalguns programas uma certa orientação de racionalismo técnico, concluem os autores: "pode afirmar-se que estamos ainda longe de possuir um discurso pedagógico único" (p. 36).

Não obstante alguma instabilidade, encontram-se na nova concepção da disciplina elementos que nos permitem traçar um paradigma de didáctica curricular, já assumido por alguns autores e nalgumas instituições, emergente noutros, instável ainda noutros, fortemente apoiado e fortemente criticado. Passamos a resumi-los:

- concepção de didáctica como disciplina recontextualizadora de saberes em função dos seus próprios

objectivos (Castro, 1991, p. 363), integradora, entendendo-se por integração, na concepção de Bernstein (1977), a subordinação de determinados temas a uma ideia aglutinadora e geradora de novas configurações de sentido;
- relação aberta com as outras disciplinas e o mundo do trabalho;
- reconhecimento do papel conceptualizador e propedêudico da disciplina pela necessidade de preparar o futuro professor para as situações não estandardizadas da vida profissional docente sem, contudo, deixar de reconhecer a existência de padrões configuracionais recorrentes na sua actuação;
- discurso formativo, crítico, definido em Challe (referido em Castro, 1995) como discurso do posicionamento, sujeito à reformulação, à refutação, à crítica;
- metodologias de cariz construtivista, investigativo e formativo, para além de informativo;
- avaliação de saberes e saberes-fazer, a par de atitudes e valorizações.

Ao longo dos anos, tenho vindo a interrogar a didáctica específica sobre as contribuições que pode trazer à formação de professores. Em jeito de resumo, direi que a didáctica específica tem como objecto de estudo a natureza do processo real, contextualizado, do ensino-aprendizagem de uma determinada disciplina. Para o estudar, busca saberes de referência que recria na funcionalidade do valor que detêm para a compreensão do problema em questão. O seu campo disciplinar afirma-se na emergência desse saber constituinte substantivo e na relação estrutural e semântica que estabelece com as disciplinas. Colocada ao serviço dos professores, estes reinterpretam a didáctica no contexto específico da sua leccionação, por vezes questionando-a e adaptando-a, mas também eles investigando sobre ela. Nas suas mãos, a didáctica assume a funcionalidade que caracteriza a didáctica em acção na sala de aula.

Saber didáctica é, pois, ter desenvolvido uma teoria prática, uma inteligência pedagógica, saberes que permitem agir em situação. É esse o contributo da didáctica para a formação de professores.

Referências bibliográficas

ALARCÃO, I. Didáctica. In: *Enciclopédia Verbo Pólis-Humanidades*, Lisboa, Verbo, v. 2, p. 247-50, 1984.

_____. *Relatório da disciplina Didáctica do Inglês para as Licenciaturas em Ensino de Português/Inglês e Inglês/Alemão da Universidade de Aveiro*. Relatório apresentado para provas de agregação, na Universidade de Aveiro, 1989a. (Policopiado.)

_____. Para uma revalorização da Didáctica. *Aprender*, n. 7, p. 5-8, 1989b.

_____. Preparação didáctica num enquadramento formativo-investigativo. *Inovação*, v. 2, n. 1, p. 31-6, 1989c.

_____. A didáctica curricular: fantasmas, sonhos, realidades. In: MARTINS, I. et al., 1991.

_____. A didáctica curricular na formação de professores. In: ESTRELA, A.; FERREIRA, J., 1994.

_____ et al. Ensino universitário reflexivo, chave para a autonomia. O caso das didácticas específicas de línguas (materna e estrangeira) na Universidade de Aveiro. In: MONTERO MESA, L.; VEZ JEREMIAS, J. M. (eds.). *Las didácticas específicas en la formación-del profesorado*. Santiago de Compostela; Tórculo, 1992.

_____; MOREIRA, A. Technical rationality and learning by reflecting on action in teacher education: dichotomy or complement? *Journal of Education for Teaching*, v. 19, n. 1, p. 31-40, 1993.

ALARCÃO, I. Da essência da didáctica ao ensino da didáctica. Projecto Eureca/DL na Universidade de Aveiro. In: ESTRELA, A.; FERREIRA, J. (eds.). *Desenvolvimento curricular e didáctico das disciplinas*. Actas do IV Colóquio Nacional da Afirse. Lisboa: Universidade de Lisboa, 1994.

_____. Preparação dos professores para a autonomia na aprendizagem. *Ciências da Educação*: Investigação e Acção. Actas do II Congresso da Sociedade Portuguesa de Ciências da Educação, 1º volume. Porto: SPCE, 1995.

AMOR, E. Repensar a didáctica. In: ESTRELA, A.; FERREIRA, J. (eds.), 1994.

ANDRADE, A. I.; ARAÚJO E SÁ, H. Didáctica e formação em didáctica. *Inovação*, v. 2, n. 2, p. 133-44, 1989.

_____. Le discours de formation et le discours de recherche en didactique: voies pour une intégration. *Actes du 2ᵉ Colloque International de l'Association des Chercheurs et Enseignants Didacticiens des Langues Étrangères. Recherche, terrain et demande sociale*. Strasbourg, p. 187-202, 1990.

_____. Quand (se) former c'est s'engager. Pour des pratiques renouvelées de formation des enseignants de langues. *Les Langues Modernes*, n. spécial, 4, p. 35-49, 1991.

ANDRADE, A. I. et al. *Caracterização da didáctica das línguas em Portugal. Da análise dos programas às concepções da disciplina*. Porto: SPCE, 1994.

BERNSTEIN, B. *Class, codes and control. Towards a theory of educational transmission*. Londres: Routledge and Kegan Paul, 1977. v. 3.

BESSE, H. Sur la scientificité des savoirs relatifs à la didactique des langues secondes et étrangères. *Colloque du Credif*: Didactique des langues ou didactique de langues? Transversalité et specifités, 1987. (Mimeo.)

CACHAPUZ, A. F. Articulação, investigação educacional/práticas educativas: problemática e perspectiva. *Actas do Colóquio As Ciências da Educação e a Formação de Professores*. Lisboa: Gabinete de Estudos e Planeamento, Ministério da Educação, 1986.

_____. *Relatório da disciplina de Didáctica da Química*. Relatório apresentado para provas de agregação na Universidade de Aveiro, 1993a. (Policopiado).

_____. *Investigação em Didáctica da Química*: problemática e perspectivas. Lição de síntese apresentada para provas de agregação na Universidade de Aveiro, 1993b. (Policopiado.)

CASTRO, R. Produção e reprodução do conhecimento no campo da Didáctica do Português/Metodologia do Ensino do Português. *Ciências da Educação em Portugal. Situação Actual e Perspectivas.* Actas do I Congresso de Ciências da Educação. Porto: SPCE, 1991.

_____. *Para a análise do discurso pedagógico. Constituição e transmissão da gramática escolar.* Braga: Universidade do Minho. 1995.

COSTA, N. *Relatório da disciplina de Didáctica da Física.* Relatório apresentado para concurso a professora associada na Universidade de Aveiro, 1994. (Policopiado.)

ESTRELA, A. Discurso de abertura. In: ESTRELA, A.; FERREIRA, J. (eds.), 1994.

_____; FERREIRA, J. (eds.). *Desenvolvimento curricular e didáctica das disciplinas.* Actas do IV Colóquio Nacional da Afirse. Lisboa: Universidade de Lisboa, 1994.

KAYMAN, M. A.; ABRANCHES, G.; LOUREIRO, H. A psico-velocidade ou a teoria de andar de bicicleta. In: MARTINS, I. et al., 1991.

LEMOS, V. A natureza integradora das didácticas e metodologias de ensino e sua inserção nos currículos de formação de professores: exemplo actual. Actas do 1º Encontro Nacional de Didácticas e Metodologias de Ensino. Aveiro: Universidade de Aveiro, 1988.

LOURENÇO, C. Didáctica, didácticas, ciências da educação. In: MARTINS, I. et al., 1991.

MARTINS, I. et al. (eds.) Actas do 2º Encontro Nacional de Didácticas e Metodologias de Ensino. Aveiro: Universidade de Aveiro, 1991.

MARTINS, I. *Relatório da disciplina de Didáctica das Ciências*. Relatório apresentado para concurso a professora associada na Universidade de Aveiro, 1995. (Policopiado.)

MOREIRA, A. Didactics, hypermedia and problem-solving: reflections on their complementarity and guiding principles for hypermedia courseware. Actes des Premières Journées Scientifiques Hypermédias et Apprentissages (version des participants). Université Pierre et Marie Curie, Chatenay-Malabry, A-15/A-24, 1991.

_____. Hypermedia and pre-teacher education: some possibilities in analogy with didactics. In: OLIVEIRA, A. (ed.). *Structures of communication and intelligent help*. NATO ASI Series F: Computer and Systems Sciences. Berlim: Springer Verlag, v. 92, p. 34-8, 1992.

SÁ, C. O que é a Didáctica do Português na Universidade de Aveiro? *Ciências da Educação em Portugal. Situação Actual e Perspectivas*. Actas do I Congresso de Ciências da Educação. Porto: SPCE, 1991.

SEQUEIRA, F. O papel das didácticas da língua e da literatura na formação de professores de Português. In: MARTINS, I. et al., 1991.

SEQUEIRA, F. Didáctica e formação de professores. In: ESTRELA, A.; FERREIRA, J. (eds.), 1994.

SHULMAN, L. Knowledge and teaching: foundations of the new reform. *Harvard Educational Review*, v. 57, n. 1, p. 1-22, 1987.

SPIRO, R. J.; FELTOVICH, P. J.; COULSON, R. L.; ANDERSON, D. K. Knowledge acquisition for application: cognitive flexibility and transfer in complex content domains. *Technical Report*, n. 409 (Urbana, IL. Center for the Study of Reading. University of Illinois at Urbana-Champaign), 1987.

THOMAZ, M. O papel do professor de didáctica à luz da teoria das construções pessoais de George Kelly. In: MARTINS, I. et al., 1991.

VIEIRA, F. Alunos autónomos e professores reflexivos. In: TAVARES, J. (ed.). *Para intervir em educação. Contributos dos colóquios CIDInE*. Aveiro, Edições CIDInE, 1994.

VIEIRA, F.; BRANCO, G. Contributo da disciplina de Metodologia do Ensino de Inglês na formação de professores reflexivos. In: MARTINS, I. et al., 1991.

_____; BRANCO, G.; MOREIRA, M. A. Um estudo sobre concepções de alunos (futuros professores) acerca do processo de ensino/aprendizagem de uma língua estrangeira. Ciências da Educação: Investigação e Acção. *Actas do II Congresso de Ciências da Educação.* Porto: SPCE, 1995. 2. v.

TENDÊNCIAS NO ENSINO DE DIDÁTICA NO BRASIL

*Marli Eliza Dalmazo Afonso de André**

O presente texto procura identificar tendências no ensino de didática no Brasil, considerando: a) a história da área de Métodos e Técnicas de Ensino do Programa de Pós-Graduação em Educação da Pontifícia Universidade Católica do Rio de Janeiro (PUC-RJ) ao longo de seus vinte anos de existência (1969-1989); b) os resultados da análise de programas de didática utilizados nos cursos de pedagogia e licenciatura na década de 1980 apresentados no Seminário "A didática em questão"; c) novas propostas e alternativas para o ensino de didática surgidas no final dos anos 1980 e início dos 1990.

A escolha dessas fontes aparentemente tão diferenciadas objetiva, por um lado, fornecer uma visão abrangente do ensino de didática e do seu papel tanto na formação do professor de 3° grau, em nível de pós-graduação, quanto na formação do docente de 1° e 2° graus nos cursos de pedago-

---

* Professora titular aposentada da Universidade de São Paulo e Professora do Programa de Pós-Graduação em Educação: Psicologia da Educação da PUC-SP.
E-mail: marliandre@pucsp.br

gia e licenciatura. Por outro lado, pretende indicar tendências e rumos atuais da disciplina didática, com base em propostas que vêm sendo recentemente divulgadas por estudiosos da área.

1. O ensino de didática no programa de pós-graduação em educação da PUC-RJ

O primeiro programa de pós-graduação em educação do Brasil foi criado em 1969 na PUC-RJ compreendendo três áreas de concentração, sendo uma delas a de Métodos e Técnicas de Ensino. Pioneiro na área, esse programa atraiu alunos de diferentes partes do Brasil, tendo sido responsável pela formação de um grande número de pesquisadores/docentes que, sem dúvida, tiveram papel relevante nos rumos do ensino de didática no Brasil.

Parece ser bastante significativo, então, o estudo das tendências que estiveram presentes na história da área de Métodos e Técnicas de Ensino da PUC-RJ, pois ela irá revelar um pouco da história do ensino de didática no Brasil e, ao mesmo tempo, ajudará a explicitar as linhas que direcionaram a formação do professor de didática de 3º grau.

Para traçar a história da área utilizamos como ponto de referência os programas das disciplinas Metodologia Didática 1 e Metodologia Didática II desenvolvidos em semestres alternados, de 1970 a 1986, assim como as dissertações defendidas na área nesse mesmo intervalo de tempo.

O exame dos programas das referidas disciplinas e das dissertações concluídas permitiu detectar, num momento inicial — que vai de 1970 até aproximadamente 1977 — uma influência da *perspectiva instrumental-tecnicista e o uso do método experimental de pesquisa*.

Essa tendência fica bastante evidente nos objetivos e nos conteúdos do programa de Metodologia Didática I. Entre os objetivos gerais dessa disciplina encontramos os seguintes: "construir um modelo de planejamento de um curso"; "elaborar um módulo de ensino"; "caracterizar os elementos básicos de um planejamento didático a partir da abordagem sistêmica".

Os conteúdos do programa só confirmam essa tendência, pois os temas elencados são: "módulo de ensino, microensino, ensino por competência, aprendizagem para o domínio, abordagem sistêmica e planejamento didático, entre outros.

Os objetivos enfatizam ainda a análise das diferentes estratégias de ensino em termos de sua "aplicabilidade ao ensino superior". Essa preocupação também está presente nos objetivos da disciplina Metodologia Didática II, o que parece bastante compreensível em função da clientela que procurava os cursos de pós-graduação naquele momento — prioritariamente professores do 3º grau.

Outro aspecto marcante da área nessa fase é a busca do cientificismo e a valorização do método experimental, o que pode ser atestado pela primeira unidade de conteúdos da disciplina Metodologia Didática II — "didática experimental". Nessa unidade estavam previstas discussões sobre as possibilidades de aplicação do método científico na didática e a análise de trabalhos experimentais.

Fato bastante significativo nessa mesma direção foi a realização, em novembro de 1974, do I Seminário de Pesquisa Experimental em Educação, na PUC-RJ. Além da apresentação de trabalhos de pesquisa, o seminário incluiu em sua programação principal uma palestra intitulada "A pesquisa experimental e a metodologia didática", por João Batista A. Oliveira. Isso mostra claramente a tentativa de busca do caráter científico da didática pela via do método experimental de pesquisa.

Esse evento, assim como os objetivos e conteúdos abordados nas duas disciplinas Metodologia Didática I e II, que eram obrigatórias para os alunos da área, certamente tiveram grande influência nos temas e na metodologia das dissertações defendidas no período. Das 46 dissertações concluídas até 1977, aproximadamente 60% tratavam de temas ligados ao tecnicismo e em sua maioria utilizavam o método experimental. Citamos, para deixar mais evidente, os títulos de algumas dessas dissertações e o ano da sua defesa: "O princípio de 'feedback' — sua utilização no ensino" (1972), "Microensino: uma nova perspectiva na formação do professor" (1973), "Uma estratégia de avaliação por objetivos e sua aplicação" (1974), "Um estudo experimental sobre a eficácia dos resultados da aprendizagem de matemática através de módulos instrucionais" (1975), "Um microestudo sobre o tempo instrucional e a estratégia de aprendizagem para o domínio" (1976), "Sequências instrucionais determinadas pelo professor segundo níveis de conhecimento. Um estudo experimental" (1977). Cerca de 20% das demais dissertações, embora não tratassem diretamente de uma temática tecnicista, utilizavam um enfoque instrumental (por exemplo, "Criatividade na expressão verbal — estudo de uma metodologia") e só um pequeno número de trabalhos (20%) seguiam abordagens diferenciadas como a desenvolvimentista ("Análise do nível operatório do adulto analfabeto"), a histórica ("Educação na Amazônia Colonial — uma contribuição ao estudo da história da educação brasileira") ou a teórica ("Formação do profissional de educação no Brasil: teoria e prática").

Um outro momento que se destaca no exame dos programas das duas disciplinas e das dissertações defendidas na área de Métodos e Técnicas de Ensino é o que abrange os anos 1978-1982 e que pode ser caracterizado como uma espécie de *transição* entre uma didática instrumental e uma preocupação com as abordagens do processo ensino-aprendizagem e a realidade educacional brasileira.

No programa de Metodologia Didática I começam a aparecer nesse período temas como "as dimensões do processo ensino-aprendizagem" e já se nota uma tentativa de estruturar o conteúdo em torno de abordagens, por exemplo "a tecnologia educacional e o processo de ensino-aprendizagem". Em Metodologia Didática II, o estudo de autores isolados, como Rogers, Piaget, Coombs, Bruner, Paulo Freire, Freinet, é substituído pelas abordagens personalista, humanista, cognitivista e sociocultural.

Em termos dos objetivos dessas disciplinas há uma mudança de enfoque, evidenciando uma preocupação em relacionar as estratégias e abordagens estudadas com a realidade da educação brasileira. Agora as aplicações não se restringem ao ensino superior ou ao processo de ensino-aprendizagem de modo geral, mas à *problemática educacional brasileira*. Nota-se uma maior aproximação à nossa realidade também nas bibliografias dos programas das disciplinas, que no momento anterior incluíam um grande número de obras estrangeiras, marcadas primordialmente pela corrente tecnicista, e agora apresentam várias produções de autores brasileiros, muitos dos quais utilizando enfoques críticos.

As dissertações defendidas nesse período — em número de 42 — refletem também uma certa abertura para temas mais próximos de nossa realidade e para metodologias alternativas de pesquisa. Alguns trabalhos dessa fase são: "A recuperação de alunos com deficiência de aprendizagem em escolas de Maceió" (1978), "A universidade brasileira no pensamento de Anísio Teixeira" (1978), "Conselho de classe: uma alternativa de participação dentro da estrutura escolar" (1979), "O estágio supervisionado — uma análise crítica" (1980), "O tempo de permanência do aluno na universidade — um estudo de caso" (1981), "Finalidade da escola segundo o produtor rural de baixa renda do município de Formiga (MG)" (1982).

O início da terceira tendência é marcado pela defesa da primeira tese de doutorado da área: "Ensino: o que fundamenta a ação docente? — um estudo das abordagens do processo ensino-aprendizagem" (Mizukami, 1986). Na primeira parte da tese a autora apresenta uma sistematização das abordagens tradicional, comportamentalista, humanista, cognitivista e sociocultural. Ainda que o estudo se volte para as interações de sala de aula, seu enfoque tem influência acentuada da psicologia, que de certa maneira ainda domina grande parte do conhecimento na área. Publicada com o título *Ensino: as abordagens do processo* (Mizukami, 1986), essa tese passa a ser adotada como livro-texto por muitos professores de didática.

Uma observação bastante interessante dessa terceira tendência que pode ser caracterizada como a *do ensino por abordagens* é a uniformidade dos objetivos das disciplinas Metodologia Didática I e II. Ambas se propõem a "situar o papel da Metodologia Didática na reflexão contemporânea sobre os problemas educacionais", "caracterizar algumas das abordagens do processo ensino-aprendizagem" e "propor alternativas para o ensino e a pesquisa". Ambas também enfatizam a necessidade de explicitar os pressupostos das diferentes abordagens e avaliar suas possíveis contribuições à solução dos problemas da nossa realidade educacional. A definição de objetivos comuns parece dar mais consistência à área e facilitar a busca de caminhos alternativos. Embora os conteúdos sejam diferentes, os programas das duas disciplinas são mais articulados do que nos anos anteriores. Metodologia Didática I focaliza as abordagens tradicional, escolanovista, comportamental e tecnológica, e Metodologia Didática II discute as abordagens humanista, cognitivista e sociocultural. Em ambos os programas há uma preocupação com os pressupostos das abordagens e com sua aplicabilidade à realidade educacional. Percebe-se, pela organização dos conteúdos, uma visão mais integrada e consistente da área.

As dissertações concluídas no período — num total de 43 — reafirmam o esforço nessa direção. São trabalhos que se voltam para a análise da problemática educacional concreta e de seus determinantes, utilizando diferentes enfoques metodológicos. Alguns exemplos de dissertações defendidas nesse período são: "A prática do estágio supervisionado em cursos de licenciatura da Universidade Federal do Pará" (1983), "Análise crítica da ação pedagógica no pré-escolar do Município do Rio de Janeiro: um estudo de caso" (1984), "Germes de uma prática pedagógica competente com crianças de camada popular" (1986), "Jovens adolescentes das camadas populares: a expressão do social no cotidiano escolar" (1987), "Escola rural: realidade e perspectivas" (1988).

2. O ensino de didática a partir dos seminários "a didática em questão"

Outra fonte de indicação sobre as tendências do ensino de didática no Brasil é o material apresentado e discutido nos Encontros Nacionais da área, que contaram com a participação de docentes de diferentes partes do país refletindo, portanto, um certo pensamento nacional da área e ao mesmo tempo sugerindo possíveis influências nesse pensamento.

Tendo em vista o objetivo do presente texto, focalizaremos apenas os dois primeiros seminários intitulados "A didática em questão", que nos oferecem elementos para reflexão sobre o ensino de didática no Brasil.

Em novembro de 1982 é realizado, na PUC-RJ o I Seminário "A didática em questão", que pretende, entre outros objetivos, fazer uma revisão crítica do ensino de didática e contribuir para a reconstrução do conhecimento na área. As discussões e encaminhamentos feitos nesse seminário concluem que o grande desafio do momento é a superação de uma didática exclusivamente instrumental e a construção de uma *didática fundamental*.

A didática fundamental tem como preocupações básicas: a) a multidimensionalidade do processo ensino-aprendizagem, ressaltando a necessidade de articular as dimensões humana, técnica e sociopolítica do fenômeno educativo; b) a contextualização da prática pedagógica; c) a explicitação e análise dos pressupostos que fundamentam as diferentes abordagens de ensino; e d) a reflexão sobre experiências concretas, procurando trabalhar continuamente a relação teoria-prática.

Para que essa nova visão de didática possa vir realmente a se concretizar e para que o movimento de reconstrução do conhecimento na área possa de fato avançar são apresentadas algumas recomendações no documento síntese das conclusões do I Seminário "A didática em questão":

- que haja uma busca sistemática para definição do objeto da didática;
- que seja feita uma análise crítica dos conteúdos abordados nos cursos de didática;
- e que se procure articular o discurso sobre a didática com a didática vivida no dia a dia da prática educativa.

O movimento de busca do objeto e da identidade da didática dominou as pautas de discussões nos encontros científicos ao longo de dez anos, podendo-se dizer que hoje — 1996 — já não se constitui mais preocupação central da área. Existe uma certo consenso de que a didática, como área de estudo, focaliza o processo de ensino ou a ação docente.

Quanto à análise crítica dos conteúdos abordados na disciplina didática, várias equipes de diferentes regiões do país fizeram uma análise dos programas utilizados pelos professores de didática nos cursos de pedagogia e licenciatura e apresentaram os dados no II Seminário "A didática em questão", realizado na PUC-RJ em 1983. O quadro resultante dessa análise evidenciou uma concepção fortemente instrumental da didática, ou seja, o estudo de técnicas e instrumentos sem qualquer vinculação com uma dada realidade, sem referência aos fins a que se destinam e às teorias que os fundamentam. Nesse sentido, o pressuposto da neutralidade é assumido. Os temas que constituem o conteúdo da disciplina didática são apresentados de modo universal, sem uma preocupação explícita de vinculá-los à realidade brasileira ou à prática pedagógica das escolas de 1º e 2º graus.

Essas constatações desencadearam ações e reações diversas nos diversos programas de formação de professores do Brasil, variando desde uma atitude de perplexidade até medidas drásticas de negação da didática — há exemplos de instituições que resolveram abolir a disciplina didática de seus programas de formação de professores. Houve também, ao mesmo tempo, uma reação contrária e um movimento de busca de alternativas, que vai originar uma série de tendências no final dos anos 1980 e início dos 1990.

3. Propostas de ensino de didática nos anos 1990

A partir de 1988 as propostas para o ensino de didática se diversificam. Uma das direções para a qual se voltam algumas delas é no sentido de analisar *os elementos específicos* da didática — planejamento, objetivos, conteúdos, métodos, disciplina e avaliação —, relacionando-os com uma visão crítica da didática e contextualizando-os frente à realidade da escola brasileira.

O livro *Rumo a uma nova didática*, organizado por Vera M. F. Candau (1988) é um exemplo muito claro dessa tendência. Nos dois primeiros capítulos apresenta uma discussão mais geral sobre o objeto da didática e sobre o seu papel na formação do professor e no último capítulo aborda o tema da pesquisa em didática. O terceiro capítulo é todo ele voltado para a análise dos diferentes elementos do processo de ensino: a dimensão técnica da prática docente; a importância da metodologia; a formulação de objetivos do ensino; a questão da disciplina; e a avaliação da aprendizagem na escola de 1° grau. A análise desses elementos é feita a partir de seu enfoque na literatura clássica e na literatura alternativa e os posicionamentos das autoras se orientam no sentido da defesa dos princípios da *didática fundamental*.

Outra obra importante nessa mesma direção é o livro *Repensando a didática*, organizado por Ilma P. A. Veiga (1988). Os dois primeiros capítulos tratam de questões gerais como os pressupostos da didática e sua trajetória histórica. Os demais capítulos focalizam o planejamento de ensino numa perspectiva crítica, a relação professor-aluno e os elementos específicos do processo de ensino: objetivos, conteúdos escolares, metodologia do ensino, o livro didático e a avaliação da aprendizagem. Embora o objetivo do livro não fosse o de se tornar um livro-texto para a disciplina didática, e sim "contribuir para a ampliação e aprofundamento das reflexões já realizadas e estimular a busca de uma proposta didática voltada para a efetivação da prática pedagógica crítica" (p. 7), muitos professores de didática decidiram adotar esse livro que hoje — 1995 — se encontra em sua 8ª edição, o que é um indício de sua grande penetração na área.

Uma outra tendência é a *da didática crítico-social dos conteúdos*, que tem na obra de Libâneo (1990) a sua expressão mais clara. Afirmando ser função da escola a transmissão, apropriação ativa e reelaboração do saber sistematizado, o autor enfatiza a prática social como ponto de partida e de chegada e o trabalho docente como mediação. Dentro dessa perspectiva ele examina os elementos do processo de ensino, ou seja, objetivos, conteúdos e métodos. Com base nessa concepção, Libâneo escreveu um livro didático (1991) originalmente destinado aos alunos e docentes dos cursos de formação de professores em nível de 2º grau, mas que vem sendo também utilizado nos cursos de 3º grau.

Uma terceira linha de tendências é a que pretende alterar não apenas os conteúdos mas também a *metodologia do ensino de didática*. Várias propostas podem ser identificadas em torno dessa preocupação geral. Uma delas é a de Martins (1989), que, objetivando buscar uma coerência entre teoria e prática *na prática*, afirma que o processo de ensino tem que deslocar o seu eixo da transmissão-assimilação de conhecimento para a sistematização coletiva de conhecimento. Essa proposta se apoia em dois pressupostos: 1º) de que a escola educa mais pela forma como organiza o processo de ensino do que pelos conteúdos ideológicos que veicula; 2º) de que no processo contraditório entre a formação acadêmica recebida e a realidade de sua sala de aula, o professor gera uma didática prática onde podem estar contidos os germes de uma teoria pedagógica alternativa. Com base em tais pressupostos, Martins desenvolveu, em 1984, junto com professores da rede pública de Arapongas, Paraná, um processo metodológico de reflexão sobre a própria prática, que envolveu quatro momentos: a) caracterização e problematização da prática; b) explicação da prática mediatizada por um referencial teórico; c) compreensão da prática no nível da totalidade; e d) elaboração de alternativas para alterar a prática. Desde então, a autora vem repetindo a experiência com diferentes grupos, em situações variadas, e chega à seguinte conclusão:

> A vivência prática tem me mostrado que esse processo constitui-se numa pista para desenvolver o ensino de didática mais articulado com a realidade das escolas onde os futuros pro-

fessores vão atuar. E mais, tem possibilitado preparar o futuro professor teórica e praticamente para explicar, compreender e intervir na prática pedagógica numa ação comprometida com a classe trabalhadora (Martins, 1995, p. 8)

Com a mesma preocupação de alterar tanto o conteúdo quanto a metodologia do ensino de didática encontra-se a proposta de Lima (1988 e 1995) que, junto com alunos da disciplina Didática do ensino superior, desenvolveu um processo de resgate e análise crítica da memória educativa. A autora parte da hipótese de que a formação do professor tem início no período de escolarização, quando ele é exposto a modelos e experiências que o levam a produzir saberes práticos sobre como enfrentar uma sala de aula. Considera, assim, essencial redescobrir o conteúdo vivido na história de cada aluno-professor, interpretar esse conteúdo, compreendendo as relações sociais que o permeiam e, a partir das contradições identificadas, tentar construir um novo projeto de prática docente. A metodologia de investigação da memória educativa foi estruturada em três momentos intimamente relacionados, quais sejam: a) levantamento individual da memória educativa do aluno, organização e análise das lembranças em pequenos grupos e sistematização coletiva dos dados no grande grupo; b) estudo das teorias pedagógicas para interpretação dos dados e aprofundamento da análise; c) construção coletiva de um projeto alternativo de ensino. No primeiro momento, o levantamento da memória educativa é realizado por meio de questionários preenchidos pelos alunos a respeito da sua história escolar. Esses dados são organizados por pequenos grupos que os resumem e apresentam, em forma de relatórios, ao grande grupo, que re-analisa e sistematiza coletivamente os dados. O segundo momento se caracteriza pelo estudo, em profundidade, das teorias pedagógicas, para verificar sua presença na memória educativa e para ajudar a entender o processo de ensino em suas determinações e contradições. O terceiro momento compreende a reinvenção da prática docente pela produção coletiva de alternativas de ensino, levando em conta os elementos da história, os conflitos e contradições identificados no momento anterior da metodologia.

Essa experiência teve início em 1986 e vem sendo aprimorada pela autora com base no registro dos dados que ela vem coletando nos cursos que sistematicamente ministra e no aprofundamento teórico dos seus fundamentos (Lima, 1995). Segundo a autora, os resultados dessa experiência têm mostrado que "a memória educativa é permeada de vários saberes didáticos referentes à escola, à sua relação com a sociedade, ao aluno e como ele produz o conhecimento, às práticas de sala de aula e como avaliá-las... (p. 126). Têm evidenciado também que o professor aprende, na memória de sua escolaridade a ser um professor tradicional, isto é, "que saiba garantir a manutenção da escola como instrumento de transmissão e inculcação dos valores de ordem da ideologia dominante" (p. 127). Por isso, conclui a autora, é tão importante nos cursos de formação de professores "os alunos assumirem coletivamente os novos projetos alternativos da prática docente que entram em contradição com o projeto de história da memória educativa, que é conservadora..." (p. 128).

Tanto essa proposta como a anterior (Martins, 1995) concebem a produção de conhecimentos como um processo de sistematização coletiva; reconhecem que a relação professor-aluno se estabelece por meio do diálogo e da troca de saberes; e valorizam o saber da prática que é tomado como ponto de partida para a recriação da prática docente. A diferença entre elas situa-se no tipo de dado utilizado, que, no primeiro caso tem como referência a prática docente problematizada e, no segundo, a memória crítica da prática educativa.

Uma outra proposta que se assemelha muito às anteriores é a de André (1994, 1995), que defende o uso da pesquisa etnográfica, nos cursos de Didática, como fonte de investigação sistemática sobre a prática docente. O argumento básico da autora é que as situações do cotidiano escolar captadas pelas pesquisas do tipo etnográfico podem se constituir em textos geradores de análise e reflexão sobre a prática pedagógica. Como essas pesquisas descrevem aquilo que se passa no dia a dia das escolas e das salas de aula, elas permitem, por um lado, aproximar o futuro professor das situações reais das escolas, favorecendo a tão buscada articulação teoria e prática. Por outro lado, ao focalizar questões específicas do trabalho docente, elas ajudam a dirigir o olhar reflexivo para os aspectos críticos da realidade que precisam ser aprofundados. Além disso, ao possibilitarem aos docentes um aprendizado de análise da prática docente, elas podem servir como ponto de partida para o desenvolvimento de um processo contínuo de reflexão sobre a própria prática.

Nessa proposta, o programa da disciplina didática se centra na análise de investigações do tipo etnográfico que focalizam situações do cotidiano escolar, das quais são extraídos os temas de estudo e que servem, ao mesmo tempo, como parâmetro para discussão sobre como se deve desenvolver uma pesquisa. As vantagens dessa estratégia de trabalho, segundo a autora, são, além de trazer as questões do dia a dia escolar para serem examinadas pelos alunos-professores, favorecendo a articulação teoria e prática, "possibilitar que as questões didáticas sejam analisadas dentro de um contexto escolar específico, enraizando-as e historicizando-as" (André, 1995, p. 7). Além disso, a pesquisa etnográfica permite focalizar a prática pedagógica em sua complexidade e totalidade, isto é, permite analisar as questões de ensino na sua inter-relação com os aspectos organizacionais (relações de poder, gestão escolar), pessoais (histórias de vida dos agentes escolares), sociais (envolvimento dos pais, da comunidade, dos alunos e dos docentes nas questões da escola e da educação), políticos (políticas educacionais, legislação, decisões curriculares), filosóficos (concepções sobre educação, escola, ensino, aprendizagem, aluno, professor) e outros. Adicionando-se a essas há também a possibilidade de que o professor venha a incorporar em sua prática docente a atitude investigativa exercitada no curso.

Muitas outras propostas de ensino de Didática surgidas nos anos 1990 poderiam ser aqui mencionadas, mas não dispomos de dados suficientes para apresentá-las sem corrermos o risco de imprecisão ou de distorção. O que podemos afirmar, no entanto, é que a grande maioria se apoia no princípio de que deve haver um ativo envolvimento do sujeito no próprio processo de formação e que as interações sociais desempenham papel fundamental nesse processo. Isso significa que os cursos de formação e aperfeiçoamento docente devem ser concebidos e estruturados dentro de uma perspectiva que possibilite o exercício da participação, a troca de saberes e a construção coletiva de conhecimentos.

Referências bibliográficas

ANDRÉ, Marli E. D. A. O papel da pesquisa na articulação entre saber e prática docente. In: ENCONTRO NACIONAL DE DIDÁTICA E PRÁTICA DE ENSINO (Endipe), 7., Anais..., Goiânia, v. II, p. 291-6, 1994.

_____. *O papel didático da pesquisa na formação do professor.* Texto apresentado na 18º Reunião Anual da ANPEd, Caxambu-MG, 1995.

CANDAU, Vera M. F. (org.). *Rumo a uma nova didática.* Petrópolis: Vozes, 1988.

LIBÂNEO, José Carlos. *Fundamentos teóricos e práticos do trabalho docente*: estudo introdutório sobre pedagogia e didática. Tese (Doutorado). Pontifícia Universidade Católica, São Paulo, 1990.

LIBÂNEO, José Carlos. *Didática*. São Paulo: Cortez, 1991.

LIMA, Maria de Lourdes R. Mudanças qualitativas no conhecimento sobre o trabalho docente. In: VÁRIOS AUTORES. *Um desafio para a didática*. São Paulo: Loyola, 1988. p. 39-62.

_____. *A memória educativa no projeto de formação de professores do ensino superior*: o fazer é sobretudo criação. Tese (Doutorado). FE-USP, São Paulo, 1995.

MIZUKAMI, M. G. N. *Ensino*: as abordagens do processo. São Paulo: EPU, 1986.

MARTINS, Pura L. O. *Didática teórica/didática prática*. São Paulo: Loyola, 1989.

_____. Na "Didática Prática" uma pedagogia da classe trabalhadora. *Relatório de Qualificação*. FE-USP, 1995.

VEIGA, Ilma P. A. (coord.). *Repensando a didática*. Campinas: Papirus, 1988.

INVESTIGAÇÃO EM DIDÁCTICA DAS CIÊNCIAS EM PORTUGAL

um balanço crítico

António Francisco Cachapuz[*]

> "Há sempre alguma coisa de provisório naquilo que se faz."
>
> VERGÍLIO FERREIRA

Abordar a questão da investigação em Didáctica das Ciências (IDC) em Portugal comporta pelo menos um risco e uma virtude. O risco é de, apesar da sua juventude, deixar de fora aspectos cuja omissão pode não ser consensual. A virtude é de contribuir para uma reflexão sobre o "estado da arte" em particular sobre o sentido, âmbito e percursos de investigação. Um tal processo de reflexão é um instrumento privilegiado que tem permitido levantar novas questões, antecipar dificuldades e inflectir percursos de pesquisa, ou

---

[*] Professor catedrático (aposentado)/Educação, Universidade de Aveiro, Portugal. E-mail: cachapuz@dte.ua.pt — cachapuz@ua.pt

seja, ajudar a construir uma dada área do conhecimento. Daí a sua importância desde que não se esgote na retórica e desemboque na acção.

O momento parece ser oportuno para uma tal reflexão por duas ordens de razões. Em primeiro lugar, porque em Portugal se vive em tempo de Reforma Educativa. Independentemente de fundamentadas posições críticas sobre o desenvolvimento da mesma, interessa potenciar o papel que a IDC pode, nesse quadro, ter na construção de uma adequada educação científica dos jovens, permitindo-lhes um melhor conhecimento e respeito pelo mundo natural; capacitá-los para estarem à vontade com a incerteza e a mudança; promover a sua compreensão dos processos de desenvolvimento científico/tecnológico das sociedades modernas, das suas vantagens e limitações, facilitando desse modo a inserção responsável dos jovens nessas sociedades tecnologicamente evoluídas que se querem abertas e democráticas.

O momento é também oportuno já que, apesar de substanciais progressos feitos nos últimos anos em Portugal no que respeita à IDC, as expectativas sobre o seu papel no que respeita a um melhor conhecimento sobre o ensino e a aprendizagem das Ciências (em particular no âmbito do ensino não superior) estão longe de ter tido até hoje respostas plenamente satisfatórias. Ou seja, a questão sempre recorrente da dialéctica teoria/prática está longe de estar resolvida. E o facto da situação portuguesa não diferir grandemente da de outros países, só a torna mais interessante de analisar. Sendo embora uma questão de enorme alcance estratégico, ela não tem sido, no meu entender, matéria de suficiente debate. E é importante que o seja, já que é da capacidade da IDC resolver com sucesso problemas surgidos no ensino e na aprendizagem das Ciências que depende, em boa parte, o seu estatuto e a sua credibilidade educacional junto dos professores e comunidade de educadores. O mesmo é dizer, suas condições de possibilidade como área científica. E também condições materiais de que necessita:

> Many if not most, science education researchers will feel that their activities should be primarily geared towards the critical e evaluation and development of theory. They will also want to have an impact on policy formation and its classroom implementation. There is a need to convince fund-holders that such a balance is both desirable and possible* (Gilbert, 1995).

Sendo certo que a qualidade do ensino e das aprendizagens das Ciências entronca em múltiplos outros factores — em particular a escola que temos e a formação inicial/contínua de professores —, não é menos certo que a IDC, pelo seu potencial gerador de mudanças (que não panaceia), pode ajudar a minimizar tensões existentes (tenha-se, por exemplo, em conta o que se passa frequentemente a nível dos actuais currícula de Ciências ou manuais escolares em que se privilegia a apresentação aos alunos de conceitos como meras possibilidades lógicas e não como construções resultantes de um diálogo fascinante entre o Homem e o mundo natural).

Sem o contributo da IDC, parece difícil conceber, sustentar e avaliar um processo permanente de inovação no ensino das Ciências que se não restrinja a modificações pontuais e dispersas, fruto de intuições de momento e eventualmente de cariz reprodutivo. Este é, sem dúvida, um pressuposto de partida para este estudo.

Em termos organizativos, o trabalho estrutura-se em três partes articuladas. Numa primeira parte, apresenta-se uma

---

* Muitos, talvez a maioria, dos pesquisadores do ensino das ciências sentem que suas atividades devem dirigir-se basicamente para a avaliação crítica e o desenvolvimento teórico. Também querem ter influência sobre a formação política e sua implementação na sala de aula. É preciso convencer os que dispõem de fundos que tal equilíbrio é desejável e possível.

visão sinóptica da génese da IDC em Portugal, salientando aspectos que lhe são próprios e descrevem-se traços essenciais dos percursos de investigação percorridos, essencialmente a partir dos finais dos anos 1970. Num segundo tempo, analisa-se a problemática actual da relevância educacional da IDC, com destaque para enfoques e modelos organizativos e suas articulações com a componente de formação de professores. Como tese central defender-se-á a necessidade de se encontrar novas configurações da pesquisa que permitam evoluir de uma investigação "sobre" e "para" professores (no essencial, assente em modelos de racionalidade técnica) para uma investigação "com" e "por" professores, nomeadamente explorando percursos e modalidades diversas de investigação/ acção. A finalizar, sugerem-se pistas de trabalho visando enriquecer o papel e contributos da IDC na melhoria do ensino e da aprendizagem das Ciências.

Gênese e percursos de investigação

Para melhor contextualizar a evolução da IDC em Portugal, é útil perspectivar qual foi a sua evolução a nível internacional. Ainda que de um modo tentativo, o Diagrama 1 apresenta nas suas grandes linhas a evolução global da IDC. Na sua linearidade aparente, tal evolução esconde uma grande complexidade dos percursos percorridos durante o pouco tempo da sua construção, sendo possível avançar alguns comentários.

Em primeiro lugar, a investigação directamente articulada com projectos de desenvolvimento curricular (anos 1960), embora com (inevitável) pouca profundidade teórica, teve um pendor mais orientado para os problemas concretos do ensino, por exemplo, a construção e validação de novas experiências. Segundo Kempa (1976),

Diagrama 1 — Grandes linhas de evolução da IDC

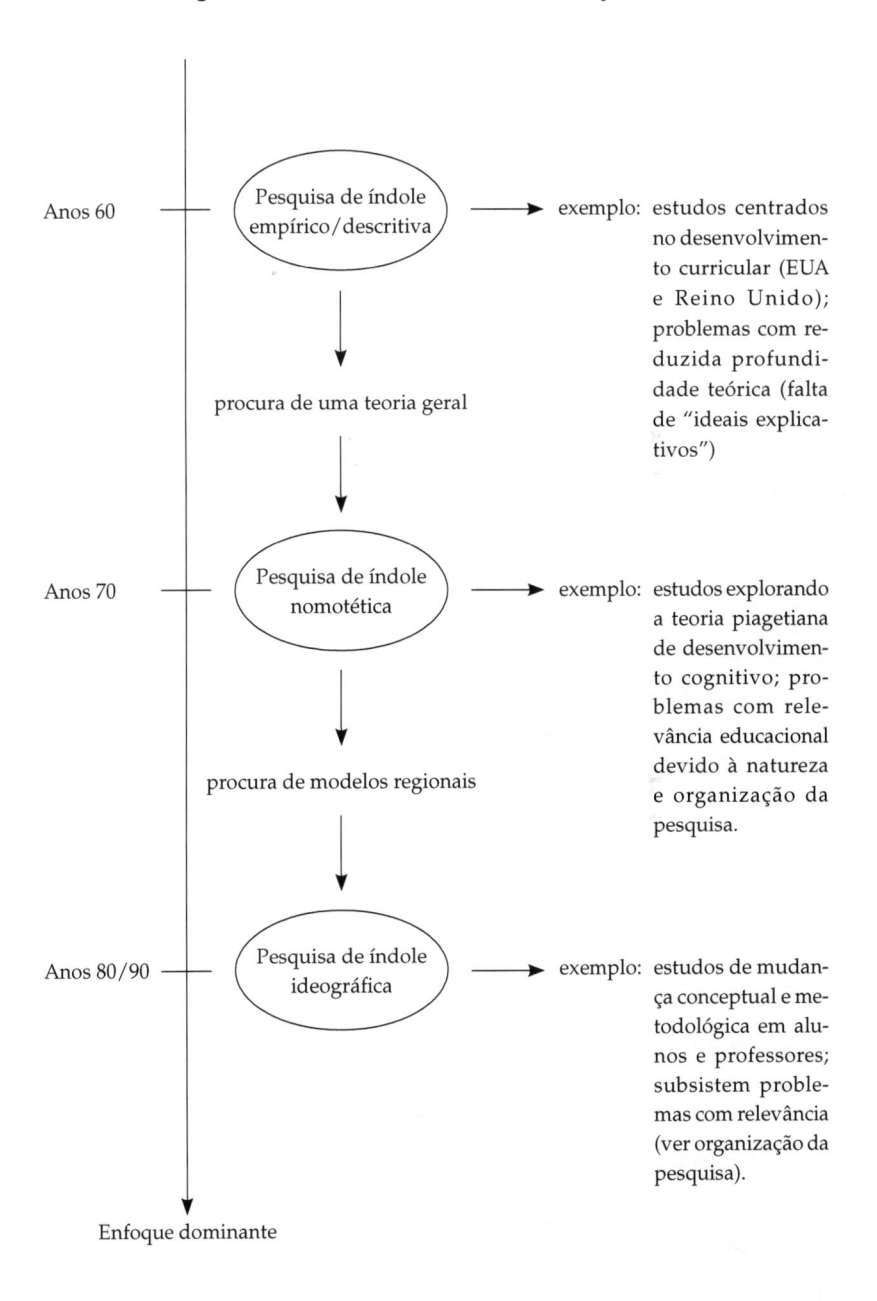

Anos 60 — Pesquisa de índole empírico/descritiva ⟶ exemplo: estudos centrados no desenvolvimento curricular (EUA e Reino Unido); problemas com reduzida profundidade teórica (falta de "ideais explicativos")

↓ procura de uma teoria geral ↓

Anos 70 — Pesquisa de índole nomotética ⟶ exemplo: estudos explorando a teoria piagetiana de desenvolvimento cognitivo; problemas com relevância educacional devido à natureza e organização da pesquisa.

↓ procura de modelos regionais ↓

Anos 80/90 — Pesquisa de índole ideográfica ⟶ exemplo: estudos de mudança conceptual e metodológica em alunos e professores; subsistem problemas com relevância (ver organização da pesquisa).

↓ Enfoque dominante

(...) perhaps the major achievement of empirical curriculum oriented science education research is that it has led to the establishement of sound patterns and techniques for the conduct of development activities involving not only the generation of new educational materiais and procedures, but also their systematic try outs and formative evaluation.*

Estes foram bons pontos de partida para posteriores projectos curriculares claramente inovadores e de que o exemplo mais recente é o projecto SALTER da Universidade de York. Também foi possível desenvolver bases empíricas necessárias à construção do projecto científico da DC, ou seja, acelerar a sua maturação.

No que respeita aos anos 1970, para os investigadores, o principal interesse por estudos desse tipo era procurar novos enquadramentos teóricos e metodológicos capazes de melhorar a nossa compreensão e aumentar a capacidade de previsão no que respeita a situações de ensino e aprendizagem das Ciências. Um tal processo de racionalização representava em si mesmo um corte notável com investigação de índole empírica até então predominante. A alternativa seguida encerrava desde logo importantes limitações. Com efeito, na ausência de uma teoria que unifique e dê coerência a conceitos, fenómenos e circunstâncias relativas ao ensino e aprendizagem das Ciências, foi necessário importar modelos de aprendizagem da Psicologia Cognitiva (com desenvolvimento espectacular nos últimos anos), não se tomando verdadeiramente em conta que o que o professor necessita é de uma psicologia do aluno e não (ou não só) de uma psicologia do

---

* (...) talvez a maior façanha da pesquisa do ensino das ciências, voltada para o currículo empírico, seja ter levado para o *establishment* técnicas e métodos favoráveis ao desenvolvimento de atividades que envolvem não apenas a criação de novos materiais e procedimentos educacionais, mas também suas provas sistemáticas e avaliação formativa.

adolescente: "(...) l'élève quoique adolescent (...) fonctionne dans un contexte particulier: l'école"* (Giordan, 1989). Ora essa psicologia do aluno está por escrever e o autor acrescenta que "(...) c'est le champ que la Didactique des Sciences doit inventer, ou du moins développer"** (ibid.). Este é um passo de gigante a dar para o aprofundamento do projecto moderno da Didáctica das Ciências e da sua maturação como área de interface resultante de sínteses teóricas envolvendo saberes específicos e de outras disciplinas conexas, casos da epistemologia das ciências e sociologia das ciências. No essencial, a investigação de índole piagetiana teve sobretudo interesse para a Psicologia e ilustra aquilo a que Erickson (1985) chamou de "Theory-driven studies (...) conducted by researchers in a disciplinary field such as psychology or linguistic who find science concepts or the science classroom to be a convenient context contributing to the validity of their work".*** O maior mérito educacional de estudos de índole piagetiana foi (e não foi pouco) ter posto em cheque a noção instrumentalista de curriculum como um corpo de conhecimentos sem referência ao aluno que é suposto aprendê-lo, oferecendo em contrapartida uma visão construtivista do conhecimento e da aprendizagem. Alertou assim professores e construtores dos curricula para o alto grau de abstracção de conceitos centrais das Ciências. Registre-se ainda a contribuição dada no que respeita ao desenvolvimento de metodologias inovadoras de investigação, em particular a sofisticação da técnica da entrevista clínica.

---

* (...) o aluno, embora adolescente (...) atua num contexto particular: a escola.

** (...) é o campo que a Didáctica das Ciências deve inventar, ou ao menos desenvolver.

*** Theory-driven studies (...) conduzidos por pesquisadores no âmbito de uma disciplina como a Psicologia ou a Linguística que consideram os conceitos científicos ou a aula de ciências um contexto adequado que contribui para a validade de seu trabalho.

Se o papel dos modelos teóricos na construção do conhecimento é inquestionável, tudo depende de qual o nível teórico a que se pretende trabalhar. A exemplo do que se passou com outras disciplinas, é possível à Didáctica das Ciências construir e usar modelos, ainda que essencialmente descritivos, eventualmente só aplicáveis em domínios locais de estudo, mas que lhe permitam compreender e até antecipar "factos didácticos" com um razoável grau de fidelidade. Utilizando a analogia referida por Shayer & Addey (1981), é como ser químico no período compreendido entre Mendeliev e Bohr mas saber usar adequadamente a tabela periódica. Nem por isso a Química deixou de evoluir vertiginosamente até atingir a sua segunda revolução epistemológica. O Movimento das Concepções Alternativas parece ser, na área educacional, um desses casos promissores.

Em Portugal, e até aos anos 1980, a IDC era quase inexistente. É por essa altura que começam a voltar ao País os primeiros doutorados em centros estrangeiros, por certo com uma cultura de investigação congruente com a época. No essencial, as áreas didácticas privilegiadas eram as da Física e da Química.

A exemplo de outras áreas do conhecimento, a investigação desenvolveu-se em boa parte quando foi necessário resolver problemas de ordem prática, mormente superar crises no ensino das Ciências. O modo como tal problema foi percepcionado e as diferentes soluções encontradas nos diferentes países influenciaram percursos posteriores de investigação.

Ao contrário de países pioneiros da IDC, que a iniciaram cerca de vinte anos, através de conhecidos projectos de desenvolvimento curricular, a lógica de desenvolvimento da IDC em Portugal foi diferente. A massificação do ensino nos anos 1970, sobretudo resultante da revolução democrática do 25 de Abril de 1974, e consequente necessidade urgente de formação de professores qualificados, vai acelerar a abertura de novos cursos de formação inicial de professores nas Universidades, em particular Aveiro e Minho. O que por sua vez vai obrigar à formação de formadores, especialistas nas diferentes didácticas específicas (Física, Química, Biologia, Geologia), que pudessem assegurar a docência dessas disciplinas universitárias. É por aqui que passa a criação de núcleos de investigação nessas Universidades. Ou seja, é através da componente de formação e não pela componente do desenvolvimento curricular que a IDC vai ter o seu ponto de partida em Portugal.

Levando mais longe a análise deste cenário, vale a pena sublinhar dois aspectos. Em primeiro lugar, e como já se referiu, a investigação iniciada no estrangeiro teve um cariz mais orientado para problemas de sala de aula (construção de materiais didácticos) embora com reduzida profundidade teórica. Em Portugal, devido em parte aos constrangimentos inerentes à obtenção de graus académicos para a progressão na carreira universitária daqueles docentes, privilegiaram-se, no início, projectos de investigação mais académicos. De notar que, ao contrário de vários países (por exemplo EUA), a IDC em Portugal não valorizou a pesquisa com base no modelo piagetiano de desenvolvimento cognitivo, um programa de investigação já então gradualmente abandonado.

Em segundo lugar, o desenvolvimento de projectos de desenvolvimento curricular nos EUA e Reino Unido obrigou à constituição de equipas multidisciplinares, envolvendo quer especialistas nas áreas científicas de base, quer especialistas em didáctica, o que permitiu uma saudável confrontação de formações, enfoques e metodologias que, em última análise, facilitaram o enriquecimento do campo de estudo. Foi também mais fácil estabelecerem-se laços de confiança pessoais e profissionais, condição sempre importante para o desenvolvimento de projectos comuns. Em Portugal, o processo referido na formação de especialistas em Didáctica não facilitou a constituição de tais equipas. Em boa verdade, acentuou a "vertente educacional" das equipas posteriormente formadas. O que não significa que seja melhor ou pior mas tão só diferente.

Pouco mais de quinze anos depois, até onde é que chegámos?

Em termos globais, o saldo que é possível traçar para a IDC em Portugal é claramente positivo. A investigação sofisticou-se, pautando-se por padrões de qualidade comparáveis aos de outras áreas de investigação já estabelecidas no terreno. Também se internacionalizou, acompanhando um fenómeno típico de sistemas actuais de investigação. Alguns dos núcleos iniciais evoluíram até se constituírem em Centros de Investigação, sendo de destacar hoje em dia três centros de referência para a IDC, com sede nas Universidades de Aveiro, Lisboa e Minho. Aí têm lugar continuamente cursos de Mestrado e Doutoramento, um bom indicador de vitalidade da IDC. Apesar de tudo, o número de doutorados (em média 2/ano) não é ainda suficiente para constituir, sob o ponto de vista quantitativo, uma comunidade científica com massa crítica suficiente para influenciar de modo substancial decisões ao nível político-educativo (por exemplo reforma curricular recente) ou captação de recursos financeiros. O que está em jogo é um amadurecimento do processo de reconhecimento externo (isto é, no sentido sociológico), processo que as ciências da natureza já ultrapassaram (há mais de um século) e que é hoje uma das suas características essenciais. Um tal processo de reconhecimento não passa naturalmente só por indicadores de índole quantitativa mas também, e sobretudo, pela natureza da produção científica (este um aspecto precisamente a desenvolver na segunda parte deste trabalho).

Qual o sentido dos avanços ocorridos na IDC em Portugal?

No essencial, a natureza da IDC que se desenvolveu pode ser perspectivada à luz de dois discursos didácticos aqui designados por Didáctica Instrumental e Didáctica Construtivista. Cada um desses discursos (ver Diagrama 2) reflecte posições teóricas divergentes em particular no que respeita à construção do conhecimento e sobre a natureza do processo de aprendizagem. Assim, à Didáctica Instrumental, concepção tradicional, interessa sobretudo encontrar "la bonne recette" (Giordan, 1989) a nível das práticas de ensino. Daí a sua ênfase nos métodos e técnicas de ensino e o ter eleito como questão típica, qual o melhor método de ensino de um dado conteúdo, uma questão hoje em dia sem sentido, já que as suas condições de possibilidade são demasiado dependentes de contextos locais de realização. Ou seja, torna-se difícil racionalizar as acções que propõe, tendo em conta o que se passa ao nível dos próprios alunos (como sujeitos e não como objectos do conhecimento). Por isso mesmo, a Didáctica Instrumental é um projecto em regressão. Demarcando-se desta concepção, o que preocupa prioritariamente a Didáctica Construtivista, "(...) n'est pas la matière, ni l'enseignant, c'est la réflexion sur les façons d'apprendre des élèves, les dépistages des obstacles et leur résistences à changer des conceptions (...)"* bem como "(...) le quoi enseigner, c.a.d. les objectifs éducatifs mais sur ce point elle donne priorité (...) à l'élève particulier (...) elle (a Didáctica) peut proposer une palette de possibilités éducatives (p. ex. grille d'analyse des conceptions des élèves) là où chaque enseignant tend à n'envisager qu'une voie unique, un cheminement obligé (...)"** (Giordan, 1989). É neste sentido que o discurso

---

* (...) não é a matéria, nem o professor, é a reflexão sobre as formas dos alunos de aprender, as descobertas dos obstáculos e as resistências em mudar de concepções (...).

** (...) o que ensinar, isto é, os objetivos educativos, mas sobre esse ponto ela dá prioridade (...) ao aluno particular (...) ela (a Didáctica) pode propor inúmeras possibilidades educativas (por exemplo grade de análise das concepções dos alunos) onde cada professor tem de a considerar apenas uma via única, um encaminhamento forçado (...).

da Didáctica Construtivista evolui no sentido mais heurístico. E é também ao interessar-se por estabelecer novas relações entre os saberes do aluno e os saberes próprios das Ciências que a Didáctica se demarca definitivamente da Pedagogia para quem os conteúdos da(s) disciplina(s) nunca foram preocupação. Explorando a bem conhecida teoria dos interesses cognitivos de Habermas, a passagem para uma Didáctica Construtivista significa sermos capazes de evoluir de um ensino onde predominam interesses técnicos para um ensino onde predominam interesses emancipatórios, isto é, onde se promove uma outra relação do aluno com o conhecimento.

Diagrama 2 — Concepções dominantes
da Didáctica das Ciências

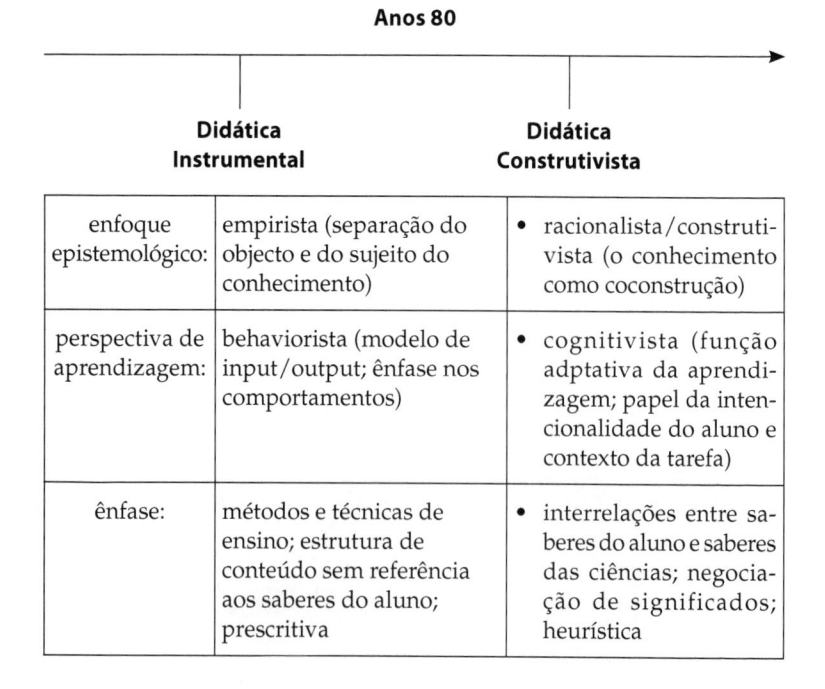

Anos 80

	Didática Instrumental	Didática Construtivista
enfoque epistemológico:	empirista (separação do objecto e do sujeito do conhecimento)	• racionalista/construtivista (o conhecimento como coconstrução)
perspectiva de aprendizagem:	behaviorista (modelo de input/output; ênfase nos comportamentos)	• cognitivista (função adptativa da aprendizagem; papel da intencionalidade do aluno e contexto da tarefa)
ênfase:	métodos e técnicas de ensino; estrutura de conteúdo sem referência aos saberes do aluno; prescritiva	• interrelações entre saberes do aluno e saberes das ciências; negociação de significados; heurística

Em Portugal, o desfasamento no tempo, no que respeita ao início da IDC, teve algumas contrapartidas já que, no essencial, a investigação se desenvolveu sobretudo no quadro da Didáctica Construtivista. É pois no quadro da Didáctica Construtivista que em Portugal se desenvolveram vários programas de investigação, sendo de destacar três pelo seu carácter progressivo, todos eles no contexto das disciplinas curriculares.

1) Problemática das concepções alternativas dos alunos sobre conceitos das diferentes disciplinas das ciências, quer ao nível do seu diagnóstico quer ao nível da intervenção pedagógica.

2) Modelos de intervenção pedagógica visando o desenvolvimento de competências cognitivas e metacognitivas, isto é, ensinar a aprender a pensar em diferentes áreas disciplinares.

3) Estudos sobre o pensamento dos professores e dos processos por eles mediados na transposição dos diferentes saberes em representações compreensíveis aos alunos, sendo de destacar: estudos de suas concepções sobre a natureza da ciência; suas concepções sobre o ensino e a aprendizagem das ciências; sobre a relação entre as concepções dos professores e as suas práticas pedagógicas. Este último programa é o mais recente e a sua lógica entronca na encruzilhada das ideias de Schön e de contribuições da nova filosofia das ciências.

Embora desenvolvendo linhas específicas de investigação (aqui impossíveis de descrever), tais programas de investigação enquadram-se em grandes áreas de pesquisa a nível internacional. E ainda bem.

O que se conseguiu foi melhorar o nosso conhecimento sobre modos como os alunos aprendem um dado conteúdo, das dificuldades (e resistências à mudança) conceptual e metodológica por eles experienciadas e também das implicações no modo como monitorizam, regulam e transferem suas aprendizagens. Claramente, o ensino de ideias cientificamente correctas não é uma condição suficiente para a aprendizagem. Melhorou-se também o conhecimento sobre os curricula de ciências, da importância de uma adequada fundamentação epistemológica e psicopedagógica, da necessidade de os encarar (sobretudo no ensino básico) como um instrumento para a literacia científica e não na lógica da formação de futuros cientistas.

Sob o ponto de vista motivacional, ficou também mais claro a importância de neles se explorar interfaces ciência/ sociedade. Ainda que por certo haja muito por esclarecer, sabe-se hoje mais sobre diferentes modos como os professores levam a cabo a transposição didáctica dos seus saberes, em particular, que tal transposição não pode ser vista no abstracto mas sim com referência à epistemologia de uma dada disciplina. Também o nosso conhecimento sobre dinâmicas de formação inicial e contínua de professores cresceu e em particular do papel central de diferentes processos de reflexão/acção. Cerca de vinte anos depois de formulada por Stenhouse, a ideia do professor investigador do seu próprio ensino começa a instalar-se no terreno.

Apesar do balanço claramente positivo sobre o que já se fez a nível da IDC e de uma visão optimista quanto ao seu futuro, vale a pena aprofundar a análise em curso de modo a fazer emergir condições limitativas ao seu desenvolvimento pleno.

Da relevância educacional

Na introdução deste trabalho foram apresentadas boas razões, em particular tendo a ver com o estatuto e credibilidade externa da IDC, que apontam para a necessidade de uma reflexão aprofundada e partilhada sobre a problemática da relevância educacional da IDC. Não sendo uma preocupação recente (ver por exemplo Yager, 1984; Wright, 1993) torna-se por isso mesmo mais pertinente.

Três pontos prévios são necessários para balizar a temática em análise.

1) Sob o ponto de vista da filosofia de abordagem, não se trata de defender posições justificacionalistas em que só seria relevante o conhecimento em função dos seus resultados práticos, isto é, uma visão instrumental e utilitária do conhecimento. O que se defenderá aqui é valorizar uma orientação da investigação cujos resultados facilitem aos professores e aos formadores de professores tomar decisões mais informadas respectivamente, sobre o seu ensino e sobre os processos de formação, de modo a melhorá-los. Trata-se pois de valorizar uma investigação que permita aos professores/formadores tomar decisões educacionais que não radiquem somente numa combinatória de saberes tácitos, intuições e crenças sobre como melhorar o seu ensino, a começar por se questionarem sobre imagens simplistas sobre a Ciência que são supostos ensinar (Cachapuz, 1995a). Não é pois uma pesquisa de índole prescritiva, muito menos tendo em vista produzir "receitas" ou "enlatados" educacionais.

2) A problemática da relevância educacional da IDC não é exclusiva à Didáctica das Ciências. Ela atravessa todo o campo educacional. Também não tem marca nacional. Bem pelo contrário, é internacionalmente partilhada. O que sugere desde logo possíveis razões comuns para um certo estado de coisas.

3) Duas ordens de razões sobressaem, embora não sendo estanques, merecendo tratamento diferenciado. Em primeiro lugar, razões de índole epistemológica, portanto de natureza estrutural e, sem dúvida, mais difíceis de ultrapassar. Em segundo lugar, razões tendo a ver com culturas de

investigação e, em particular, com modelos organizativos dessa investigação.

Das razões de ordem epistemológica

Dado que toda a investigação deve ser lida no contexto e perspectiva da área disciplinar a que pertence, é inevitável que a IDC traduza a imaturidade relativa da Didáctica das Ciências e da Educação em Ciências no geral. Tal imaturidade não surpreende, tendo em conta o pouco "tempo de gestação" desta área do conhecimento. Tais processos de construção são necessariamente lentos (tenha-se em conta p. ex.: o caso da Química com pelo menos 200 anos). Não admira pois que continue a ser actual o que Power dizia em 1976 sobre tal imaturidade: "(...) litle consensus exists regarding the nature of educational phenomena, the variables involved in the process, or the ways in which they are interrelated".*

O que está em jogo não é pois a comparação, muito menos a avaliação, de programas de investigação das Ciências *versus* Didáctica das Ciências, no primeiro caso numa fase claramente paradigmática e no segundo caso numa fase pré--paradigmática (embora não falte quem persista no debate sobre o apuramento da cientificidade, como se nada se tivesse passado a nível das epistemologias pós-kuhnianas, em particular que o "interessante" sob o ponto de vista epistemológico não é o apuramento da cientificidade mas sim o modo como se constrói uma dada área do conhecimento).

Vale a pena elucidar alguns sinais concretos da fase pré-paradigmática em que se encontra a Didáctica das Ciências já que permite chamar a atenção dos investigadores para

---

* (...) há pouco consenso em relação à natureza dos fenômenos educacionais, às variáveis envolvidas no processo ou às formas com que se inter-relacionam.

objectos de estudo futuros. Isso porque: (a) existem diferentes quadros de referência, quer teóricos quer metodológicos, para a IDC actual; sendo certo que as diferentes subáreas da Didáctica das Ciências (Didáctica da Física, ...) não são projecções intradisciplinares das disciplinas "mães" respectivas, subsistem dúvidas sobre a definição concreta do próprio objecto de estudo; (b) também subsistem dúvidas a nível da terminologia comum (ver Gilbert & Swift, 1985); (c) no essencial, os esforços dos investigadores não são coordenados (ibid.); (d) existe uma multiplicidade de projectos de investigação — tipo para/arranca e frequentemente ao sabor de financiamentos ocasionais — e poucos programas de investigação com continuidade, profundidade, processos de partilha e avaliação; (e) faltam elementos (produtos de investigação) estáveis; (f) a comunidade científica existente é ainda demasiado vulnerável, em particular, não é bem claro o que é que qualifica e quem qualifica, um investigador/investigação em Didáctica das Ciências.

A resultante destes diferentes aspectos limita inevitavelmente o potencial educacional da IDC. Embora existam boas razões para considerar o construtivismo como paradigma emergente, pelas sua abrangência e implicações a nível da orientação da investigação, da formação e do ensino das Ciências, ele deve ser visto, neste momento, mais como uma perspectiva "guarda-chuva" do que uma teoria geral que dê sentido, unidade e coerência a factos, fenómenos e circunstâncias relativas ao ensino/formação na área da Didáctica das Ciências. A própria diferenciação do campo construtivista (personalista, social, ...), sugere a existência de questões não resolvidas e que é necessário dar tempo para elaborar. Mas não só tempo. Também requer a intencionalidade de quem é cúmplice.

No imediato, e na linha do que foi dito no capítulo anterior, há que explorar o potencial de modelos teóricos de índole regional, ainda que essencialmente descritivos. Porventura será uma pesquisa mais virada para explicações post-hoc do que para previsões de "factos didácticos". Esta uma primeira consequência da "crise de crescimento" referida e cuja principal implicação é dificuldades na transferibilidade dos resultados da investigação (sem prejuízo desses resultados permitirem a elaboração de promissoras hipóteses de trabalho). Em boa verdade, tal transferibilidade terá sempre limitações, já que as situações de que a IDC se preocupa, sendo cultural e socialmente condicionadas, não podem (ao contrário das ciências naturais) assentar no pressuposto de que o passado se repete no futuro. Ou seja, há que rever agora os conceitos de ordem e estabilidade que foram o esteio da formulação de leis das ciências naturais (ver Santos, 1991). A segunda consequência é o de ser aconselhável desenvolver a IDC no quadro do pluralismo epistemológico, sendo a nova filosofia das ciências um quadro de referência útil. A terceira consequência é a necessidade de fomentar fertilizações teóricas com áreas conexas. Aspectos mais concretos sobre as condições de mudança associadas serão apresentadas na parte final deste estudo.

Dos modelos de investigação

Uma maneira possível de analisar o reduzido impacto da IDC é estudar o modo como a articulação investigação/ensino se processa em termos de sistema, esclarecendo a natureza, condições e limites de tal articulação.

O modelo dominante de articulação IDC/ensino da Química é representado no Diagrama 3. Em termos organizativos, o modelo segue, no essencial, uma lógica do tipo IDD (Investigação/Desenvolvimento/Difusão), semelhante à usada com o sucesso que se sabe nas ciências da natureza. A adopção do modelo IDD está, no entender de Carr & Kemmis (1986), ligada ao "boom" dos projectos de desenvolvimento curricular dos anos 1960.

Diagrama 3 — Modelo dominante de articulação investigação/ensino (processo linear)

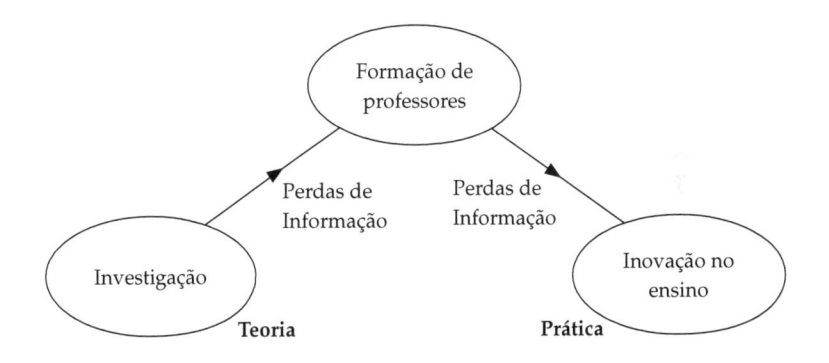

```
                    Formação de
                    professores
              ↗                    ↖
        Perdas de              Perdas de
        Informação             Informação
   Investigação                          Inovação no
                                         ensino
        Teoria                    Prática
```

As academic researchers in the social sciences began to enjoy unprecedent support from public funding bodies, they began to distinguish the work of the theorist-researcher from that of the "engineer" responsible for putting theoretical principles into practice. The rising tide of post-Sputnik curriculum development, based on a research-development-diffusion (RD and D) model of the relationship between research and practice, legitimated and sustained this separation... By the mid-1960s, (this) model had established itself as the pre-eminent model for change.*

---

* À medida que os pesquisadores acadêmicos das ciências sociais começaram a dispor de um apoio sem precedentes dos órgãos públicos de financiamento, passaram a fazer distinções entre o trabalho do pesquisador teórico e o do "engenheiro" responsável por colocar os princípios teóricos em prática. A maré crescente da

A filosofia subjacente ao uso deste modelo dualista é de que, no essencial, a teoria determina a prática, embora uma e outra estejam temporalmente e espacialmente desligadas. Em termos sociológicos, o controlo do conhecimento cabe, no essencial, ao investigador. É ele que escolhe as questões de investigação, as metodologias de trabalho e as condições e critérios de realização. O investigador aparece pois como exclusivo produtor de conhecimento. Aos professores, como agentes de mediação, cabe vestir o papel de consumidores desse conhecimento, quais "engenheiros de produção" cuja missão é levar à prática o conhecimento teórico. Neste sentido o modelo é de racionalidade técnica em que, de acordo com Schön (1987), se trata "(...) the aplication of privileged knowledge to instrumental problems of practice".*

Diagrama 4 — Modelo circular de articulação investigação/ensino

```
                    Investigação
                       /\
                      /  \
                     /    \
                    / Matriz\
                   /educacional\
                  /            \
   Formação de  /_____\ Ensino
   professores
```

---

elaboração de currículos pós-Sputnik, baseada num modelo de pesquisa-desenvolvimento-difusão (PD e D) da relação entre pesquisa e prática, legitimou essa separação e deu-lhe sustentação... Em meados da década de 1960, (este) modelo estabeleceu-se como o principal modelo de mudança.

* (...) a aplicação de conhecimentos úteis a problemas instrumentais de prática.

Uma alternativa bem mais promissora ao nível da articulação investigação/formação/ensino é a representada pelo modelo não linear (Diagrama 4). Neste caso, informação e conhecimento já não se encontram temporalmente e espacialmente desligados.

É possível, ainda que tentativamente, tipificar os perfis dominantes seguidos pela IDC de acordo com a lógica destes dois modelos. O modelo linear corresponde a percursos de investigação "sobre" e "para" professores; no segundo caso, investigação "com" e "por" professores (ver Diagrama 5).

Diagrama 5 — Configuração organizativa dos perfis da investigação em Didáctica das Ciências. A seta no interior indica o sentido da evolução recente (Cachapuz, 1995b)

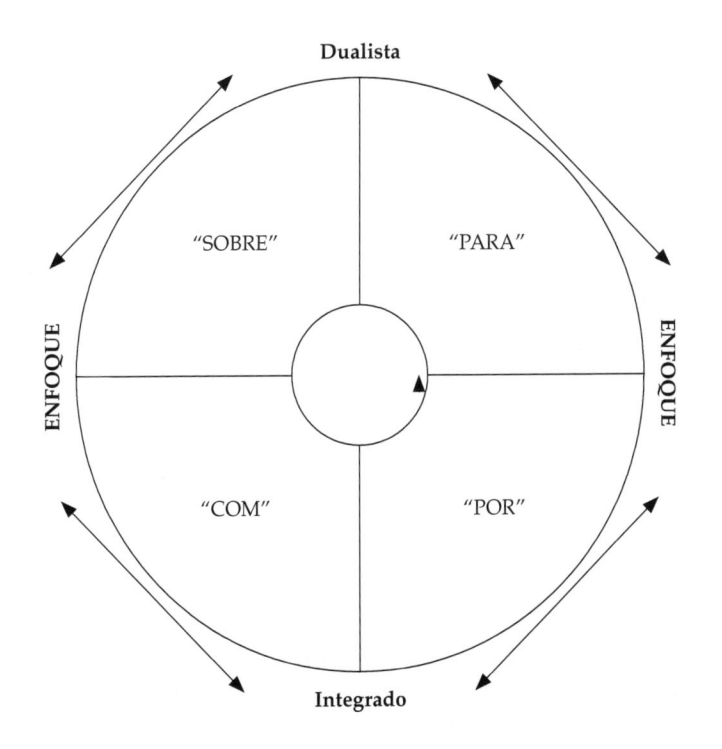

No Quadro 1 apresentam-se detalhes sobre os atributos relativos aos perfis referidos.

Quadro 1 — Perfis da IDC e atributos dominantes (Cachapuz, 1995b)

Atributos	Percursos	
	"para"/"sobre"	"com"/"por"
Objecto de estudo	professor e/ou aluno e/ou curriculum...; visão analítica	processo de ensino/ apendizagem
Temporalidade do binômio Investigação/ Formação	dualista: componentes desligadas; teoria determina prática	componentes tendencialmente integradas
Estatuto do professor	agente de mediação consumidor de saberes de outros	coprodutor de saberes; agente de mudança
Exemplos de estudos	diagnóstico de concepções alternativas	estudos de investigação/acção
Articulação Investigação/Formação/ Ensino	problemática	elevada

Por simplicidade considerou-se somente dois grandes grupos. A diferença entre investigação "sobre" e "para" os professores reside no objecto de estudo já que, só no primeiro caso, é que o objecto de estudo são os professores. Ou seja, a investigação "para" professores é mais abrangente. Do mesmo modo, a diferença essencial entre investigação "com" e "por" professores é no seu grau de protagonismo e independência. Razão porque é em relação à última que o conceito do professor investigador do seu próprio ensino assume toda a sua pujança e fecundidade. A investigação "com" os professores diz sobretudo respeito à participação destes no quadro de equipas de investigação. As diferenças são pois centradas no próprio estatuto do professor no processo investigativo.

Nesta configuração de perfis de investigação em Didáctica das Ciências, a investigação "com" e "por" professores envolve necessariamente uma maior formação teórica e profissional destes, bem como uma iniciação à investigação. Ao nível local da Universidade de Aveiro, têm sido tentativamente dadas respostas a esta questão através da implementação de Mestrados em Supervisão (desde 1990) e Ensino de Física e Química (desde 1993).

A relevância aqui dada ao papel dos professores assenta no reconhecimento da sua função "pivot" como mediadores e produtores do conhecimento. Na verdade, um bem conhecido princípio da análise de sistemas é que toda a informação que é gerada num dado sistema (por exemplo investigação) existe numa dada forma codificada, no essencial, só reconhecível e útil para os membros desse sistema. Quando tal informação é transferida para outro sistema (por exemplo formação ou ensino) tem de ser traduzida num código diferente, convertida num formato que seja inteligível e compreensível para novos interlocutores. Este princípio aplica-se exemplarmente ao modelo IDD ainda dominante (Diagrama 3). Dos professores possuírem ou não as chaves desse "código" dependem portanto maiores ou menores estrangulamentos do processo de articulação investigação/ensino. Por isso mesmo, a Formação de Professores de Ciências tem merecido uma atenção crescente de investigadores e alguns responsáveis educativos. Ainda que as propostas inovadoras, oriundas da IDC, sejam compreensíveis para os professores, três importantes razões podem dificultar que tais propostas venham a ser por eles posteriormente assumidas e integradas no seu ensino. Em primeiro lugar, razões ligadas às próprias orientações epistemológicas dos professores; em segundo lugar, a questão da integração dos saberes; finalmente, a própria organização do ensino nas escolas.

Ainda que de um modo sumário, vale a pena olhar mais detalhadamente para cada uma destas três potenciais barreiras à inovação.

Orientação epistemológica

A mudança de orientação do ensino das Ciências de uma lógica com base no paradigma positivista para uma orientação de raiz construtivista, mais conforme com propostas actuais da IDC, não envolve somente mudanças do foro metodológico mas, antes de mais, rupturas com o quadro epistemológico que fundamenta as práticas de ensino. Ao contrário do positivismo, para o construtivismo, o conhecimento é sempre contextual e nunca separado do sujeito ou seja, "Knowledge is not a commodity which can be communicated" (Von Glasersfeld, 1990). Daqui resulta que as aprendizagens significativas derivam de processos activos monitorados pelo próprio aluno (p. ex. através de desestruturações/ reestruturações conceptuais) e não do professor encher um "empty bucket", para usar a riqueza imagética da analogia sugerida por Karl Popper. O que se passa é que, a nível do ensino da Química, o papel do professor é (na verdade tem sido) o de, no essencial, transmitir informações, regras e valores, de acordo com aquilo a que Pope & Ken (1981) chamam "the cultural transmission view of teaching". A ênfase é no uso e abuso da pedagogia por objectivos, no primado do conhecimento factual, na resolução rotineira de questões/ problemas e no uso dos testes como factores motivacionais de estudo por excelência. Nesta equação pouco espaço fica para entusiasmar o aluno pelo estudo das ciências como parte da sua educação científica, ajudar o aluno a construir aprendizagens significativas ou desenvolver atitudes e competências congruentes com uma visão investigativa, responsável e não autoritária do saber.

Uma tal mudança de quadro teórico do ensino das Ciências é difícil. A dificuldade reside em que tal mudança implica rupturas de ordem epistemológica com as próprias matrizes de formação (no essencial, positivismo) dos professores. Assim por exemplo, a interpretação de um "facto didáctico" é formalmente incomensurável com a interpretação de um "facto científico" já que os fenómenos naturais não envolvem a construção de significados pelos agentes que estão na sua origem. Dito de outra maneira, os electrões não pensam. Como bem notam Holland & Mansell (1983), "(...) human subjects, unlike natural objects, have their own understanding of their conditions and in the social sciences it is, to a greater extent, the meanings inherent in a such understanding which constitute facts".* A questão é pertinente já que, de acordo com estudo recente (Praia & Cachapuz, 1994), cerca de 82% dos professores portugueses de Física e Química (ensinos básico e secundário) dizem orientar o seu ensino segundo perspectivas compatíveis com a tradição do empirismo lógico (por exemplo o corte entre facto e teoria ou ainda sobre a natureza "do" método científico.

Em termos de estratégia de formação de professores, são de aconselhar espaços de formação no domínio da Epistemologia e Ensino das Ciências bem como áreas conexas. Tais espaços de formação (em particular na formação contínua) deverão orientar-se de modo a não se esgotarem na informação meramente académica sobre epistemologia das Ciências mas sobretudo articular esta com as práticas de ensino dos

---

* (...) os sujeitos humanos, ao contrário dos objetos naturais, entendem suas condições e, nas ciências sociais, são, em maior medida, os significados inerentes a tal entendimento que constituem os fatos.

professores. Assim, deverão permitir aos professores questionarem o (seu) pensamento docente espontâneo como por exemplo, uma visão simplista da ciência e do trabalho científico, bem como ajudá-los a tomar consciência dos fundamentos epistemológicos que informam as suas práticas de ensino e introduzir eventuais modificações. Em suma, conceber as práticas pedagógicas como investigação permanente.

Integração dos saberes

O modelo transmissivo subjacente ao ensino tradicional das ciências corresponde a um sistema altamente coerente ao nível dos seus fundamentos teóricos, princípios metodológicos e processos avaliativos. Essa autocoerência confere-lhe um elevado grau de racionalidade, residindo aí a principal razão da sua credibilidade. Orientar o ensino das ciências numa perspectiva construtivista exige do professor uma elevada disponibilidade de saberes. Tal disponibilidade tem de se manifestar não só a nível dos saberes disciplinares individualmente considerados mas também ao nível da sua integração. Tal integração é prejudicada por vários factores. Em primeiro lugar, devido ao número e complexidade das variáveis presentes no processo de ensino/aprendizagem, as propostas inovadoras oriundas da IDC envolvem frequentemente só transformações pontuais e dispersas. Por essa razão tais propostas são dificilmente plausíveis para os professores já que, no essencial, estes cultivam uma visão holística sobre o seu ensino. São pois obrigados a um esforço suplementar de integração de saberes, o mais das vezes com carácter individual, de sucesso não garantido e reconhecimento social problemático. Um exemplo típico é a questão da avaliação da aprendizagem, tema em que 26,5% dos professores de Física e Química consideram ter "frequentemente" ou "quase sempre" dificuldades (Cachapuz et al., 1989). Em segundo lugar, o modo como o próprio currículo de formação inicial de professores está organizado não favorece a integração da informação respeitante às diferentes áreas disciplinares, já que dificilmente podem ser percepcionadas como um conjunto autocoerente. Legitima-se assim a arbitrariedade com que a ciência moderna espartilhou o real. A nível de fundamentações teóricas, isto é, integração teoria/teoria, tenha-se em conta a coexistência no horário do aluno futuro-professor de enfoques epistemológicos (eventualmente de uma disciplina para a disciplina a frequentar na hora seguinte) que podem ser não só divergentes (o que é salutar) mas eventualmente incomensuráveis (por exemplo o erro como desvio à norma ou o seu papel como elemento constitutivo do conhecimento). Em tais casos, o que se exige aos alunos são verdadeiros "saltos quânticos". É hoje mais claro que a integração de saberes joga-se sobretudo ao nível dos processos individuais de construção do conhecimento e bem menos ao nível superficial da organização curricular. O que me parece ser de realçar neste último é o papel-chave que pode ser desempenhado pelas Didácticas como espaço privilegiado integrador de aquisições dispersas. No mesmo sentido deve ser considerado o estágio pedagógico anual, a realizar pelos alunos futuros-professores nas escolas, agora no que respeita à articulação das componentes teórica e prática da sua formação.

Organização do ensino

No que respeita ao factor organização do ensino nas escolas, o enfoque construtivista do ensino das Ciências implica modificações a pelo menos três níveis. Em primeiro lugar, horários dos alunos menos atomizados, isto é, espaços curriculares facilitando o aprofundamento de saberes diversos, em particular explorando a interdisciplinaridade; isto é, os horários devem ser organizados na lógica da aprendizagem dos alunos e não na divisão tantas vezes convencional das disciplinas (em particular no caso do ensino básico) ou tendo em vista a defesa de interesses corporativos dos docentes. A dificuldade que os professores sentem de desenvolver percursos experimentais de ensino (não confundir com manipulações isoladas em tempo limitado) ou ainda trabalhos de campo (terreno fértil para fomentar importantes competências e atitudes) é em boa parte devida à atomização do horário escolar. Refira-se de passagem que o argumento frequentemente invocado da necessidade de maior tempo disponível para a gestão do curriculum requerido por perspectivas construtivistas do ensino das ciências não tem sido abordado de uma forma correcta. É visto de um modo meramente pontual e quantitativo e não numa perspectiva da gestão global do curriculum (por exemplo poderia ser desnecessário repetir várias vezes o mesmo tema, na mesma ou em diferentes disciplinas, como acontece frequentemente).

O enfoque construtivista do ensino das Ciências também requer modificações nos critérios e formas de avaliação, já que as tradicionalmente em uso têm subjacente uma outra pedagogia da avaliação da aprendizagem. Nem sempre tais modificações são fáceis de harmonizar. De registar até casos em que os próprios alunos, pelo menos num primeiro tempo, não se sentem à vontade com a avaliação para a compreensão já que esta nova qualidade colide com representações tradicionais da avaliação. Finalmente, requer ainda esforços coordenados dos professores, nomeadamente os pertencentes a uma mesma área disciplinar.

A reflexão que se apresentou não pretende dar soluções mas somente identificar barreiras à inovação e apresentar respostas possíveis sobre como melhorar a articulação investigação/formação/ensino (inovação). De acordo com Seddom (1991), "(...) what is at issue is not just the question of how to reform teacher education, but the conceptualisation of the educational problem we face, the nature of teachers and contextual change, and their institutional effects in teacher's practices".* A formação de professores implica teorizar a prática e praticar a teoria. Há saberes que não podem ser ensinados na formação inicial, já que só podem ser construídos pelos professores. Por isso mesmo parece importante que, a nível da investigação, se conheça melhor em que contextos e circunstâncias os professores se apropriam do conhecimento e do modo como este influencia o seu ensino, ou seja, iluminar a questão da contextualização e recontextualização do conhecimento. Tais estudos, necessariamente envolvendo uma forte componente de sala de aula, devem encarar os professores não como entidades abstractas (perspectiva típica do "skill approach" ao ensino) mas sim actores sociais que exercem seus poderes e constroem seus saberes em dadas circunstâncias e contextos específicos. O mesmo é dizer que tais estudos devem também prever contribuições quer da sociologia da educação quer da sociologia do conhecimento. Claramente o modelo circular apresentado (Diagrama 4) é bem melhor adaptado que o modelo IDD para uma tal lógica de investigação.

O futuro

Embora sumária, a reflexão que se apresentou permite, assim o espero, visualizar melhor a trajectória seguida pela IDC desde os primeiros passos ligados aos projectos de desenvolvimento curricular até à actualidade. Apesar da sua

---

* (...) o que está em jogo não é apenas a maneira de reformar a educação do professor, mas a conceituação do problema educacional que enfrentamos, a natureza dos professores e da mudança contextual, e seus efeitos institucionais na prática dos professores.

juventude, parece inquestionável a confirmação da IDC como um programa progressivo e com contribuições valiosas já dadas no que respeita a uma melhor compreensão sobre o ensino e a aprendizagem das Ciências. Em Portugal, o percurso feito é particularmente significativo para o pouco tempo em que ocorreu, razão plausível para o crescente interesse despertado pela IDC e para o pulular de jovens investigadores. Não se incluem naturalmente os que, devido a convicções pessoais ou meras opiniões, não acreditam no potencial gerador de mudanças da IDC e da investigação educacional em geral. Como refere Kempa (1991), são os que sofrem do fenómeno "3D", isto é, "(...) research findings are either Disregard, or Distorded or even Denied".

O sentido da trajectória seguida pela IDC tem sido de se afastar das limitações próprias a um discurso investigativo de índole positivista, procurando enriquecer-se com um quadro teórico próprio de sinal construtivista através de sínteses integradoras de contribuições oriundas de áreas disciplinares conexas. Um tal quadro teórico não pode no entanto construir-se secundarizando a procura de respostas, ainda que tentativas, à multidão de problemas associados ao ensino e à aprendizagem das Ciências, qualquer que seja o nível de ensino considerado. Trata-se não de um reduccionismo praxeológico mas, bem ao contrário, de tentar estabelecer um novo diálogo entre teoria/prática tendo em vista resolver tensões existentes através de fertilizações recíprocas. Não restam dúvidas que a este respeito há ainda um longo caminho a percorrer.

No quadro do modelo IDD dominante de articulação investigação/formação/ensino, identificaram-se e analisaram-se vários obstáculos, em particular os relativos à formação de professores e sugeriram-se possíveis pistas de trabalho tendo em vista tornar a IDC mais relevante. Algumas dessas pistas de trabalho envolvem elevada "energia de activação", mormente as que implicam mudanças de perspectivas epistemológicas de investigadores e/ou professores bem como as que envolvem reajustamentos mais ou menos profundos a nível da organização do ensino.

Em termos do futuro sugerem-se cinco condições estratégicas para o desenvolvimento da IDC, condições que em verdade penso serem em boa parte também pertinentes para outros campos da didáctica.

1. Aprofundar a interacção entre investigadores

O que está em jogo é explorar processos de partilha da informação, valorizando as suas funções integradora e reguladora a nível da comunidade científica. Tais processos podem ser desenvolvidos a qualquer um dos três níveis de interacção definidos por Bassey (1992). Em meu entender, e sem a pretensão de elaborar uma agenda, teria particular interesse abordar os seguintes aspectos:

— Examinar criteriosamente a relevância para a IDC de contribuições teóricas provenientes de áreas conexas, nomeadamente das designadas Ciências Cognitivas, Epistemologia e Sociologia das Ciências, independentemente do potencial operatório de tais contribuições. Prever que tais contribuições podem ser só localmente válidas (i. e. para um dado domínio de estudo da DC, não sendo só por isso necessariamente irrelevantes). Como refere Martinand (1989), é necessário "une meilleure connaissance des recherches, non dans la perspective illusoire d'une unification réductrice mais en vue d'un approfondissement réciproque, semble dês maintenant une tâche utile et possible".* No fundo, trata-se de levar à prática o princípio geral de que qualquer área do conhecimento não

---

* Um melhor conhecimento das pesquisas, não na perspectiva ilusória de uma unificação redutora, mas em vista de um aprofundamento recíproco, parece desde agora uma tarefa útil e possível.

se pode desenvolver alimentando-se somente dos seus próprios problemas.

— Definir melhor o campo actual de investigação e estabelecer prioridades para o futuro. É importante identificar áreas chave (mais promissoras quer sob o ponto de vista de desenvolvimento teórico quer sob o ponto de vista da relevância educacional) com base em critérios claramente estabelecidos. O sentido último de um tal exercício não é o de limitar a necessária diversidade da investigação mas sim de esclarecer condições e definir processos tendo em vista potenciar eventuais sinergismos. Por isso mesmo, interessa desenvolver esforços colaborativos tendo em vista criar a massa crítica necessária que só equipas de trabalho permite. É por aqui que passa a harmonização entre saberes diversificados e especializados. É também por aqui que passa a necessária evolução de uma cultura de investigação onde abundam projectos, tantas vezes desgarrados e sem continuidade, para verdadeiros programas de investigação.

— Analisar criticamente estudos realizados relativos a estratégias inovadoras de ensino que tenham em conta características individuais dos alunos e suas dificuldades de aprendizagem, nomeadamente estudos longitudinais, e alargando o que já é conhecido de estudos isolados, i. e., "follow-up studies" de natureza ideográfica.

— Ao nível institucional, reforçar Centros de Investigação existentes e, quando exequível, criar novos centros. Estes são lugares privilegiados não só para a construção e difusão da IDC mas também para influenciar políticas de investigação.

2. Quebrar o isolamento dos professores, envolvendo-os no processo de investigação

Como noutro lugar referi (Cachapuz, 1995a), quebrar o isolamento entre investigadores e professores envolvendo estes últimos (após formação adequada) no processo de investigação pressupõe que se explorem novas cumplicidades entre a investigação e a acção. O sentido dessas novas cumplicidades é o de um movimento ascendente em que seja dada a devida ênfase à investigação "por" e "com" professores (e não só à investigação "para" e "sobre" professores), já que é por aí que a cumplicidade entre investigação e acção adquire uma mais valia educacional, nomeadamente através de percursos de investigação/acção. Como se sabe (ver p. ex. Mcniff, 1988), a investigação-acção valoriza não só o desenvolvimento profissional dos professores mas também introduz uma dinâmica de crescimento pessoal, parecendo particularmente indicada para investigar modos como se constrói o seu conhecimento, da influência deste nas suas práticas de ensino e de como aquelas influenciam este. Acresce que, pelo menos para alguns autores, a investigação-acção é particularmente adaptada ao ensino superior. A solução da investigação-acção, sendo embora bem adaptada ao estudo de contextos educacionais complexos, não deixa de levantar problemas de outra ordem, nomeadamente de ordem teórica, em relação à ambiguidade actual do estatuto da investigação-acção. Para já não falar das posições mais puristas de alguns investigadores, está por esclarecer se ela é entendida e aceite como "verdadeira" investigação ou como qualquer coisa a meio caminho entre esta e a inovação/formação. No fundo, o que está em jogo é o modo como representamos em termos sociológicos as relações (em particular se hierárquicas) entre o conhecimento académico e o chamado conhecimento do senso comum, uma questão complexa e que desemboca na questão epistemológica do estatuto actual do conhecimento científico.

Em termos práticos, para envolver professores (experientes) no processo de investigação, é preciso integrá-los em equipas de investigação como membros de pleno direito (não confundir com solicitar aos professores para administrarem questionários nas suas turmas e de que por vezes nem sequer lhes são dados a conhecer os resultados). As vantagens são de vários tipos: enriquece-se o processo de identificação das questões de investigação educacionalmente relevantes; abrem-se novos espaços de formação para a investigação e/ou pela investigação desses professores (não chega querer investigar o seu próprio ensino, é preciso saber como fazê-lo); aumenta-se a massa crítica de equipas de investigação, nomeadamente para programas de desenvolvimento curricular.

3. Privilegiar a investigação centrada na sala de aula e de cariz ideográfico

Esta condição, estreitamente articulada com a anterior, diz respeito à própria natureza da investigação. Mas não só. Visa também o apuro metodológico. "Learning science in real classroom settings is complex and experimental research designs should reflect that complexity. Without the proper safeguards, however, treatment integrity will not be assured resulting in research that has little chance of replication"* (Good, 1991).

Privilegiar a investigação centrada na sala de aula não implica desvalorizar linhas de investigação a montante ou a jusante da sala de aula, em particular o aprofundamento teórico de uma dada área do conhecimento. O que está em jogo é dar maior ênfase a estudos que sejam típicos do contexto onde (no essencial) se desenvolve o processo de ensino/

---

* Aprender Ciências numa sala de aula de verdade é complexo e os projetos de pesquisa experimental devem refletir essa complexidade. Mas, sem as salvaguardas necessárias, não há uma abordagem de totalidade, resultando em pesquisa com poucas chances de ser repetida.

aprendizagem, i. e., a sala de aula. No entanto, é importante que tais estudos sejam de natureza ideográfica, em que os alunos (ou professores) sejam considerados como indivíduos e não como meras amostras estatísticas. De particular interesse é estudar como harmonizar contribuições inovadoras da IDC com a organização do ensino nas escolas (p. ex. estratégias inovadoras de ensino com avaliação tradicional).

4. Promover cursos de pós-graduação para professores e formadores de professores, em que se privilegie a produção e não a aquisição de saberes

Não é fácil apoiar o desenvolvimento dos pontos anteriores (em particular ii e iii) sem uma reorientação na formação de professores que seja marcada mais pela produção de saberes do que pela aquisição de saberes. Daí a necessidade de adequados cursos de pós-graduação. No que respeita a tais cursos, a valência da formação contínua que aqui interessa realçar é a que diz respeito à formação para a investigação e/ou formação pela investigação. Embora tais espaços de formação não se esgotem nas Universidades, é aí onde têm particulares responsabilidades, mormente a nível de cursos de mestrado. Em termos de estratégia de formação, importa que tais espaços de formação não privilegiem a aquisição de saberes meramente académicos mas sim que tenham sobretudo em vista valorizar suas competências como ponto de partida que lhes facilite a produção de novos saberes. Trata-se de reconhecer e explorar a noção de que os professores são actores sociais que exercem seus poderes e constroem seus saberes em dadas circunstâncias e contextos específicos, identificar tais circunstâncias e contextos, de que modo influenciam o seu ensino e qual o papel a desempenhar pela investigação nesta combinatória. Ou seja, ajudar a iluminar a questão (sempre recorrente) da contextualização e recontextualização dos saberes. É este critério que marca aliás a diferença entre formação inicial e formação contínua. E é por isso mesmo que se for subvertido no caso da formação contínua, esta correrá seriamente o risco de deixar de ser o dispositivo de mudança que necessitamos.

5. Divulgar estudos exemplares no que respeita à sua relevância educacional

Trata-se aqui de salientar a importância da partilha de informação e de adequados dispositivos que a tornem efectiva. No essencial, é preciso inventarmos/refinarmos dispositivos que, na terminologia de Caraça & Carrilho (1995), facilitem a passagem de regimes de difusão por "contágio" a regimes de difusão do tipo "aprendizagem" e "investigação". Ao nível psicológico visa também combater um certo "miserabilismo" que é frequente encontrar no campo educacional.

Sem pretender ser exaustivo, parece-me de realçar a divulgação entre os professores de estudos exemplares, em particular estudos de casos relativos ao ensino de uma dada disciplina (não confundir com mera descrição detalhada de episódios) já que, por definição, os saberes aparecem aí contextualizados. A sua utilidade formativa é pois potencialmente grande. A divulgação de estudos exemplares com reconhecida relevância educacional não se esgota em tornar acessível a informação ao outro no sentido de lhe facilitar uma representação coerente de uma dada inovação (necessariamente objecto de análise crítica posterior levando à sua adaptação ou mesmo rejeição), mas também em acreditarmos que a mudança é possível e quais as condições de possibilidade em que o foi.

Fazem falta simpósios abertos a professores/educadores para discussão de resultados da IDC em curso. Também fazem falta (sobretudo a nível de uma dada disciplina) "newsletters" de periodicidade frequente, espécie de "consultório interactivo" onde as dúvidas (p. ex. relativas ao ensino de uma dada disciplina) expostas por um leitor possam ser posteriormente respondidas por outros leitores. As NTI podem aqui desempenhar um papel relevante. É tornando público o ensino que ele é passível de ser criticado e portanto mais fácil se torna melhorá-lo.

Tais dispositivos são ainda incipientes no nosso País. A curto prazo, o que se ganhará com eles é a partilha da informação. A longo prazo, é o reforço e identidade da comunidade científica, i. e. o que está em jogo é também a construção de instrumentos estratégicos para a mudança.

Referências bibliográficas

BASSEY, M. Creating education through research. *British Educational Research Journal*, v. 18, n. 1, 1992.

CACHAPUZ, A. Uma investigação mais relevante para os professores. *Noesis*, n. 34, p. 42-5, 1995a.

_____. Da investigação sobre e para os professores à investigação com e pelos professores de Ciências. In: _____. *La Formación del Profesorado de Ciências y Matemáticas en España e Portugal*, Espanha: Ed. Lorenzo Nieto e Vicente Jimenez, Univ. de Badajoz, 1995b. p. 243-254

_____; MALAQUIAS, I.; MARTINS, I.; THOMAZ, M.; COSTA, N. *O ensino-aprendizagem da Física e Química*: resultados globais de um questionário a professores. Monografia, Universidade de Aveiro, 1989.

CARAÇA, J.; CARRILHO, M. Partilha e Conhecimento. *Colóquio Ciências*, v. 16, p. 84-91, 1995.

CARR, W.; KEMMIS, S. *Becoming Critical*: education, knowledge and action research. Londres: Falmer Press, 1986.

DE BOER, G. *A history of ideas in science education*. Nova York: Teachers College Press, 1991.

ERICKSON, G. Theoretical and Empirical Issues in the study of students' conceptual Frameworks. In: NAGY, Philip (ed.). *Representation of cognitive structures*, Canadá, Ontario, 1985. p. 13-30.

GILBERT, J. Studies and fields: directions of research in science education. *Studies in Science Education*, n. 25, p. 173-97, 1995.

_____; SWIFT, D. Towards a lakatosian analysis of the piagetian and alternative conceptions research programs. *Science Education*, v. 69, n. 5, p. 681-96, 1985.

GIORDAN, A. Place de la didactique des sciences dans l'innovation en matière d'éducation scientifique. In: _____; HENRIQUES, A.; BANG, V.; PETER Lang (eds.). *Psichologie génétique et didactique des sciences*. Berna, 1989.

GLASERFELD, von E. Environment and communication. In: STEFFE, L.; WOOD, T. (eds.). *Transforming early childhood mathematics education*: an international perspective. Hillsdale: Lawrence Press, 1990.

GOOD, R. Editorial note. *Journal Res. Sci. Teaching*, v. 28, n. 1, p. 1, 1991.

HABERMAS, J. *Knowledge and human interests*. Londres: Heineman, 1972.

HOLLAND, R.; MANSELL, T. Meanings and their interpretation in science education research. *Studies in Science Education*, n. 10, p. 99-109, 1983.

HOLLY, M.; MCLOUGHLIN, C. *Perspectives on teacher professional development*. Lewes, Londres: The Falmer Press, 1989.

KEMPA, R. Science education research some thoughts and observations. *Studies in Science Education*, n. 3, p. 97-105, 1976.

KEMPA, R. *Research in chemical education*: past present and future. Londres: The Nyholm Lecture, Royal Society of Chemistry, 1991.

LINN, M. Establishing a research base for science education: challenges, trends and recommendations. *Journal Res. Sci. Teaching*, v. 24, n. 3, p. 191-216, 1987.

MARTINAND, J. Questions actuelles sur la didactique des sciences. In: GIORDAN, A.; HENRIQUES, A.; BANG, V.; PETER LANG (ed.). *Psichologie génétique et didactique des Sciences*. Berna, 1989.

McNIFF. *Action research*: principles and practice. Londres: MacMillan Education, 1988.

POPE, M.; KEEN, T. *Personal construa psychology and education*. Londres: Academic Press, 1981.

POPPER, K. *Em busca de um mundo melhor*. Lisboa: Fragmentos, 1988.

POWER, C. Competing paradigms in science education research. *Journal Res. Sci. Teaching*, v. 13, n. 6, p. 579-87, 1976.

PFUNDT, H.; DUIT, R. *Student's alternative frameworks and science education*. Alemanha: Institute for Science Education, Kiel, 1991.

PRAIA, J.; CACHAPUZ, A. Un análisis de las concepciones acerca de la naturaleza del conocimiento científico de los profesores portugueses. *Enseñanza de las Ciencias*, v. 12, n. 3, p. 350-4, 1994.

SANTOS, B. S. *Um discurso sobre as ciências*. Porto: Afrontamento, 1991.

SCHÖN, D. *Educating the reflective practitioner*: toward a new design for teaching and learning in the professions. São Francisco: Jossey--Boss (eds.), 1987.

SEDDON, T. Rethinking teachers and teacher education in science. *Studies in Science Education*, n. 19, p. 95-117, 1991.

SHAYER, M.; ADDEY, P. *Towards a science of science teaching*. Londres: Heineman Educ. Books, 1981.

STENHOUSE, L. *Introduction to curriculum research and development*. Londres: Heineman Education, 1975.

WRIGHT, E. The irrelevancy of science education research: perception or reality. *Narst News*, v. 35, n. 1, p. 1-2, 1993.

YAGER, R. Defining the discipline of science education. *Science Education*, v. 68, n. 1, p. 35-7, 1984.

Nota: Agradece-se à Junta Nacional de Investigação Científica, JNICT, o apoio dado para a elaboração deste estudo.

O SENTIDO DA AMBIGUIDADE NUMA DIDÁTICA INTERDISCIPLINAR

*Ivani Catarina Arantes Fazenda**

O tema em pauta, pela abrangência e peculiaridade que dele são próprias, exigirá uma abordagem tridimensional, que procuraremos ensaiar neste momento. Como primeiro aspecto, aportaremos rapidamente em alguns clássicos da pesquisa em educação. Em seguida equacionaremos certos pontos da evolução teórico/crítica que a abordagem solicita. Finalmente, discutiremos alguns avanços, ensaiando proposições que focalizem a problemática da pesquisa e da didática tendo por fundamento uma interdisciplinaridade na educação — tema ao qual venho me dedicando nestes últimos vinte anos.

Em nossa brevíssima visita aos clássicos, focalizaremos Rousseau, cuja representação máxima em educação leva o nome de *Emílio* — misto de vida e paixão. *Emílio* nos convida a contemplar um mundo no qual cor, natureza, instinto, razão,

---

* Professora titular de Pós-graduação em Educação da Pontifícia Universidade Católica de São Paulo. E-*mail*: jfazenda@uol.com.br.

imaginação, criatividade alternam-se e sustentam o sentido maior de sua filosofia. Nas quatro partes do *Emílio*, Rousseau nos desafia a entender diferentes facetas do homem, perpassado por um elo comum que as unifica e distancia: *solidão*, própria do autor, própria do personagem — *solidão* revelada num jogo de ambiguidades, no qual razão e emoção se contrapõem e interagem; e, nesse jogo, a explicitação buscada por Rousseau do sentido maior do humano, da essência da vida que se revela num projeto de educação.

Navegando de Rousseau a Decroly outro ensaio de reflexão a ser contemplado: Decroly fez de seu consultório médico um laboratório de vidas, onde o cotidiano da patologia o impulsionava à superação de anomalias. Tal como Rousseau, tornou a ambiguidade expressão maior de seu projeto de educação, um projeto cuja luneta aguçava o foco ora para a totalidade, ora para a especificidade — nessa dança de contrários nasceu o objeto maior de seus estudos, *o desvelamento do ato de alfabetizar* — seus achados ainda hoje direcionam o trabalho dos pesquisadores contemporâneos que a essa área se dedicam.

Rousseau e Decroly — ousadias primeiras, nascidas de projetos ambíguos de vida e de educação, tão ao gosto deles mesmos, quanto distantes do tempo no qual viveram —, ambos lutando contra a imediatice das solicitações oportunas, e nessa luta sobreviveram e superaram-se. Dissemos de Decroly e Rousseau, como poderíamos ter dito de Freinet (Elias, 1996), Montessori, Claparéde, Comênio (Gasparin, 1993). O sentido da ambiguidade presente nas concepções clássicas de educação é demitido em nome da racionalidade disciplinar e absoluta que regeu a pesquisa em educação por todo o século XX. Em decorrência disso, ciências estruturalmente adolescentes assumiram a paternidade da educação, e esse jovem apadrinhamento submeteu a educação e, consequentemente, suas pesquisas a uma ordem única, unilateral e disciplinar — própria dos processos ainda jovens.

A luneta do pesquisador/educador, adquirida na seara das gentis nascentes ciências humanas (Psicologia, Sociologia), era sobretudo uma luneta asséptica, descontaminada de vida — própria do lugar de gestação dessas ciências —, uma biologia e uma física absolutamente estruturais. Com isso a educação perdeu aquela especificidade, representada na ambiguidade referida.

Como disciplina bastarda, a educação organizou seus conhecimentos e instituiu sua divisão de trabalhos nos domínios das ciências que lhe serviram de aporte — com isso, em vez da conquista, caminhou numa direção oposta à aquisição da autonomia. Tanto a delimitação de suas fronteiras, quanto a linguagem que a constituiu, tanto as técnicas que pretendeu elaborar ou organizar, quanto as proposições teóricas que ensaiou não lhe foram próprias. Essa organização disciplinar dependente, instituída na formação das universidades modernas, acompanhou e desenvolveu-se evolutivamente em todo o século XX — não apenas a constatamos na organização das universidades mas a encontramos na própria história das sociedades (Buarque, 1994; Ribeiro, 1991; Snyders, 1995). A educação e, consequentemente, a didática tornaram-se prisioneiras de um conhecimento que, além de não próprio, era externo a elas, e passaram assim a desconhecer os principais problemas e as questões a elas concernentes. Uma ampla revisão histórico-crítica da literatura sobre didática no Brasil pode ser encontrada em Oliveira (1992 e 1993), em cuja obra a autora discute as dimensões histórica, ideológica e epistemológica dos estudos sobre didática, levantando questões e provocando debates no processo de sua reconstrução.

Dos elementos coletados nessas pesquisas, depreendemos que a triste sina da educação tem sido, em muitos casos, replicar as formas mediatistas de uma sociedade imediatista que desesperadamente procura ler em seus precários resultados ou insucessos a desculpa aos mais variados dilemas sociais; e nessa precariedade teórica a que a mesma circunscreve-se estão sendo traçadas as hipóteses de formação do ser que, em certos momentos, é dito como humano. Um subproduto desse desacerto tem sido pesquisas sem alma, focalizando sujeitos anônimos, desprovidos de identidade ou de diversidade, *ninguéns* — números, tabelas, quadros povoaram 50 anos de pesquisa em educação, chegando ao requinte de detalhes que se fragilizam e demolem-se ao sabor do vento ou das tendências circunstancialmente mais poderosas e tentadoras.

Parece-nos, entretanto, que certas concepções unilaterais e disciplinares de educação começam a ocupar hoje um lugar marginal nas mais representativas discussões sobre o tema. A educação, por conseguinte a Didática, se nos demorarmos nesse rastreamento histórico, passam a adquirir neste final de século o papel antropológico de ciências multifocalizadas, polidimensionadas, onde a presença de outras ciências humanas se encontram presentes e onde a perspectiva da diversidade, longe de ser colocada de lado, é requerida pela multiplicidade das perspectivas particulares — busca-se a interdisciplinaridade.

A complexidade exigida na disciplinaridade passada aumenta e a pesquisa disciplinar vai exigir agora uma policompetência do pesquisador da educação e da didática (Lenoir, 1995a); vai exigir uma compreensão numa perspectiva mais radical e transcendente, que requer um cuidado anatômico, técnico, genético, ecológico, etnológico, mitológico e estético, e não apenas uma simples retomada em termos mais avançados dos aspectos sociológicos e psicológicos. A educação e a didática passam a travestir-se de aspectos interdisciplinares, polidisciplinares e transdisciplinares que permitirão novas formas de cooperação, enfim que caminharão no sentido de uma policompetência. Essa proposição interdisciplinar, apesar de nova (apenas há 30 anos iniciada), vai requer a conjugação de novas hipóteses e de novos esquemas teórico/didáticos que poderão auxiliar na construção de novas organizações e estruturações do saber educacional (Lenoir, 1995; Klein, 1990; Fazenda, 1995). Entre algumas das mais representativas, encontramos a cuidadosa revisita histórica ao conceito de *disciplina* empreendida por Julie Klein (1990) e a cuidadosa construção dos conceitos de *disciplina científica* e *disciplina escolar* empreendida por Yves Lenoir (1995b), a partir de uma revisita extensa aos mais recentes autores europeus e norte-americanos.

Lenoir recupera o valor da *disciplina*, desde que tenha o saber por referência, o mesmo desenvolvendo para o conceito de *disciplina escolar* — lugar de difusão de conhecimento científico — indicando as condições mais apropriadas ao desenvolvimento dos processos integradores e aos rearranjos curriculares; discute, igualmente, a partir de Sachot (1994), o conceito de *matriz disciplinar*, que precisa ser compreendida em todos os seus propósitos e determinações.

A educação e a didática, quando interdisciplinarmente constituídas, exigirão a composição de uma nova abordagem, capaz de reunir os conhecimentos disciplinares mais diversos, tão diversos que passarão a considerar o indivíduo e a disciplina em sua dinamicidade histórica; isso evidentemente exigirá uma outra forma de especulação filosófica, uma nova epistemologia, e consequentemente, um novo formato de formação; exigirá a formação sobretudo de professores/ pesquisadores que se constituam filósofos *em atos*, que passem a analisar os elementos classicamente pesquisados no passado como possibilidades a serem revisitadas no presente.

Entretanto, a interdisciplinaridade ou transdisciplinaridade ou polidisciplinaridade ou, mesmo, algo que seja a fusão dessas três vertentes —, vêm sendo estudadas apenas há pouco mais de 30 anos. Porém, é fundamental que se conheçam e aprofundem esses estudos se quisermos mudar os rumos da educação. Em educação, o que temos assistido, com raras exceções, é à proliferação de práticas interdisciplinares intuitivas, onde o que impera é a circulação de conceitos e esquemas cognitivos sem consistência ou apenas disciplinarmente consistentes, portanto, insuficientes, esquemas atomizados em que a noção de conhecimento se encontra multipartida, esfacelada, pulverizada, sem efetivamente considerar-se o intrincado de aspectos que a envolvem. De outro lado, encontramos também posições acadêmicas unidirecionais, construídas sem uma elaboração conceitual adequada e rigorosa, o que as torna restritivas, preconceituosas, primitivas e impeditivas a aberturas outras, verdadeiras camisas de força do conhecimento que reduzem o olhar e apequenam as proposições emergentes, circunscrevendo-as a espaços menores. Invalidam o valor das práticas pedagógicas incipientes sem nada colocar no lugar, desconsideram o fato de serem as *práticas pedagógicas o lugar da situação real de ensino vivo, no tempo curto, no instante situado* (Lenoir, 1995a).

Trabalhar com a prática, pesquisando-a, tem sido nossa proposta maior. Tarefa difícil, que envolve cuidados maiores na descrição — somos inclinados apenas a registrar e descrever "grandes sacadas", que são esporádicas, sem nos atermos às boas rotinas. Conforme afirmou António Nóvoa, em recente estada em São Paulo, uma boa educação carece de boas rotinas. Um olhar interdisciplinarmente atento recupera delas seu movimento e sua magia.

Os aspectos aqui considerados prendem-se à questão do reinado do paradigma — tão arraigada se encontra essa noção nos pressupostos teóricos educacionais, que fica difícil lutar contra uma relação lógica de disjunção, conjunção e implicação já cristalizada entre os educadores. Tão atidos se encontram à ordem formal estabelecida, que fica impossível pensar nela a partir de uma desordem ou de um caos que direcione a novas e provisórias ordenações. A forma interdisciplinar de tratar a educação não prescindirá da ideia de organização, pelo contrário, partirá dela como um pressuposto a ser reconstruído, no qual toda ordenação será possibilidade de renascimento e não de morte (Lenoir, 1995).

Embora as questões aqui tratadas sejam ainda iniciais e apareçam confusas e polissêmicas, procurarei proceder a uma síntese indicativa do que já começa a aparecer como orgânico; a necessidade da interdisciplinaridade converge, em seus mais diferentes autores, para a formação de uma atitude que se revela de várias formas, tendo como base a cooperação. A cooperação só é possível numa integração que suponha interação (Fazenda, 1996). A interação é possível quando, entre outros atributos, adquire-se consciência do projeto a ser desenvolvido. A consciência nasce de uma autoconsciência trabalhada e definida, à qual J. Klein (1990) se refere como *interdisciplinaridade individual*. A autoconsciência revela uma vontade que, quando manifestada, gera cooperação e interação e, consequentemente, movimento. Interdisciplinaridade supõe categorias de ação que não prescindem de pressupostos ideológicos, os quais Lenoir (1995a) denomina matriz disciplinar. Seu caráter ideologizante faz com que todos os conhecimentos produzidos a partir de uma cooperação interdisciplinar sejam "metadisciplinares", isto é, apresentem-se como causados e causantes, ajudados e ajudantes, mediatizados e mediatizantes, existindo no confronto, na ambiguidade, na provisoriedade. Somente o confronto possibilitará a formação de uma configuração que responda às dúvidas, necessidades e interrogações disciplinares cognitivas. Navega-se, nessa forma de conhecimento, na linha central entre a objetividade e a subjetividade e, portanto, no cerne da ambiguidade interdisciplinar.

Referimo-nos a uma ambiguidade clássica que essa forma interdisciplinar de conhecimento demanda. Essa ambiguidade nos alerta a um tempo para a necessidade de organizarmos com detalhes, de prevermos e planejarmos — esse planejamento garantirá uma ordenação provisória, bem como o surgimento de um eixo epistemológico fundamental a todo e qualquer processo didático ou educacional. Porém, torna-se impossível imaginar-se as infinitas direções que o projeto planejado possa provocar — estamos tratando de poderes novos e energias diferentes que acabam invadindo a vida e a alma de pesquisadores/professores que a esses estudos se dediquem. Navega-se nessa forma de pesquisa e de didática entre a loucura que a atividade interdisciplinar desperta e a lucidez que a mesma exige. Para se falar de uma didática nascida de uma pesquisa interdisciplinar tem-se que rever com cuidado certos pressupostos habitualmente desprezados pelas proposições disciplinares habitualmente conhecidas.

A Interdisciplinaridade didática coloca-se numa interface que assegurará a tomada de distância necessária do plano curricular e a modelização de uma situação pedagógica no seio da qual são utilizados objetos e princípios da aprendizagem provenientes de diferentes matérias escolares. Tal situação assegurará a ligação com o plano empírico da ação pedagógica para o estabelecimento de um projeto educativo. (Lenoir, 1995a)

O primeiro desses pressupostos cuida da teoria e seu papel na pesquisa e no ensino, revelando o seguinte: *todo procedimento interdisciplinar parte de uma erudição não revelada, mas pressentida* (Fazenda, 1994). Com isso queremos dizer que a erudição é o principal sustentáculo de uma proposição didática interdisciplinar — porém o professor ou o pesquisador interdisciplinar adquire o gosto por conhecer e dessa paixão torna-se cativo, tão cativo que ousa adentrar as múltiplas direções do conhecimento, e não apenas as conhecidas; o adentrar em campos novos exige dedicação e humildade, próprias de um aprendiz iniciante, que assim passa não a repetir o que foi estudado, mas a utilizar-se das teorias citadas como forma de ampliar seu universo de significações e possibilidades de ação e análise.

A troca com outros saberes e a saída do anonimato, características dessa forma especial de postura teórica, tem que ser cautelosa, exige paciência e espera, pois traveste-se da sabedoria, na limitação e provisoriedade da especialização adquirida (Fazenda, 1991).

A trilha interdisciplinar caminha do ator ao autor de uma história vivida, de uma ação conscientemente exercida a uma elaboração teórica arduamente construída. Tão importante quanto o produto de uma ação exercida é o processo e, mais que o processo, é necessário pesquisar-se o movimento desenhado pela ação exercida — somente ao pesquisarmos os movimentos das ações exercidas será possível delinearmos seus contornos e seus perfis. Explicitar o movimento das ações educacionalmente exercidas é sobretudo intuir-lhes o sentido da vida que as contempla, o símbolo que as nutre e conduz — para tanto torna-se indispensável cuidar-se dos registros das ações a serem pesquisadas — sobre esse tema muito já tenho redigido e discutido (Fazenda, 1991, 1994, 1995).

O movimento ambíguo de uma pesquisa ou de uma didática interdisciplinar sugere a emergência e a confluência de outros movimentos, porém é imperioso que o movimento inicial se explicite, se mostre adequadamente. O que com isso queremos dizer é o seguinte: *Novos movimentos, nascidos de ações e práticas bem-sucedidas, geram-se em movimentos anteriores* (Fazenda, 1994). Somente é possível analisá-los e conhecê-los quando investigamos seus elementos de origem. Negar o velho, substituindo-o pelo novo, é um princípio oposto a uma atitude interdisciplinar na didática e na pesquisa em educação. A pesquisa interdisciplinar parte do velho, analisando-o em todas as suas potencialidades. Negar o velho é uma atitude autoritária que impossibilita a execução de uma didática e de uma pesquisa interdisciplinar. Exemplos dessa forma especial de pesquisar podemos encontrar nos trabalhos de doutoramento recentemente orientados por nós (Osório, 1996; Haas, 1996; Ferreira, 1996).

Essa recorrência ao *velho* travestido do novo decorre do recurso e exercício da memória: dupla forma de memória, a memória registro, escrita e impressa, e ordenada em livros, artigos, comunicados, anotações de aulas, diários de classe, resumos de cursos e palestras, fotos e imagens e a memória explicitada, falada, socializada, enfim, comunicada (Kenski, 1995). Essa forma especial de recurso à memória tem sido exercida nas mais de trinta pesquisas que coordenamos, pesquisas referentes a todos os graus e áreas do ensino.

Ambas as formas ou recursos da memória permitirão a ampliação do sentido maior do homem — comunicação (Fazenda, 1979, 1994). Esta, quando trabalhada, permitirá uma releitura crítica e multiperspectival dos fatos ocorridos nas práticas docentes, que poderão ajudar a compor histórias de vida de professores, vidas que cuidadosamente analisadas poderão contribuir para a revisão conceitual e teórica da didática e da educação.

Tão importante quanto o exercício da memória é o exercício da *dúvida* (Fazenda, 1994). Se nossa intenção é revelar e explicitar o *homo loquens* — aquele que comunica —, teremos que ativar seu mecanismo mais anterior e antropológico que o constitui: o do *homo quaerens* — do homem como ser que pergunta e da situação específica de seu ato de perguntar. O *homo quaerens* constitui-se numa das últimas especificidades do ser racional homem, pois quanto mais se evolui na investigação do homem como ser reflexivo, mais nos aproximamos de nossos antepassados e de suas primeiras perguntas. Tanto a pergunta mais imediata, suscitada no porquê, quanto em sua sequencialidade, mas por que, aspiram a uma compreensão última ou total, interdisciplinar do conhecimento (Suero, 1986).

Uma educação ou uma didática interdisciplinar fundada na pesquisa compreende que o importante não é a forma imediata ou remota de conduzir o processo de inquirição, mas a verificação do sentido que a pergunta contempla. É necessário aprendermos nesse processo interdisciplinar a separar as perguntas intelectuais das existenciais. As primeiras conduzem o homem a respostas previsíveis, disciplinares, as segundas transcendem o homem e seus limites conceituais, exigem respostas interdisciplinares. O saber perguntar, próprio de uma atitude interdisciplinar, envolve uma arte cuja qualidade extrapola o nível racional do conhecimento. Em nossas pesquisas tratamos de investigar a forma como se pergunta e se questiona em sala de aula, e a conclusão mais genérica e peculiar revela-nos a importância do ato e da forma como a dúvida se instaura — ela será a determinante do ritmo e do contorno que a ação didática contempla — detivemo-nos, em uma das pesquisas que orientamos (Garcia, 1990), em descrever o movimento que a dúvida percorre durante uma aula de 50 minutos, analisando em que medida o conhecimento avança ou retrocede, movido pelo tipo de questionamento que o alimenta.

A pesquisa e a didática interdisciplinar tratam do movimento (do dinâmico), porém aprendem a reconhecer o modelo (o estático), tratam do imprevisível (dinâmico) porém no possível (estático), tratam do caos (dinâmico) mas respeitam a ordem (estático).

O objetivo da construção de uma didática e de uma pesquisa interdisciplinar é a explicitação do contorno ambíguo dos movimentos e das ações pedagógicas — apenas o exercício da ambiguidade poderá sugerir a multiface do movimento e por conseguinte do fenômeno pesquisado.

Nos propusemos, neste trabalho, a apenas pinçar alguns dos elementos que as mais de trinta pesquisas já orientadas ou realizadas por nós conduziram. Muitos outros encontram-se arrolados nos quinze livros que produzimos sobre o tema, entretanto, sempre que tratamos das questões da interdisciplinaridade, parece-nos ainda estarmos tratando por primeira vez. Esperamos que este texto seja um convite ao leitor, não só a conhecer a heterogeneidade de aspectos analisados em nossas produções anteriores, mas que seja sobretudo um convite tentador à aventura de introduzir-se nesse fascinante temário — o da construção de uma didática interdisciplinar fundamentada na pesquisa, em que o importante é assumir, a um só tempo, a vertigem e a lucidez de concretizar uma ambiguidade utópica maior, levar à construção de uma teoria interdisciplinar da educação.

Cronologia das Pesquisas realizadas pelo Núcleo de Estudos e Pesquisas sobre Interdisciplinaridade que coordeno, desde 1987, na PUC-SP, composto por mestrandos e doutorandos em educação:

1989

— Retire-se o muro da escola — uma experiência interdisciplinar com menores carentes

1990

— Orientação Educacional — uma experiência interdisciplinar com estudantes da escola pública
— O projeto interdisciplinar sob o olhar dos pais
— A lógica que preside a atitude interdisciplinar de um professor de ciências
— Caminhos para a construção de uma didática interdisciplinar
— Dúvidas e contradições num projeto interdisciplinar

— O cotidiano interdisciplinar de um diretor de escola
— Transgressão interdisciplinar no curso de Pedagogia

1991
— O grafite na escola como exercício da atitude interdisciplinar
— O exercício do questionamento e da dúvida num projeto interdisciplinar de 3º grau
— Duas abordagens diferenciadas sobre o cotidiano interdisciplinar de um coordenador de curso

1992
— O sentido da infância na interdisciplinaridade

1993
— A alfabetização numa perspectiva interdisciplinar
— Interdisciplinaridade e ficção científica
— Interdisciplinaridade na Pré-Escola
— Interdisciplinaridade enquanto arquitetura de saberes
— A importância do método na perspectiva interdisciplinar

1994
— A percepção de cores, tempos e espaços na educação interdisciplinar — a dimensão lúdica na interdisciplinaridade
— Inovação como categoria da ação interdisciplinar

1995
— Interdisciplinaridade na construção de uma educação para a empresa

— Interdisciplinaridade como base de uma assistência social
— Recuperação histórica do conceito de interdisciplinaridade
— O sentido religioso de uma educação interdisciplinar

1996
— A prática interdisciplinar na construção de um novo projeto de universidade
— Interdisciplinaridade enquanto poièsis
— Ética na interdisciplinaridade

Em andamento
— A dimensão bioética da interdisciplinaridade
— A educação do corpo numa perspectiva interdisciplinar
— A estética do trabalho interdisciplinar
— Perspectivas interdisciplinares no trabalho com informática e educação
— A dimensão temporal da interdisciplinaridade
— A dimensão simbólica da interdisciplinaridade
— A dimensão do autoconhecimento no trabalho interdisciplinar
— Ensino interdisciplinar de filosofia
— A dimensão dialética da interdisciplinaridade
— Currículo e interdisciplinaridade

Referências bibliográficas

APOSTEL et al. *Interdisciplinaridad y ciencias humanas.* México: Tecnos, 1983.

BUARQUE, C. *A aventura da universidade*. São Paulo: Unesp; Rio de Janeiro: Paz e Terra, 1994.

ELIAS, M. *A Pedagogia Freinet*. Campinas: Papirus, 1996.

FAZENDA, I. C. A. *Integração e interdisciplinaridade no ensino brasileiro*. São Paulo: Loyola, 1979.

_____. *Educação no Brasil anos 60 — o pacto do silêncio*. São Paulo: Ática, 1985.

_____. Encontros e desencontros da didática e da prática de ensino. *Caderno Cedes*, São Paulo, Cortez, 1988a.

FAZENDA, I. C. A. (org.). *Tá pronto, seu Lobo? Didática/prática na pré-escola*. São Paulo: Ática, 1988b.

_____ (org.). *Metodologia da pesquisa educacional*. São Paulo: Cortez, 1989.

_____. *Interdisciplinaridade — um projeto em parceria*. São Paulo: Loyola, 1991a.

_____ (org.). *Práticas interdisciplinares na escola*. São Paulo: Cortez, 1991b.

_____. *Interdisciplinaridade*: história, teoria e pesquisa. Campinas: Papirus, 1994.

_____ (org.). *A academia vai à escola*. Campinas: Papirus, 1995.

_____ (org.). *Transformações contemporâneas do conhecimento*. Campinas: Papirus, 1995b.

_____. *Integração mestrado/doutorado*: revendo a questão. G. T. Pós-Graduação e Pesquisa, IV CEPFE, Unesp, 1996.

ASCHENBACH; ELIAS, M. *A arte-magia das dobraduras históricas e atividades pedagógicas com origami*. São Paulo: Scipione, 1990.

_____; PETEROSSI, H. G. *Anotações sobre metodologia e prática de ensino na escola de 1º grau*. São Paulo: Loyola, 1983.

FERREIRA, M. E. *Interdisciplinaridade como poiesis*. Tese (Doutorado). Pontifícia Universidade Católica, São Paulo, 1996.

GARCIA, N. A. *Da dúvida à contradição*. Dissertação (Mestrado). Pontifícia Universidade Católica, São Paulo, 1990. (Mimeo.)

GASPARIN, J. L. *Comênio ou da arte de ensinar tudo a todos*. Campinas: Papirus, 1993.

HAAS, C. M. *A interdisciplinaridade na construção de um projeto de universidade — a paixão pela prática*. Tese (Doutorado). Pontifícia Universidade Católica, São Paulo, 1996.

KENSKI, V. Sobre o conceito de memória. In: FAZENDA, I. C. A. *A pesquisa em educação e as transformações do conhecimento*. Campinas: Papirus, 1995.

KLEIN, J. Interdisciplinarty: history, theory & practice. Detroit, WSU, 1990.

LENOIR, Y. L'Interdisciplinarité: aperçu historique de la genèse d'un concept. *Cahiers de la Recherche en Education*. Quebec, n. 2, p. 1, 1995a.

_____. *L'Interdisciplinarité dans l'intervention éducative et dans la formation à l'enseignement primaire*: realité et utopie d'un nouveau paradigme (version preliminaire). Laridd: Univ. Sherbrooke, 1995b.

MORIN, E. *Regards transdisciplinaires — Lettre d'information*. Ier Congrès Mondial de Transdisciplinarité, Portugal, 1994.

OLIVEIRA, M. R. N. S. *A reconstrução da didática*: elementos teórico-metodológicos. Campinas: Papirus. 1992.

_____ (org.) *Didática*: ruptura, compromisso e pesquisa. Campinas: Papirus. 1993.

OSÓRIO, A. C. N. *Ética e educação*: um caminho para a interdisciplinaridade. Tese (Doutorado). Pontifícia Universidade Católica, São Paulo, 1996.

RIBEIRO, D. *A universidade necessária*. 5. ed. Rio de Janeiro: Paz e Terra, 1991.

SNYDERS, G. *Feliz na universidade*: estudo a partir de algumas bibliografias. Rio de Janeiro: Paz e Terra, 1995.

SACHOT, M. *Essai de typologie des disciplines*. Communication à la Biennale de l'Education et de la Formation, 9-12 abr. Paris: Sorbonne, 1994.

SUERO, J. *Interdisciplinaridad y universidad*. Madri: UPCM, 1986.

VÁRIOS AUTORES. *Interdisciplinaridade*. Rio de Janeiro: Tempo Brasileiro, 1993. v. 1 e 2.